***ACCESO GRATIS** a la Lectura en la Nube*

Para visualizar el libro electrónico en la nube de lectura envíe junto a su nombre y apellidos una fotografía del código de barras situado en la contraportada del libro y otra del ticket de compra a la dirección:

ebooktirant@tirant.com

En un máximo de 72 horas laborables le enviaremos el código de acceso con sus instrucciones.

LA VIVIENDA SOSTENIBLE: ACCIONES ENCAMINADAS AL CUMPLIMIENTO DE LOS OBJETIVOS DE DESARROLLO SOSTENIBLE

Procedimiento de selección de originales, ver página web:
www.tirant.net/index.php/editorial/procedimiento-de-seleccion-de-originales

LA VIVIENDA SOSTENIBLE: ACCIONES ENCAMINADAS AL CUMPLIMIENTO DE LOS OBJETIVOS DE DESARROLLO SOSTENIBLE

FRANCISCA RAMÓN FERNÁNDEZ
Catedrática de Derecho civil Universitat Politècnica de València

tirant lo blanch
Valencia, 2025

En caso de erratas y actualizaciones, la Editorial Tirant lo Blanch publicará la pertinente corrección en la página web www.tirant.com.

Trabajo realizado en el marco del Grupo de Investigación de Excelencia Generalitat Valenciana "Algorithmical Law" (Proyecto Prometeu 2021/009, 2021-2024), Proyecto "Promoting capacity building and knowledge for the extension of urban gardens in European cities" (PCI2022-132963) (02/06/22-01/06/25), y Proyecto de I+D+i "Derechos y garantías públicas frente a las decisiones automatizadas y el sesgo y discriminación algorítmicas" 2023-2025 (PID2022-136439OB-I00) financiado por MCIN/AEI/10.13039/501100011033/ FEDER, UE.

EDITA: TIRANT LO BLANCH
C/ Artes Gráficas, 14 - 46010 - Valencia
TELFS.: 96/361 00 48 - 50
FAX: 96/369 41 51
Email: tlb@tirant.com
www.tirant.com
Librería virtual: www.tirant.es
DEPÓSITO LEGAL: V-2670-2025
ISBN: 979-13-7010-368-2

Si tiene alguna queja o sugerencia, envíenos un mail a: *atencioncliente@tirant.com*. En caso de no ser atendida su sugerencia, por favor, lea en *www.tirant.net/index.php/empresa/politicas-de-empresa* nuestro procedimiento de quejas.

Responsabilidad Social Corporativa: http://www.tirant.net/Docs/RSCTirant.pdf

A mis padres, Lorenzo e Inés, por el privilegio
de ser vuestra hija, por iluminar mi camino
y ser mi razón de vivir. Por todo y por siempre

«Aunque el resplandor que
en otro tiempo fue tan brillante
hoy esté por siempre oculto a mis miradas.

Aunque mis ojos ya no
puedan ver ese puro destello
que en mi juventud me deslumbraba.

Aunque nada pueda hacer
volver la hora del esplendor en la hierba,
de la gloria en las flores,
no debemos afligirnosa,
porque la belleza subsiste siempre en el recuerdo».

William Wordsworth, *Oda a la inmortalidad*, (fragmento), 1807.

«De día viviré
Pensando en tus sonrisas
De noche las estrellas me acompañarán
Serás como una luz
Que alumbre mi camino
Me voy pero te juro que mañana volveré

Al partir un beso y una flor
Un "te quiero", una caricia y un adiós
Es ligero equipaje
Para un tan largo viaje
Las penas pesan en el corazón

Más allá del mar habrá un lugar
Donde el sol cada mañana brille más
Forjarán mi destino
Las piedras del camino

Lo que nos es querido siempre queda atrás»

José Luis Armenteros Sánchez y Pablo Herrero Ibarz,
Un beso y una flor (fragmento), 1972.

Índice

Principales abreviaturas

ACS: Agua caliente sanitaria

AENOR: Asociación Española de Normalización y Certificación

BIM: Building Information Modelling

BOE: Boletín Oficial del Estado

BOCG: Boletín Oficial Cortes Generales

BOPV: Boletín Oficial de la Provincia de Valencia

BREEAM: Building Research Establishment Environmental Assessment Methodology

BDNS: Base de Datos Nacional de Subvenciones

CEPAL: Centro de las Naciones Unidas para los Asentamientos Humanos

CIRIEC: Centro Internacional de Investigación e Información sobre la Economía Pública, Social y Cooperativa

CO_2: Dióxido de carbono

Coord.: Coordinadores/as

dBA: Decibelio ponderado

DGNB: German Sustainable Building Council

DB-HE: Documento básico-Ahorro de Energía

Dir.: Director/a

DOGC: Diari Oficial de la Generalitat de Catalunya

DOGV: Diari Oficial de la Generalitat Valenciana

Ed.: Editor/a

3D: Tres dimensiones

EN: Norma Europea

EECN: Edificación de energía casi nula

EPOV: Observatorio Europeo contra la Pobreza Energética

ERESEE: Estrategia a largo plazo para la rehabilitación energética en el sector de la edificación en España

FSC: Forest Stewardship Council

GEI: Gases de efecto invernadero

HEP: Pobreza energética escondida

ICP: Interruptor de control de potencia

ISO: International Organization for Standardization

I+D+i: Investigación, el desarrollo y la innovación

Km: Kilómetro

Kw: Kilovatios

kWh/m^2: Kilovatios por hora y por metro cuadrado

LED: Light-emitting diode

LEED: Leadership in Energy and Environmental Design

Ln: Nivel de presión de ruido de impactos normalizado

MITMA: Ministerio de Transportes y Movilidad Sostenible

NRE-AT: Normativa Reglamentaria de Edificación-Aislamiento Térmico

Núm.: Número

ODS: Objetivos de Desarrollo Sostenible

Pág/s.: Página/s

PER: Energía primaria renovable

PCAC: Plan Canario de Adaptación Climática

PIECan: Plan Integrado de Energía y Clima de Canarias

PNIEC: Plan Nacional Integrado de Energía y Clima

PREE: Plan de Rehabilitación Energética de Edificios

PVC: Policloruro de vinilo

PVP: Parque público de red primaria

RSC: Responsabilidad social corporativa

SEAF: Standardisation and communication of sustainable energy asset evaluation framework

Sig/s: Siguiente/s

UE: Unión Europea

UNE: Una Norma Española)

VEB: Vivienda ecotecnológica básica

VERDE: Valoración de Eficiencia de Referencia de Edificios

Vol: Volumen

W: Vatio

Introducción

La presente monografía de investigación analiza distintos aspectos de la sostenibilidad aplicada a la vivienda y en relación con los distintos Objetivos de Desarrollo Sostenible (ODS) aplicables, especialmente el 11, Ciudades y Comunidades Sostenibles con una perspectiva jurídica respecto de la legislación aplicable.

La sostenibilidad aplicada a la vivienda ha sido uno de los retos en el ámbito de la construcción. Las mejoras de las técnicas constructivas han evolucionado a lo largo de los años, y actualmente se inclina hacia una construcción más sostenible, una construcción más eficiente[1], en sintonía con el respeto al medio ambiente. Lograr que la vivienda sea eficiente energéticamente, se utilicen materiales[2] respetuosos con el medio

---

1 ALARCIA, G., SANTOS, J. y MENÉNDEZ, J.: «Resultados de un proyecto colaborativo en materia de construcción eficiente: Manual E3CN», *Smart Communities: 9º Congreso Europeo sobre Eficiencia Energética y Sostenibilidad en Arquitectura y Urbanismo-2º Congreso Internacional de Construcción Avanzada,* Universidad del País Vasco, San Sebastián, 2018, págs. 137 y sigs.; MENDOZA, M. A., PIÑAS MOYA, M. J., HORN, M. y GÓMEZ LEÓN, M. M.M.: «Conductividad térmica de compuestos tipo sándwich usados en la industria de la construcción», *TECNIA,* vol. 31, núm. Extra 1, 2021, págs. 42-50. Disponible en: https://revistas.uni.edu.pe//index.php/tecnia/article/view/1198 (Consultado el 31 de enero de 2025).

2 BEDOYA MONTOYA, C. M.: «Construcción de vivienda sostenible con bloques de suelo cemento: del residuo al material», *Revista de arquitectura,* vol. 20, núm. 1, 2018, págs. 62 y sigs.; LORENZO, D., LOZANO MARTÍNEZ-LUENGAS, A. G., ZAMORA, A. y DUQUE, I. G.: «Solución con madera termotratada: Cinco años de exposición en la casa pasiva Entreencinas (Asturias)», *Boletín de información técnica de AITIM,* núm. 308, 2017, págs. 44 y sigs.; PASSIVHAUS CONSULTORES: «El están-

natural[3], y que todo ello contribuya a una mejora de la calidad habitacional no es fácil. Sin embargo, en los últimos años se ha orientado la legislación a establecer una serie de requisitos y de condiciones para que la sostenibilidad no sea una quimera y que sea asequible para la ciudadanía. Se predica también que la vivienda sostenibles es más armónica y produce beneficios económicos a largo plazo.[4] Sin embargo, queda todavía mucho por hacer y es preciso también una legislación que favorezca la sostenibilidad en el ámbito habitacional.

Tanto la Agenda 2030 sobre los ODS, en concreto el ODS 11: Ciudades y Comunidades Sostenibles, como el Acuerdo de París, de 2015, el Pacto Verde Europeo o el Plan de Trabajo de Cultura 2019-2022 de la Unión Europea-Arquitectura, se indica la necesidad de adoptar decisiones como la relativa al cambio climático y sus efectos en el ámbito social.

La Nueva Agenda Urbana que se aprobó en la Conferencia de Naciones Unidas sobre la Vivienda y el Desarrollo Urbano Sostenible Hábitat III, que se celebró en Quito, en 2016[5], señaló en su Prólogo que:

---

dar Passivhaus: una hoja de ruta fiable hacia el edificio de consumo casi nulo, también para los componentes cerámicos», *ConArquitectura: arquitectura con arcilla cocida*, núm. 61, 2017, págs. 87 y sigs.

3 ÁLVAREZ PÉREZ, C. H.: *Optimización mecánica y funcional de un material compuesto, constituido por fibras de madera aglomeradas con cemento, para su empleo como material auto portante*, Universidad de Oviedo, Oviedo, 2017.

4 AULÍ, E.: *Guía para obtener una vivienda sostenible: las claves de la armonía ecológica, social y económica en su hogar*, CEAC, Barcelona, 2005.

5 NACIONES UNIDAS: *Declaración de Quito sobre Ciudades y Asentamientos Humanos Sostenibles para todos en el marco de la Conferencia de Naciones Unidas sobre Vivienda y Desarrollo urbano sostenible (Hábitat III), que se celebró en 2016, para la adopción de la Nueva Agenda Urbana*. Disponible en: https://habitat3.org/wp-content/uploads/NUA-Spanish.pdf (Consultado el 22 de febrero de 2025).

> «En esta era en la que vivimos un crecimiento sin precedentes de la urbanización, y en el contexto de la Agenda 2030 para el Desarrollo Sostenible, el Acuerdo de París y otros acuerdos y marcos mundiales para el desarrollo, hemos llegado al momento decisivo en que entendemos que las ciudades pueden ser fuente de soluciones a los problemas a que se enfrenta nuestro mundo en la actualidad, y no su causa. Si está bien planificada y bien gestionada, la urbanización puede ser un instrumento poderoso para lograr el desarrollo sostenible, tanto en los países en desarrollo como en los países desarrollados».

También la metodología BIM (Building Information Modelling) nos ayuda a poder optimizar y hacer más sostenible la construcción, explotación y mantenimiento en el ámbito de la edificación.

En el presente estudio nos proponemos analizar la vivienda sostenible desde distintas perspectivas: la arquitectónica y también la jurídica con la legislación aplicable para lograr dicho objetivo como es el caso de la Ley 9/2022, de 14 de junio, de Calidad de la Arquitectura[6], al referirse a los materiales sostenibles para la construcción, o la Ley 12/2023, de 24 de mayo, por el derecho a la vivienda[7] según lo indicado en el Real Decreto Legislativo

---

6 BOE núm. 142, de 15 de junio de 2022. Véase: ARQUITECTURA SOSTENIBLE: «Todo sobre la nueva Ley de Calidad de la Arquitectura», 2022. Disponible en: https://arquitectura-sostenible.es/todo-sobre-nueva-ley-calidad-arquitectura/ (Consultado el 30 de enero de 2025).

7 BOE núm. 124, de 25 de mayo de 2023. Sobre esta Ley se han interpuesto distintos recursos: Recurso de inconstitucional núm. 5580-2023, contra los artículos 2, letras c), d), e), f), g), h), i), j), m), n), o), p), q), r) y s); 15, apartados 1.b) y 1.d), y apartados 2, 3 y 4; 16; 17; 18.1 y 18.4; 27.1, párrafo tercero, 27.2 y 27.3; 28; 29; disposición transitoria primera, párrafo segundo; disposición transitoria segunda y disposición final séptima, apartado 1, de la Ley 12/2023, de 24 de mayo, por el derecho a la vivienda (BOE núm. 236, de 3 de octubre de 2023); Recurso de inconstitucionalidad núm. 5518-2023, contra los artículos 8 a); 15.1; 16.1 d); 17.4; 18.2, 3 y 4; 19.3; 27.1 y 3; 28.1; y disposición final quinta de la Ley 12/2023, de 24 de mayo, por el derecho a la vivienda (BOE núm.

236, de 3 de octubre de 2023); Recurso de inconstitucionalidad núm. 5516-2023, contra los artículos 8 a) y c); 11.1 e); 15.1; 16.1 d); 18.2, 3 y 4; 19.1 y 3; 27.1 y 3; 28.1; 35; disposición adicional tercera; disposición transitoria primera, párrafo 2; disposición final primera, apartados uno, tres y seis; y disposición final quinta de la Ley 12/2023, de 24 de mayo, por el derecho a la vivienda (BOE núm. 236, de 3 de octubre de 2023); Recurso de inconstitucionalidad núm. 5491-2023, contra los artículos 3 f), g) y k); 8 a) y c); 9 e); 11.1 e); 15.1 e); 16; 18 apartados 2, 3 y 4; 19 apartado 1, inciso segundo, y apartado 3; 27 apartado 1, párrafo tres, y apartado 3; 28; 29; 32; 33; 34; 35 y 36; disposición adicional tercera; disposición transitoria primera; disposición final primera, apartados uno, tres y seis; y disposición final cuarta de la Ley 12/2023, de 24 de mayo, por el derecho a la vivienda (BOE núm. 236, de 3 de octubre de 2023); Recurso de inconstitucionalidad núm. 1301-2024, contra los artículos 3, 10.2, 15.1.d), 15.1.e), 16, 17 y 18; disposición adicional tercera; disposición transitoria segunda.1; disposición final primera, apartados uno, tres y seis, y disposición final cuarta de la Ley 12/2023, de 24 de mayo, por el derecho a la vivienda (BOE núm. 69, de 19 de marzo de 2024); Recurso de inconstitucionalidad núm. 1301-2024, contra los artículos 3, 10.2, 15.1.d), 15.1.e), 16, 17 y 18; disposición adicional tercera; disposición transitoria segunda.1; disposición final primera, apartados uno, tres y seis, y disposición final cuarta de la Ley 12/2023, de 24 de mayo, por el derecho a la vivienda (BOE núm. 69, de 19 de marzo de 2024); Recurso de inconstitucionalidad núm. 1306-2024, contra los artículos 3; 11.2; 16; 18.2, 3 y 4; 19.2 y 3; 27.3; disposición adicional tercera; disposición transitoria segunda.1; disposición transitoria tercera; disposición final quinta, y disposición final séptima de la Ley 12/2023, de 24 de mayo, por el derecho a la vivienda (BOE núm. 90, de 12 de abril de 2024); Recurso de inconstitucionalidad núm. 1278-2024, contra los artículos 2, letras c), d), e), f), g), h), i), j), m), n), o), p), q), r) y s); 12; 15, apartados 1 d) y 4; 16; 17; 18, apartados 1, 4, 5 y 6; 23; 24; 27, apartados 1, párrafo tercero, 2 y 3; 28 y 29; disposición transitoria primera, párrafo segundo; disposición transitoria segunda y disposición final séptima, apartado 1, de la Ley 12/2023, de 24 de mayo, por el derecho a la vivienda (BOE núm. 90, de 12 de abril de 2024). Véase también: Pleno. Sentencia 79/2024, de 21 de mayo de 2024. Recurso de inconstitucionalidad 5491-2023. Interpuesto por el Consejo de Gobierno de la Junta de Andalucía en relación con di-

7/2015, de 30 de octubre que aprueba el texto refundido de la Ley del Suelo y Rehabilitación Urbana[8], o el Anteproyecto de Ley de ordenación sostenible del uso turístico de viviendas de la Comunidad Autónoma de Canarias[9], de 2022, entre otras normas.

De igual modo, respecto a las viviendas energéticamente eficientes debemos tener en cuenta lo indicado en la normativa de cambio climático, que veremos posteriormente. Y también interesa citar el 121/000011 Proyecto de Ley de Familias, de 8 de marzo de 2024, que menciona el principio de desarrollo territorial y urbano sostenible, así como otras normas aplicables.

Actualmente, resulta de especial interés dedica un estudio específico a la vivienda sostenible teniendo en cuenta la normativa aplicable y relacionarlo con los ODS y las distintas acciones que están encaminadas para alcanzar prioritariamente el ODS 11, y que se relaciona con otros ODS, como el 1, fin de la pobreza, o 13, acción por el clima, entre otros.

La presente propuesta se estructura en distintos bloques que se ocuparán de las diferentes cuestiones a abordar, entre las que destacamos los diferentes conceptos que se relacionan con la sostenibilidad y la vivienda como es el caso de las casas pasivas

---

versos preceptos de la Ley 12/2023, de 24 de mayo, por el derecho a la vivienda. Competencias sobre vivienda, urbanismo, ordenación del territorio, régimen local y servicios sociales; condiciones básicas de igualdad: nulidad total o parcial de los preceptos legales que regulan el régimen de viviendas protegidas, las obligaciones de colaboración de grandes tenedores en zonas de mercado residencial tensionado, finalidad y financiación de los parques públicos de vivienda y el régimen transitorio de las viviendas de protección pública previamente calificadas. Voto particular (BOE núm. 152, de 24 de junio de 2024).

8 BOE núm. 261, de 31 de octubre de 2015.

9 Disponible en: https://s3.ppllstatics.com/canarias7/www/multimedia/2024/09/13/Anteproyectojulio2024CONMARCAAGUA.pdf (Consultado el 29 de enero de 2025).

Passivhaus, la certificación LEED (Leadership in Energy and Environmental Design), la construcción sostenible BREEAM (Building Research Establishment Environmental Assessment Methodology), así como la certificación como Minergie o DGNB (German Sustainable Building Council)[10], y en España, el certificado VERDE (Valoración de Eficiencia de Referencia de Edificios), que incluye la parcela, emplazamiento, energía, atmósfera, recursos naturales, calidad del ambiente interior, calidad del servicio y aspectos sociales y económicos[11], y las distintas acciones para el cumplimiento de los ODS relacionados, haciendo especial referente a la ciudad del futuro y la eficiencia de los recursos.

Con ello obtendremos unas conclusiones válidas para la comunidad científica y realizaremos propuestas de mejora con la finalidad de solucionar los problemas detectados.

---

10 SIBER: «Casas sostenibles, ¿qué requisitos han de cumplir?», s/f. Disponible en: https://www.siberzone.es/blog-sistemas-ventilacion/casas-sostenibles-2/ (Consultado el 30 de enero de 2025).

11 SEPÍN: «Derecho inmobiliario y construcción sostenible», 13 de septiembre de 2024. Disponible en: https://blog.sepin.es/derecho-inmobiliario-construccion-sostenible (Consultado el 5 de febrero de 2025).

1. La sostenibilidad: concepto y características

1.1. ¿QUÉ ENTENDEMOS POR SOSTENIBILIDAD?

La Real Academia Española define la sostenibilidad[12] como «Cualidad de sostenible» y sostenible[13] aplicado a la ecología y economía, «que se puede mantener durante largo tiempo sin agotar los recursos o causar grave daño al medio ambiente».

La sostenibilidad es un concepto clave en la actualidad. Se plasma en diversos aspectos como es el ambiental, social y económico y su objetivo es garantizar un equilibrio para lograr satisfacer las necesidades del presente, pero sin comprometer a las generaciones futuras.

La sostenibilidad la podemos posicionar en el ámbito del medioambiente, en el ámbito de la sociedad, y en el ámbito de la economía.

a) La sostenibilidad ambiental

La sostenibilidad ambiental busca preservar los recursos naturales del planeta mediante un uso responsable y el objeto de la reducción de la huella ecológica. Son diversas acciones que se incardinan

---

12 REAL ACADEMIA ESPAÑOLA: Voz «sostenibilidad». Disponible en: https://dle.rae.es/sostenibilidad (Consultado el 6 de febrero de 2025).

13 REAL ACADEMIA ESPAÑOLA: Voz «sostenible». Disponible en: https://dle.rae.es/sostenible?m=form (Consultado el 6 de febrero de 2025).

dentro de la misma, como es la protección de la biodiversidad, reducir la contaminación, utilizar de forma adecuada y eficiente de los recursos y promover la utilización de energías renovables.

Una de las formas de lograrlo es la denominada economía circular[14]. Este sistema se basa en la reutilización de los productos y materiales, a través de su reciclaje y regeneración, con la finalidad de minimizar los residuos y el impacto ambiental.

b) La sostenibilidad social

La sostenibilidad social se centra en garantizar condiciones de vida dignas para todas las personas, promoviendo la equidad, el acceso a la educación, la salud y el bienestar. También abarca la promoción de la diversidad, la inclusión y los derechos humanos. Una sociedad sostenible es aquella en la que se respetan las diferencias culturales y se fomenta la participación ciudadana para lograr un desarrollo equitativo y justo.

c) La sostenibilidad económica

La sostenibilidad económica busca un crecimiento económico que no genere impactos negativos en el medioambiente ni en la sociedad.

---

14 FERRÓN VILCHEZ, V.: «Sostenibilidad, objetivos de desarrollo sostenible y economía circular en la construcción de viviendas», *Vivienda sostenible y mujeres en riesgo de exclusión social*, VICEIRA ORTEGA, P., GALERA RUIZ, M. (Coord.), QUESADA PÁEZ, A. (Dir.), Aranzadi, Cizur Menor, 2024, págs. 51 y sigs.; MORAÑO RODRÍGUEZ, A. J.: «Hormigón estructural térmico. Economía circular», *Cemento Hormigón*, núm. 976, 2016, págs. 38 y sigs.

Se tienen que realizar acciones para su logro, como por ejemplo implementar modelos de producción y de consumos que sean responsables y crear "conciencia social" para ello.

Es preciso realizar inversiones en tecnologías no contaminantes, y adoptar prácticas en el ámbito de la empresa que sean éticas y que fomenten el comercio justo, y no especulativo.

El sistema económico sostenible debe orientarse a la generación de empleo y a una distribución equitativa de los recursos y de la riqueza, para evitar un empobrecimiento generalizado.

El papel de las empresas y gobiernos resulta decisivo. Tanto las empresas como los gobiernos desempeñan un papel crucial en la promoción de la sostenibilidad. Las empresas pueden adoptar estrategias de responsabilidad social corporativa (RSC), reducir sus emisiones de carbono y aplicar políticas de sostenibilidad en sus cadenas de suministro. Por su parte, los gobiernos pueden establecer normativas y regulaciones que incentiven prácticas sostenibles, así como invertir en infraestructuras ecológicas y en educación ambiental.

La participación ciudadana también resulta clave. Cada individuo también puede contribuir a la sostenibilidad mediante cambios en su estilo y forma de vida. A través de pequeñas acciones, se puede lograr unos resultados óptimos. Por ejemplo, la reducción en el consumo de envases de plástico de un solo uso, y fomentar la reutilización de los envases o bien utilizar envases biodegradables que sean respetuosos con el medio ambiente.

Acciones como reducir el consumo de plásticos de un solo uso, optar por medios de transporte sostenibles, consumir productos locales y reducir el desperdicio de alimentos pueden tener un impacto significativo. La concienciación y la educación ambiental son esenciales para fomentar hábitos responsables y sostenibles.

d) La sostenibilidad turística

El agotamiento de los recursos naturales es uno de los principales problemas de la masificación de los destinos turísticos. La capacidad de carga de los espacios se debe de tener en cuenta para no sobrepasar la misma y que se vea afectado el lugar con una alta saturación de visitantes.

Esta sostenibilidad se basa en el mantenimiento de los recursos, en el equilibrio de la demanda y la oferta de los destinos y en el *status quo* que permita que el visitante no altere el ecosistema del espacio.

Se ha establecido distinta regulación aplicable a determinados espacios para garantizar la sostenibilidad de los mismos. Así, la Ley 1/2018, de 7 de febrero, de medidas urgentes para garantizar la sostenibilidad ambiental en el entorno del Mar Menor.[15] Se establecen medidas urgentes para la ordenación y sostenibilidad de las actividades agrarias y garantizar su aplicación en el entorno del Mar Menor y la protección de sus recursos naturales, mediante la eliminación o reducción de las afecciones provocadas por vertidos, arrastres de sedimentos y cualesquiera otros elementos que puedan contener contaminantes perjudiciales para la recuperación de su estado ecológico (artículo 1).

La Ley 7/2019, de 8 de febrero, para la sostenibilidad medioambiental y económica de la Isla de Formentera[16] encomienda a las administraciones públicas para que velen por la sostenibilidad medioambiental y socioeconómica de la isla de Formentera mediante medidas específicas que de manera preferente eviten o reduzcan, principalmente en los períodos vacacionales, los riesgos derivados de la excesiva afluencia turística y de la saturación de los espacios públicos que la misma comporta.

---

15 BOE núm. 148, de 19 de junio de 2018.

16 BOE núm. 67, de 19 de marzo de 2019.

Se orientarán las políticas a los objetivos de mejora del entorno natural y el medio ambiente, de ordenación de la afluencia turística, de eliminación de la congestión de las vías públicas y de la saturación del parque de vehículos a motor, de mantenimiento de la calidad de vida de la población y de preservación de la buena imagen turística de Formentera.

Las medidas que se regulan para la sostenibilidad (artículo 2) son las siguientes:

a) Limitar la afluencia de vehículos a motor en la isla.

b) Limitar la circulación en vías públicas para determinados tipos de vehículos a motor de acuerdo con criterios medioambientales.

c) Establecer el número máximo de vehículos de alquiler en circulación.

d) Potenciar el uso del transporte público y de la movilidad sostenible.

e) Fijar el número óptimo de títulos habilitantes para el servicio de taxi y vehículos de alquiler con conductor, siguiendo la proporción legalmente establecida.

f) Favorecer el uso progresivo de vehículos eléctricos y no contaminantes tanto en el sector público como en el privado, como también garantizar la implantación progresiva de puntos de recarga eléctrica.

g) Financiar proyectos encaminados a conseguir más sostenibilidad medioambiental.

La adopción y la ejecución de las medidas previstas en esta ley responderán a los principios de necesidad, eficacia, proporcionalidad y no discriminación.

La Ley 3/2022, de 15 de junio, de medidas urgentes para la sostenibilidad y la circularidad del turismo de las Illes Balears[17] indica que es necesario avanzar en la aplicación de medidas circulares en cada una de las áreas prioritarias, debido a su relevancia regional y para favorecer la interrelación de las líneas de acción incluidas en el plan de circularidad. Los establecimientos turísticos, incluidas las viviendas objeto de comercialización turística o las viviendas turísticas de vacaciones de tipología constructiva unifamiliar, unifamiliar entre medianeras y pareadas tienen que eliminar las instalaciones térmicas que funcionan con fueloil o gasóleo, y las tienen que sustituir por otras que empleen fuentes de energía que reduzcan el impacto medioambiental.

En cuanto a las viviendas, se considera que estas tipologías constructivas son las más idóneas para implementar las medidas, dado que no se encuentran elementos estructurales de carácter común que lo impidan.

Se introduce en la Ley de turismo que las empresas turísticas tienen que ajustar las temperaturas y el uso de las instalaciones térmicas a lo indicado en el Real Decreto 1027/2007, de 20 de julio, por el que se aprueba el Reglamento de Instalaciones Térmicas en los Edificios.[18]

Se contempla establecer medidas urgentes para la sostenibilidad y la circularidad del turismo, en las Illes Balears, con el objetivo de avanzar hacia un impacto regenerativo de la actividad turística en nuestro territorio y nuestra sociedad.

---

17 BOE núm. 197, de 17 de agosto de 2022.

18 BOE núm. 207, de 29 de agosto de 2007. Modificado por el Real Decreto 178/2021, de 23 de marzo (BOE núm. 71, de 24 de marzo de 2021). Véase también: Real Decreto 238/2013, de 5 de abril, por el que se modifican determinados artículos e instrucciones técnicas del Reglamento de Instalaciones Térmicas en los Edificios, aprobado por Real Decreto 1027/2007, de 20 de julio (BOE núm. 89, de 13 de abril de 2013).

Hay que tener en cuenta lo indicado en la Ley 8/2012, de 19 de julio, del turismo de las Illes Balears[19], y la Ley 6/2017, de 31 de julio, de modificación de la Ley 8/2012, de 19 de julio, del turismo de las Illes Balears, relativa a la comercialización de estancias turísticas en viviendas[20] y Decreto-ley 3/2017, de 4 de agosto, de modificación de la Ley 8/2012, de 19 de julio, del turismo de las Illes Balears, y de medidas para afrontar la emergencia en materia de vivienda en las Illes Balears[21]. Se introduce un título específico con medidas para transitar hacia la economía circular con el objetivo de convertir las Illes Balears en el primer destino turístico circular del mundo.

El Decreto-ley 3/2022, de 11 de febrero, de medidas urgentes para la sostenibilidad y la circularidad del turismo de las Illes Balears[22] considera necesario avanzar en la aplicación de medidas circulares en las áreas prioritarias que indica la norma, debido a su relevancia regional y para favorecer la interrelación de las líneas de acción incluidas en el plan de circularidad.

En cuanto al área de energía, los establecimientos turísticos determinados por la norma, incluidos las viviendas objeto de comercialización turística o las viviendas turísticas de vacaciones de tipología constructiva unifamiliar, unifamiliar entre medianeras y pareados tienen que eliminar las instalaciones térmicas que funcionan con fueloil o gasóleo, y las tienen que sustituir por otras que empleen fuentes de energía que reduzcan el impacto medioambiental.

En cuanto a las viviendas, se considera que estas tipologías constructivas son las que podrán implementar las medidas, dado que no hay elementos estructurales de carácter común que lo impidan. Se establece qué establecimientos turísticos, incluida la

---

[19] BOE núm. 189, de 8 de agosto de 2012.

[20] BOE núm. 223, de 15 de septiembre de 2017.

[21] BOE núm. 234, de 28 de septiembre de 2017.

[22] BOE núm. 136, de 8 de junio de 2022.

restauración y el entretenimiento, tienen que disponer de dispositivos de ahorro de agua en los grifos de lavabos, bañeras y duchas, así como a las cisternas de los wáteres, y, además, se dispone una obligación genérica relativa al hecho que no se pueden poner a disposición de los clientes artículos de gentileza de baño desechable, excepto a petición individual del cliente y siempre que los recipientes, los embalajes, los componentes y/o los productos sean reutilizables, reciclables, biodegradables o compostables.

Las empresas turísticas tienen que ajustar las temperaturas y el uso de las instalaciones térmicas . Esta norma avanza en medidas circulares aplicables a todas las empresas y los establecimientos turísticos regulados en la Ley 8/2012.

Respecto al área prioritaria de agua, se establece la obligación que los establecimientos turísticos de las Illes Balears pertenecientes en los grupos de alojamiento hotelero, apartamentos turísticos; alojamientos de turismo rural, las viviendas objeto de comercialización turística o viviendas turísticas de vacaciones, como también los establecimientos de restauración y entretenimiento definidos por la normativa turística, tienen que disponer de doble pulsador o pulsador con interrupción de descarga a las cisternas de los wáteres, y de aireadores y difusores a los grifos de lavabos, bañeras y duchas.

En cuanto al área prioritaria de residuos, se establece que los establecimientos turísticos de las Illes Balears pertenecientes a los grupos de alojamiento hotelero, apartamentos turísticos; alojamientos de turismo rural, las viviendas objeto de comercialización turística o viviendas turísticas de vacaciones no pueden poner a disposición de los clientes artículos de gentileza de baño desechable (entre otros, cuchillas de afeitar, cepillo de dientes, hilo dental, lima de uñas, espuma de afeitar, champú, crema hidratante para la piel, esponja para limpiar los zapatos, peines, acondicionador para el pelo, aceite corporal, gorros de ducha), excepto a petición individual del cliente y siempre que los recipientes, embalajes, componentes y/o productos sean reutilizables, reciclables, biodegradables o compostables.

La Ley 5/2024, de 11 de noviembre, de control de la afluencia de vehículos en la isla de Eivissa para la sostenibilidad turística[23] establece medidas que reduzcan la afluencia turística excesiva y los riesgos, los impactos y la saturación de los espacios públicos que esta comporta.

Hay que tener en cuenta que la sostenibilidad en los diversos aspectos contemplados se aplican también a la vivienda. Por ejemplo, la vivienda turística tiene que ser sostenible para estar en consonancia con la sostenibilidad turística, la sostenibilidad social y la energética.

1.2. ¿PODEMOS SER SOSTENIBLES EN EL ÁMBITO DE LA VIVIENDA?

La sostenibilidad resulta primordial en el ámbito de la vivienda con la finalidad de optimizar los recursos[24]. Se refiere a la capacidad de satisfacer las necesidades actuales sin comprometer los recursos de las futuras generaciones. La sostenibilidad aplicada a la vivienda

---

23 BOE núm. 303, de 17 de diciembre de 2024.

24 LÓPEZ, B.: «Viviendas … ¿sostenibles?», *El Hall: Boletín informativo del Colegio de Arquitectos de La Rioja,* núm. 93, 2006, págs. 4 y sig.; MARTÍN, P. y PÉREZ RAMOS, P.: «Proyecto piloto de vivienda sostenible en Barcelona», *Ecohabitar: bioconstrucción, consumo ético, permacultura y vida sostenible,* núm. 64, 2019, págs. 22 y sigs.

abarca múltiples aspectos, desde el diseño arquitectónico[25] hasta el uso eficiente de la energía y los materiales de construcción[26].

Uno de los principios fundamentales de la vivienda sostenible es el diseño bioclimático[27] y el ahorro de los recursos de los que

25 ALAAELDEAN TORKY, E. y NDANU KIAMBA, L.: «Effect of Façade Design on Visual and Thermal Comfort in a Passivhaus Laboratory Building», *Planning Post Carbon Cities: 35th PLEA Conference on Passive and Low Energy Architecture, A Coruña, 1st-3rd September 2020: Proceeding*, RODRÍGUEZ ÁLVAREZ, J. y SOARES GONÇALVES, J. C. (Ed.), vol. 2, Universidade da Coruña, A Coruña, 2020, págs. 1209 y sigs. Disponible en: https://ruc.udc.es/dspace/handle/2183/26695 (Consultado el 6 de febrero de 2025). Cfr. ARIAS ROYO, A., FIGUEROA LÓPEZ, A., OREGI ISASI, X. y RODRÍGUEZ VIDAL, I.: «Analysis of overheating risk in Passivhaus dwellings during warm season and the night natural ventilation strategies to mitigate it», *Disruption: 11º Congreso Europeo sobre Eficiencia Energética y Sostenibilidad en Arquitectura y Urbanismo – 4º Congreso Internacional de Construcción Avanzada: On line 1-2 Diciembre 2020,* Universidad del País Vasco, San Sebastián, 2020, págs. 119 y sigs. Disponible en: https://ekoizpen-zientifikoa.ehu.eus/documentos/648b52b4b367423619da0cf7?lang=de (Consultado el 6 de febrero de 2025); ARSLAN, D. y STEVENSON, F.: «Embodied Carbon: A Brettstapel Passivhaus in the UK», *Planning Post Carbon Cities: 35th PLEA Conference on Passive and Low Energy Architecture, A Coruña, 1st-3rd September 2020: Proceeding*, RODRÍGUEZ ÁLVAREZ, J. y SOARES GONÇALVES, J. C. (Ed.), vol. 1, Universidade da Coruña, A Coruña, 2020, págs. 139 y sigs. Disponible en: https://ruc.udc.es/dspace/handle/2183/26695 (Consultado el 6 de febrero de 2025).

26 PADILLA GARZA, J. A.: «Optimización energética y ambiental del proyecto de vivienda sostenibles ECOCASA, México», *Experiencia: 10 años formando expertos en sostenibilidad y gestión para una arquitectura responsable,* BALIBREA CÁRCELES, J. (Dir.), Ediciones Universidad de Navarra, Pamplona, 2023, págs. 180 y sigs.

27 DÍAZ VILELA, S., FERNÁNDEZ, M. A. y GIL PEREIRAS, A.: «Estudo teórico e deseño dunha construción bioclimática: O marco de referencia», *Avances en ciencias de la tierra,* núm. 12, 2022, págs. 1 y sigs. Disponible en: https://ephyslab.uvigo.es/wp-content/uploads/2022/12/ACT_vol_12_STEMBach_2022.pdf (Consultado el 5 de febrero de 2025).

se nutre la vivienda para el confort de sus habitantes[28]. Este enfoque busca aprovechar las condiciones climáticas locales para reducir el consumo energético[29] y mejorar el confort térmico[30]. Estrategias como la orientación adecuada de la vivienda, el uso

---

28 SORO, J. L.: «El reto de la vivienda sostenible», *Common housing: vivienda colectiva en Aragón 2000-2020*, MAGÉN PARDO, J., BUIL GUALLAR, C. y QUINTILLA CASTÁN, M. (Coord.), Demarcación de Zaragoza del Colegio Oficial de Arquitectos de Aragón, Zaragoza, 2017, pág. 3.

29 HATT, T., SAELZER, G., HEMPEL MAACK, C. y GERBER, A.: «Alto confort interior con mínimo consumo energético a partir de la implementación del estándar "Passivhaus" en Chile», *Revista de la Construcción*, vol. 11, núm. 2, 2012, págs. 123 y sig. Disponible en: https://www.scielo.cl/scielo.php?script=sci_arttext&pid=S0718-915X2012000200011 (Consultado el 2 de febrero de 2025).

30 HERNÁNDEZ LÓPEZ, H. E.: *Variables técnicas y económicas asociadas al acondicionamiento térmico de viviendas: una mirada centrada en el desempeño de la vivienda social chilena*, Universidad Politécnica de Madrid, Madrid, 2020, págs. 11 y sigs. Disponible en: https://oa.upm.es/64631/1/HECTOR_ENRIQUE_HERNANDEZ_LOPEZ.pdf (Consultado el 3 de febrero de 2025); HIDALGO BETANZOS, J. M.: *Adaptation of single family houses to the nzeb objective in cool temperate climates of Spain: optimisation of the energy demand and the termal comfort by full-scale measurements and simulation assess*,Universidad del País Vasco, San Sebastián, 2017, págs. 20 y sigs. Disponible en https://addi.ehu.es/bitstream/handle/10810/30647/TESIS_HIDALGO_BETANZOS_JUAN%20MARIA.pdf?sequence=1&isAllowed=y (Consultado el 3 de febrero de 2025); MARÍN SALGADO, F. W.: «Evaluación del rendimiento de calefacción o refrescamiento producido por los elementos constructivos y microclima de una vivienda pasiva: una forma de integrar el rendimiento del confort térmico pasivo a su administración del ciclo de vida de un edificio», *Revista invi*, vol. 27, núm. 75, 2012, págs. 171 y sigs. Disponible en: https://www.scielo.cl/scielo.php?script=sci_arttext&pid=S0718-83582012000200006 (Consultado el 3 de febrero de 2025). Cfr. POMBO RODILLA, O.: *Análisis multicriterio de la eficiencia de medidas de rehabilitación de viviendas mediante el enfoque de ciclo de vida: propuesta metodológica*, Universidad Politécnica de Madrid, Madrid, 2016, págs. 14 y sigs. Disponible en: https://oa.upm.es/42315/1/OLATZ_POMBO_RODILLA.pdf (Consultado el 4 de febrero de 2025).

de ventilación natural y la incorporación de elementos que propicien que la vivienda sea fresca en verano y cálida en invierno, hacen que se dependa menos de un sistema de climatización. Aspectos que, en muchas ocasiones, no se tienen en cuenta a la hora de elegir una vivienda, cualquiera que sea la forma jurídica que se vaya a establecer para habitar la misma.

La sostenibilidad en la vivienda también es la utilización de materiales ecológicos y reciclados[31]. Materiales nobles, la utilización de madera certificada, y otros materiales como adobe, materiales naturales como el bambú reducen el impacto ambiental.

La impresión 3D (tres dimensiones) con materiales sostenibles está revolucionando la industria de la construcción al permitir la reducción de residuos y optimización de recursos.

Otro de los aspectos es la utilización adecuada de la energía. La instalación en la vivienda de paneles solares es una de las medidas que producen un ahorro energético considerable. Otras medidas son los aerogeneradores domésticos y los sistemas de geotermia para disminuir el consumo de combustibles fósiles. La incorporación de iluminación LED (Light-emitting diode), electrodomésticos de bajo consumo y sistemas de domótica contribuyen a un uso más racional de la energía y a una mayor calidad habitacional.

El uso eficiente del agua es otro elemento clave. La instalación de sistemas de captación y reutilización de aguas pluviales, junto con tecnologías como inodoros de bajo consumo y grifos con sensores, permite reducir el desperdicio hídrico. Además, la aplicación

---

31 PUERTO CRISTANCHO, M. A., PERICO GRANADOS, N. R., REYES RODRÍGUEZ, C. A., GUZMÁN SERRANO, L. F. y GARZÓN CASTRO, L. N.: «Ladrillo de plástico comparado con el ladrillo tradicional», *Revista Ingenierías USBMed*, vol. 13, núm. 1, 2022, págs. 56 y sigs. Disponible en: https://dialnet.unirioja.es/descarga/articulo/8467467.pdf (Consultado el 31 de enero de 2025).

de jardines, incluyendo los verticales, con especies autóctonas y xerófitas ayuda a disminuir la necesidad de riego excesivo.

También podemos ser sostenibles en el ámbito de la vivienda con una gestión adecuada de residuos. La separación y reciclaje de desechos, el compostaje de residuos orgánicos y el uso de sistemas de tratamiento de aguas residuales son medidas que permiten reducir la contaminación y fomentar la sostenibilidad ambiental.

Además de los beneficios ecológicos, la sostenibilidad en la vivienda también impacta positivamente en la salud y el bienestar de los ocupantes. Los materiales de construcción libres de compuestos tóxicos, la ventilación adecuada y el diseño que favorece la iluminación natural mejoran la calidad del aire interior y reducen enfermedades respiratorias y alérgicas.

La sostenibilidad en la vivienda no solo es una tendencia, sino una necesidad en un mundo con recursos limitados y una creciente crisis ambiental. Las políticas gubernamentales y las normativas de construcción sostenible están impulsando cada vez más la adopción de estas prácticas. Incentivos como subsidios para la instalación de paneles solares y certificaciones ecológicas como LEED y «Passivhaus» fomentan el desarrollo de edificaciones responsables con el medio ambiente[32].

---

32 MURRAY, M. A. y COLCLOUGH, S.: «Industria Loci': The Energy of Place Achieving Energy Optimisation within Mixed Use Developments utilising Passivhaus Design Strategies in Urban Des», *Planning Post Carbon Cities: 35th PLEA Conference on Passive and Low Energy Architecture, A Coruña, 1st-3rd September 2020: Proceedings*, vol. 1, Universidade da Coruña, A Coruña, 2020, págs. 211 y sigs. Disponible en: https://ruc.udc.es/dspace/handle/2183/26695 (Consultado el 6 de febrero de 2025); RODRÍGUEZ VIDAL, I., OREGI ISASI, X. y OTAEGUI DE ARCE, J.: «Overheating Risk in Social Collective Housing in the Basque Country and Navarre Built Under the Passivhaus Standard», *Planning Post Carbon Cities: 35th PLEA Conference on Passive and Low Energy Architecture, A Coruña, 1st-3rd September 2020: Proceedings*, RODRÍGUEZ ÁLVAREZ, J. y SOARES GONÇALVES, J. C. (Ed.), Universidade da Coruña, A Coru-

También hay que tener en cuenta que la sostenibilidad no está exenta de la adaptación de la vivienda a las necesidades de sus ocupantes.[33]

Las tendencias actuales[34] para lograr soluciones más sostenibles se enfocan a los siguientes objetivos:

a) El incremento de las densidades del desarrollo urbano para lograr un mejor uso del suelo y la conservación del terreno verde.

b) El reciclamiento de los recursos, incluyendo el agua, los residuos líquidos y sólidos, tanto orgánicos como inorgánicos, así como los materiales y elementos de construcción.

c) La reducción del consumo de energía convencional a partir del diseño bioclimático, la eficiencia energética y el aprovechamiento de fuentes renovables de energía.

ña, 2020, págs. 1281 y sigs. Disponible en: https://ruc.udc.es/dspace/handle/2183/26695 (Consultado el 6 de febrero de 2025); STEVENSON, F., ARSLAN, D. y GÓMEZ TORRES, S.: «Embodied Carbon: A Comparison of Two Passivhaus Homes in the UK», *Planning Post Carbon Cities: 35th PLEA Conference on Passive and Low Energy Architecture, A Coruña, 1st-3rd September 2020: Proceedings*, RODRÍGUEZ ÁLVAREZ, J. y SOARES GONÇALVES, J. C. (Ed.), vol. 1, Universidade da Coruña, A Coruña, 2020, págs. 2 y sigs. Disponible en: https://ruc.udc.es/dspace/handle/2183/26695 (Consultado el 6 de febrero de 2025).

33 GÓMEZ JIMÉNEZ, M. L.: «De la reflexión a partir de proyectos y eventos en vivienda sostenible y adaptada: apunte de los congresos SHUR 2015 y Greencities 2014», *WPS Review International on Sustainable Housing and Urban Renewal: RI-SHUR*, núm. 2, 2015, págs. 3 y sigs.

34 CARRILLO LEÓN, W. J. y ALCOCER, S. M.: «Revisión de criterios de sostenibilidad en muros de concreto para viviendas sismorresistentes», *Ingeniería, investigación y tecnología*, vol. 13, núm. 4, 2012, págs. 479 y sigs. Disponible en: https://www.scielo.org.mx/scielo.php?script=sci_arttext&pid=S1405-77432012000400011 (Consultado el 1 de febrero de 2025).

La doctrina ha estructurado en los siguientes aspectos la sostenibilidad en el ámbito de la vivienda[35]: correcta integración en el ambiente físico (reducción de la fragmentación; realización de estudios geobiológicos y conservación de áreas naturales y biodiversidad); adecuada elección de materiales y procesos (prohibición en el uso de materiales potencialmente peligrosos; uso eficaz de los materiales no renovables y potenciar reutilización y reciclaje); planificación y control de la generación de residuos (disminución de residuos inertes mediante reducción en su origen y fomento del reciclaje; adaptabilidad y flexibilidad física y funcional; adopción de criterios en proyecto que faciliten el desmontaje y la separación selectiva de los residuos durante los procesos de rehabilitación y demolición); creación de atmósfera interior saludable (optimización de los equipos de ventilación; disminución de ruidos y olores; gestión del ciclo de vida y control de los elementos contaminantes del aire); eficiencia calidad-coste (coste eficaz) (aumento de la calidad en todo el proceso; reducción costes mantenimiento; incremento de la estandarización y desarrollo sistemas de control de calidad); gestión eficiente del agua y la energía (reducción del consumo en fuentes no renovables; disminución de las emisiones de CO2 y sustancias tóxicas en atmósfera; incremento del aislamiento de la edificación, y ventilación natural, y reducción del consumo de agua).

---

35 Sigo la exposición de IGLESIAS MALDONADO, P.: «Introducción a la vivienda sostenible. O vivienda sostenible para el moderno Prometeo», *AxA: Una revista de Arte y Arquitectura*, núm. 2, 2010, pág. 8. Disponible en: https://revistas.uax.es/index.php/axa/article/download/1043/864 (Consultado el 2 de febrero de 2025). Véase también: SÁNCHEZ AGURTO, Y., SANTA MARÍA DÁVILA, E. y SARAVIA HINOZTROZA, J.: «Emisión de CO2 equivalente en la construcción de viviendas unifamiliares de adobe y ladrillo», *Obras y proyectos: revista de ingeniería civil*, núm. 34, 2023, págs. 83 y sigs. Disponible en: https://revistas.ucsc.cl/index.php/oyp/issue/view/159/125 (Consultado el 30 de enero de 2025).

1.3. CARACTERÍSTICAS Y REQUISITOS

Para lograr la sostenibilidad, es esencial cumplir con ciertos requisitos y entender sus características fundamentales. Veámoslo por separado.

Podemos indicar que las características de la sostenibilidad son las siguientes:

a) Distintos focos fundamentales y un equilibrio entre ellos. La sostenibilidad se basa en tres claves principales: la medioambiental, la económica y la social. Un desarrollo sostenible debe garantizar un balance entre estos tres elementos para ser eficaz y duradero. No se consigue una sostenibilidad con actos individuales, sino que deber ser la unión de actos a nivel individual y también de la colectividad.

b) Responsabilidad en el uso de los recursos naturales. La sostenibilidad promueve la utilización racional y eficiente de los recursos naturales, evitando su agotamiento y fomentando su regeneración. Hay que tener en cuenta que los recursos naturales son escasos y su consumo indiscriminado terminará por agotarlos.

c) Reducción y minimización del impacto en el medio ambiente. Implica minimizar la huella ecológica mediante la reducción de emisiones contaminantes[36], el reciclaje, el ahorro energético y el uso de energías renovables. Una concienciación adecuada de la utilización de los electrodomésticos, con programas de lavado cortos, utilización del lavavajillas cuando esté lleno, son algunos de las propuestas que a nivel individual podemos realizar para evitar dañar el medio ambiente.

---

36 GARCÍA LOZANO, C.: *Energía y emisiones en el sector residencial riojano: Modelos y escenarios*, Universidad de La Rioja, Logroño, 2021. Disponible en: https://dialnet.unirioja.es/descarga/tesis/293495.pdf (Consultado el 5 de febrero de 2025).

d) Promoción del bienestar social. La mejora de la calidad de vida de las personas es una de las premisas de la sostenibilidad. Ello se traduce en asegurar un acceso a educación, salud, empleo digno y equidad social. La vivienda también forma parte de ese bienestar social, ya que la vivienda no es un lujo, es una necesidad.

e) Rentabilidad y viabilidad económica. La sostenibilidad debe garantizar que las actividades económicas sean rentables a largo plazo, promoviendo la innovación, la eficiencia y la responsabilidad corporativa. Distintas formas jurídicas además de la propiedad pueden ser óptimas para acceder a la vivienda, por ejemplo, en régimen de cooperativas[37] o en *cohousing*.

f) Resiliencia y adaptabilidad. Un sistema sostenible debe ser capaz de adaptarse a cambios y resistir crisis ambientales, sociales o económicas sin comprometer su estabilidad. Las ciudades van cambiando y es preciso que la vivienda se adapta a los cambios geográficos. Un ejemplo, de esa adaptación es que después de la pandemia por la covid-19 la técnica constructiva de la vivienda se ha inclinado por dotar a los edificios de balcones y terrazas, con la finalidad de que se disponga de un espacio adecuado para tomar el sol, o simplemente de asueto. A diferencia de las técnicas constructivas anteriores que, para optimizar el espacio, se realizaba la construcción con miradores o en el caso de disponer de balcones, se cerraban para ganar metros a la vivienda[38].

---

37 ALLEGUE REQUEIJO, B.: «Las cooperativas de viviendas: adaptación de su objeto social hacia las nuevas necesidades del siglo XXI», *La economía social, pilar de un nuevo modelo de desarrollo económico sostenible*, Centro Internacional de Investigación e Información sobre la Economía Pública, Social y Cooperativa, CIRIEC, 2011.

38 SÁNCHEZ GONZÁLEZ, J. C.: *Construcción modular ligera energéticamente eficiente*, Universidad Politécnica de Madrid, Madrid, 2016, págs. 5 y

g) Participación y responsabilidad global. La sostenibilidad requiere el compromiso de gobiernos, empresas y ciudadanos para implementar estrategias y políticas responsables que fomenten un desarrollo sostenible. En realidad, constituye el caballo de batalla principal de la accesibilidad de la vivienda, y de una accesibilidad a una vivienda sostenible, que, al día de hoy no se ha logrado de forma adecuada por falta de políticas adecuadas.

Los requisitos para la sostenibilidad son varios, entre los que podemos mencionar los que indicamos a continuación:

a) Legislación y regulaciones adecuadas. Es preciso establecer leyes y normativas que protejan el medio ambiente, regulen las emisiones de carbono y promuevan prácticas sostenibles en todas las industrias.

b) Educación y concienciación en sostenibilidad. La formación en sostenibilidad desde edades tempranas es crucial para fomentar una cultura de respeto por el medio ambiente y el uso racional de los recursos.

c) Inversión en tecnología sostenible. Es fundamental desarrollar e implementar tecnologías limpias y eficientes que ayuden a reducir el impacto ambiental y optimicen el uso de recursos.

d) Fomento de las energías renovables. La transición hacia fuentes de energía renovables, como la solar y la eólica, es un requisito esencial para reducir la dependencia de combustibles fósiles y disminuir la contaminación.

e) Implementación de la economía circular. Se debe promover un modelo de economía circular, donde los productos y materiales se reutilicen, reciclen y se minimicen los residuos.

---

sigs. Disponible en: https://oa.upm.es/40342/1/JUAN_CARLOS_SANCHEZ_GONZALEZ.pdf (Consultado el 4 de febrero de 2025).

f) Equidad y justicia social. La sostenibilidad no puede lograrse sin garantizar la igualdad de oportunidades, la reducción de la pobreza y la eliminación de la discriminación en todas sus formas.

g) La importancia de la cooperación internacional. Los problemas ambientales y de sostenibilidad son globales, por lo que requieren la colaboración entre países, organismos internacionales y sociedad civil para encontrar soluciones conjuntas.

2. *La vivienda sostenible*

2.1. DEFINICIÓN

La Conferencia de las Naciones Unidas sobre el Medio Humano, del año 1972[39] se recomendaba la reducción de impactos ambientales en los asentamientos humanos. El mejoramiento ambiental en el ámbito rural y urbano mediante la implementación de alcantarillado, servicios sanitarios y eliminación de deshechos que eviten la contaminación de la tierra y el agua se plasmó como recomendación en la citada Conferencia.

Se recomienda que los gobiernos y el Secretario General tomen medidas inmediatas para la creación de un fondo internacional o una institución de financiación cuyo objetivo principal consista en contribuir a reforzar los programas nacionales relativos a los asentamientos humanos mediante el suministro del capital inicial y de la asistencia técnica necesaria, con objeto de lograr una movilización eficaz de los recursos nacionales destinados a la vivienda y al mejoramiento ambiental de los asentamientos humanos.

---

39 NACIONES UNIDAS: *Informe de la Conferencia de Naciones Unidas sobre el Medio Humano*, 1972. Disponible en: https://docs.un.org/es/A/CONF.48/14/Rev.1 (Consultado el 28 de febrero de 2025). Sigo la exposición de JIMÉNEZ EXPÓSITO, R. A.: *Estrategia de intervención para proyectos de viviendas sostenibles de interés social en el ámbito de la cooperación internacional al desarrollo. Caso de estudio: la vivienda sostenible de interés social de hábitat para la humanidad El Salvador*, Universidad de Sevilla, Sevilla, 2024, págs. 23 y sigs. Disponible en: https://idus.us.es/server/api/core/bitstreams/c7d2bd86-658a-410a-bab0-c02749c6dc4b/content (Consultado el 30 de enero de 2025).

En la declaración de Estambul sobre Asentamientos Humanos de 1996[40] surge el compromiso de atender a las tendencias ambientales mundiales para la mejora de las condiciones de vida en los asentamientos humanos. Este compromiso para la mejora se debe realizar de forma compatible con las necesidades y realidades locales, y reconocer que es preciso tener en cuenta las tendencias económicas, sociales y ambientales mundiales a fin de garantizar la creación de un entorno mejor para todos.

Se establece el compromiso de velar por el uso eficiente de los recursos dentro de la capacidad de carga de los ecosistemas y tener en cuenta el principio de precaución y ofreciendo a todas las personas, especialmente las más vulnerables y desfavorecidas, las mismas oportunidades de llevar una vida sana, segura y productiva en armonía con la naturaleza y su patrimonio cultural y valores espirituales y culturales, y que garanticen el desarrollo económico y social y la protección del medio ambiente, contribuyendo así a la consecución de los objetivos del desarrollo nacional sostenible

El Foro de los Países de América Latina y el Caribe sobre el Desarrollo Sostenible constituido a instancias del Centro de las Naciones Unidas para los Asentamientos Humanos (CEPAL), es el mecanismo regional para el seguimiento y examen de la implementación de la Agenda 2030 para el Desarrollo Sostenible.[41]

En los principios y compromisos de la Nueva agenda urbana de la Conferencia Hábitat III de 2016 se establece la necesidad

---

40 NACIONES UNIDAS: *Conferencia de las Naciones Unidas sobre los Asentamientos Humanos,* Estambul (Turquía), 1996. Disponible en: http://habitat.aq.upm.es/aghab/adeclestambul.html (Consultado el 28 de febrero de 2025).

41 CEPAL: *El Foro de los Países de América Latina y el Caribe sobre el Desarrollo Sostenible y el Seguimiento Regional de la Agenda 2030.* Disponible en: https://www.cepal.org/es/pagina/foro-paises-america-latina-caribe-desarrollo-sostenible-seguimiento-regional-la-agenda-2030 (Consultado el 28 de febrero de 2025).

de proteger los ecosistemas y adoptar medidas de adaptación a los efectos del cambio climático, surgiendo el término resiliencia. Así se indicaba que una de las medidas es garantizar la sostenibilidad del medio ambiente, promoviendo el uso de la energía no contaminante y el uso sostenible de la tierra y los recursos en el desarrollo urbano, protegiendo los ecosistemas y la diversidad biológica, entre otras cosas promoviendo la adopción de estilos de vida saludables en armonía con la naturaleza, alentando modalidades de consumo y producción sostenibles, fortaleciendo la resiliencia urbana, reduciendo los riesgos de desastre, y poniendo en práctica medidas de adaptación al cambio climático y mitigación de sus efectos.

La vivienda sostenible es un enfoque de diseño y construcción que busca reducir el impacto ambiental de los hogares mientras mejora la eficiencia energética, la calidad de vida y el uso responsable de los recursos[42]. En un contexto de cambio climático y urbanización acelerada, este tipo de vivienda se ha convertido en una alternativa fundamental para garantizar un desarrollo equilibrado y respetuoso con el medio. De hecho, hay en el mercado diversos edificios que cumplen con los requisitos.[43]

Una vivienda sostenible es aquella diseñada para minimizar el consumo de energía, agua y materiales, generando un impacto ambiental reducido a lo largo de su ciclo de vida. Estas casas utilizan

---

[42] QUINTANA FERRER, E.: «Vivienda y medio ambiente: bonificaciones en la cuota de los impuestos locales», *Crónica tributaria*, núm. 189, 2023, págs. 157 y sigs. Disponible en: https://dugi-doc.udg.edu/bitstream/handle/10256/23999/037637.pdf?sequence=1&isAllowed=y (Consultado el 31 de enero de 2025).

[43] ENRIC, E.: «Así debe ser una vivienda sostenible. Aprova apoya la inversión en construir edificios de consumo "casi nulo"», *Levante. El mercantil valenciano*, 11 de marzo de 2024. Disponible en: https://www.levante-emv.com/economia/2024/03/11/aprova-vivienda-sostenible-98519281.html (Consultado el 30 de enero de 2025).

tecnologías[44] ecológicas, materiales reciclables y estrategias de eficiencia[45] para lograr un equilibrio entre confort y sostenibilidad.[46]

---

44 DÍAZ-PINÉS MATEO, F., JOVÉ SANDOVAL, F., MUÑOZ DE LA CALLE, D. y PAHÍNO RODRÍGUEZ, L. A.: «Prototipo de vivienda sostenible construida con muros de bloque de tierra comprimida: (y una reflexión sobre la tectónica)», *Construcción con tierra, tecnología y arquitectura: congresos de Arquitectura de Tierra en Cuenca de Campos 2020/11*, JOVÉ SANDOVAL, F. y SAINZ GUERRA, J. L. (Coord.), Cátedra Juan de Villanueva, Valladolid, 2011, págs. 255 y sigs. Disponible en: https://www5.uva.es/grupotierra/publicaciones/digital/libro2011/2011_9788469481073_p255-266_diaz.pdf (Consultado el 1 de febrero de 2025).

45 GURIDI GARCÍA, R., TARTÁS RUIZ, C. y GUARDIOLA ARNANZ, J.: «Sistematización y versatilidad: el ejemplo Inviso/Guardiola», *Jornadas internacionales de investigación en construcción: vivienda: pasado, presente y futuro: resúmenes y actas*, Instituto de Ciencias de la Construcción Eduardo Torroja, Madrid, pág. 73. Disponible en: https://digital.csic.es/bitstream/10261/94782/1/Abstracts_and_Proceedings_%20JORNADAS%202013.pdf (Consultado el 1 de febrero de 2025); GUTIÉRREZ CUEVAS, B., SÁNCHEZ QUESADA, E. y GONZÁLEZ MARTÍN, J. M.: «Proceso constructivo de rehabilitación bajo el estándar Passivhaus en un edificio protegido: (estructural)», *Rehabend 2016. Euro-American Congress. Construction pathology, rehabilitation technology and heritage management: (6th Rehabend Congress)*, Universidad de Cantabria, Santander, 2016, págs. 1779 y sigs. Disponible en: https://www.rehabend.unican.es/2020/wp-content/uploads/sites/2/2019/04/Libro_Rehabend2016.pdf (Consultado el 4 de febrero de 2025); QUEIPO, J., NAVARRO, J. M., IZQUIERDO, M., DEL ÁGUILA, A., GUINEA, D., VILLAMARO, M., VEGA SÁNCHEZ, S. y NEILA, J.: «Proyecto de investigación INVISO: industrialización de viviendas sostenibles», *Informes de la construcción*, vol. 61, núm. 513, 2009, págs. 73 y sigs. Disponible en: https://informesdelaconstruccion.revistas.csic.es/index.php/informesdelaconstruccion/article/view/765/850 (Consultado el 2 de febrero de 2025).

46 BAUTISTA GORDILLO, J. D. y LOAIZA ELIZALDE, N. F.: *Análisis beneficio costo entre la construcción de viviendas sostenibles y viviendas tradicionales con base de la sostenibilidad ambiental en el municipio de Soacha*, Universidad Distrital Francisco José de Caldas, Bogotá, 2021, pág. 34 Disponible en: https://repository.udistrital.edu.co/items/19d06df1-8222-44ba-

La sostenibilidad en la vivienda no solo se refiere al medio ambiente, sino también a factores económicos y sociales, asegurando que sean accesibles, duraderos y funcionales para las personas que van a habitar dicho espacio[47].

8a57-7ee7b5d1e157 (Consultado el 31 de enero de 2025). Se define la vivienda sostenible como «Una vivienda sostenible es aquella que aprovecha los recursos naturales, especialmente agua y energía, a través de procesos de recolección, aislamiento y distribución para brindar espacios saludables y confortables utilizando materiales innovadores y duraderos. Además, este tipo de vivienda produce un bajo impacto ambiental, es decir los materiales que se usan para su construcción son amigables con el medio ambiente. Lo que la construcción de viviendas sostenibles busca son condiciones óptimas de habitabilidad, ya que este tipo de vivienda. Consiste en el diseño de edificaciones teniendo en cuenta las condiciones climáticas, aprovechando los recursos disponibles (sol, vegetación, lluvia, vientos) para disminuir los impactos ambientales, intentando reducir los consumos de energía». Véase también: BEAUDU, L. y CONFORTI, F.: «Panel M. T.C. Experimentación sobre un sistema constructivo para viviendas rurales en Boyacá, Colombia», *Nodo: Arquitectura. Ciudad. Medio Ambiente*, vol. 12, núm. 23, 2017, págs. 38 y sigs. Disponible en: https://dialnet.unirioja.es/descarga/articulo/8690871.pdf (Consultado el 31 de enero de 2025).

47 BORJA POZO, R. E. y ANGUMBA AGUILAR, P. J.: «Metodología BIM para el diseño hidrosanitario sustentable en viviendas vernáculas», *Polo del Conocimiento: Revista científico-profesional*, vol. 6, núm. 2, 2021, págs. 809 y sigs. Disponible en: https://dialnet.unirioja.es/descarga/articulo/9548873.pdf (Consultado el 31 de enero de 2025); CABALLERO MONTES, J. L., ÁLVAREZ RAMÍREZ, R. y RASILLA, M.: «Intervención solidaria de estudiantes antes de posgrado en zonas afectadas por eventos naturales mediante el diseño de viviendas sostenibles», *Las fronteras del conocimiento: perspectivas y aplicaciones en la era digital*, BERMÚDEZ VÁZQUEZ, M., CHAVES MONTERO, A. y OTERO SANTAMARÍA, J. (Coord.), Dykinson, Madrid, 2024, págs. 366 y sigs. Disponible en: https://www.dykinson.com/libros/las-fronteras-del-conocimiento-perspectivas-y-aplicaciones-en-la-era-digital/9788411709347/ (Consultado el 30 de enero de 2025).

Podemos indicar algunos ejemplos de vivienda sostenible en los que se han aplicado la sostenibilidad en la construcción de viviendas, como es el caso del desarrollo de energía cero de El Beddington (BedZED)[48], en el Reino Unido; the Edge, en Países Bajos, las casas Earthship, en Estados Unidos; las Torres Bosco Verticale, en Italia. Estas torres incorporan un gran número de árboles y plantas creando un ecosistema vertical que mejora la calidad del aire y la eficiencia térmica.

2.2. LA VIVIENDA ECOLÓGICA, LA VIVIENDA SEMILLA, LA VIVIENDA ECOTECNOLÓGICA, LA VIVIENDA ENERGÉTICA, LA VIVIENDA AUTOSUFICIENTE, LA BIOCONSTRUCCIÓN, LAS CASAS PASIVAS

Se utilizan distintos términos para la vivienda que utiliza diseño sostenible, teniendo en cuenta las distintas características de cada una de ellas.

En un escenario actual donde la sostenibilidad se ha convertido en una prioridad, las viviendas ecológicas se han convertido en una opción válida y como una alternativa innovadora y responsable. Este tipo de viviendas buscan minimizar el impacto ambiental mediante el uso eficiente de recursos naturales y tecnologías avanzadas. Dentro de esta categoría, encontramos varios enfoques específicos que promueven la eficiencia energética, la autosuficiencia y la integración con el medio ambiente.

El concepto eco-vivienda tiene sus orígenes en los años setenta del siglo XX[49]. Se priorizaba la construcción de viviendas que res-

---

48 TIFFEN, D.: «El proyecto "BedZED". Un modelo de vivienda para el futuro», *Era solar: Energías renovables*, núm. 103, 2001, págs. 54 y sigs.

49 HERRERA GONZÁLEZ, D. y ARIAS VALENCIA, S.: «El perfil del comprador frente a una vivienda sostenible: estudio descriptivo», *Revista de arquitectura*, vol. 25, núm. 2, 2023, pág. 38. Disponible en:

petaran la salud de las personas y también la salud del planeta, ya que se partía de la idea de que todo material de construcción deriva de un recurso finito y hay riesgo de agotamiento de los mismos.

Durante los años 1980 nace el concepto de arquitectura verde que está enfocado al ahorro de energía, el clima, el ahorro de los recursos y el respeto a los usuarios con una preocupación por el planeta.

En el caso de la utilización de materiales adecuados se considera que es conveniente utilizar madera de bosque con sello verde, que sea renovable, o productos reusables, reciclables y que no sean tóxicos. Otra vía que se contempla es la fabricación de materiales y su obtención que estén cerca del lugar de la construcción, ya que supone un considerable ahorro de energía.

La vivienda ecotecnológica se basa en la implementación de tecnologías sustentables para reducir el consumo de energía y recursos[50]. Estas viviendas integran sistemas como paneles solares, captación de agua pluvial, iluminación LED, aislamiento térmico eficiente y electrodomésticos de bajo consumo. Su objetivo es optimizar el uso de los recursos naturales sin comprometer la comodidad ni la funcionalidad del hogar.

Las ecotecnias[51] son aquellos dispositivos, métodos y procesos que buscan una relación armónica con el ambiente y persiguen beneficios sociales y económicas a los usuarios, referenciados a

---

https://dialnet.unirioja.es/descarga/articulo/8906940.pdf (Consultado el 30 de enero de 2025).

50 OLAYA-GARCÍA, B., DELGADO RAMOS, G. C., OLIVIERI, F., DE LARA MARTÍNEZ, F. y MASERA CERUTTI, O. R.: «Vivienda ecotecnológica básica para zonas rurales: una revisión de literatura», *Academia XXII: revista semestral de investigación*, vol. 13, núm. 26, 2022, págs. 114 y sigs. Disponible en: https://revistas.unam.mx/index.php/aca/article/view/84149 (Consultado el 31 de enero de 2025).

51 Sigo el trabajo de OLAYA-GARCÍA, B., NAVIA ESPINOZA, S. E., y MACERA CERUTTI, O. M.: «Marco metodológico para transitar hacia una vivienda ecotecnológica básica», *Vivienda y comunidades sustentables*, núm. 13, 2023,

un contexto socioecológico específico. Ejemplos los podemos encontrar en estufas mejoradas de leña, en sistemas de captación de agua de lluvia, los biofiltros o los huertos de traspatio.

Estos proyectos no siempre se adaptan al contesto y no consideran las necesidades o prioridades poblacionales, por lo que no terminan de adoptarse, o las viviendas son abandonadas.

Ello es debido a una incomprensión del contexto y a una falta de compromiso por parte de los usuarios durante el proceso innovativo.

Se implementan estos proyectos de forma independiente, y pocas veces se integran en líneas temáticas para solucionar problemas de manera simultánea, como son los de plantean la energía, el agua o saneamiento.

Hay diversas soluciones aplicables como es la reutilización del agua de la vivienda para el cultivo de alimentos en un huerto familiar, tras los procesos de depuración en una biojardinera, o la reutilización de los desechos orgánicos que se hayan producido en la cocina en un compostero.

La mayoría de los proyectos de innovación ecotecnológica no disponen de una monitorización y no se cuantifican los impactos que tienen en el ámbito económico, de la salud o del medioambiente.

Tampoco existe una sistematización, falta de datos precisos sobre el funcionamiento en el campo lo que provoca que no haya una implementación del sistema y la transmisión del conocimiento que se ha ido generando a las generaciones futuras.

La falta de comprensión de los usos y costumbres, formas de vida, tradiciones, lenguaje son factores limitadores de la implementación de proyectos en zonas rurales y la adopción de tecnologías. Una solución es integrar un enfoque colaborativo y transdisciplinario

---

págs. 178 y sigs. Disponible en: https://revistavivienda.cuaad.udg.mx/index.php/rv/article/view/237 (Consultado el 30 de enero de 2025).

propiciando la recuperación de saberes y la transmisión de conocimientos y pueden conllevar la preservación del patrimonio cultural.

El concepto de vivienda ecotecnológica básica (VEB) que incluye una visión sistémica e integral de la vivienda rural y precaria y sus servicios básicos. Se trata de una infraestructura y un espacio físico sostenible que permite obtener una vivienda saludable a través de las innovaciones ecotecnológicas para lograr la habitabilidad a través de unas líneas estratégicas: abastecimiento de agua, saneamiento, energía, residuos, alimentación y cobijo.

Esta visión integral de la vivienda se alinea dentro de la sostenibilidad tanto ambiental, social, económica, cultural y política y sitúa a la tecnología en el eje central de la sociedad y el medioambiente.

La vivienda ecotecnológica básica parte de la producción social del hábitat y la habitabilidad básica y engloba la visión de los sistemas socio-eco-tecnológicos. El abordaje de los problemas en el ámbito de la vivienda se resuelven mediante enfoques interdisciplinarios y no hay una única solución. La integración de las formas de conocimiento de diversos sectores, es uno de los factores claves para la solución.

Las viviendas energéticas están diseñadas para maximizar la eficiencia en el consumo y generación de energía. Incorporan fuentes renovables como la solar y la eólica, además de sistemas de almacenamiento de energía para garantizar el suministro continuo. Algunas de ellas pueden llegar a ser viviendas de consumo energético casi nulo, reduciendo significativamente la huella de carbono y el gasto energético de los habitantes.

Una vivienda autosuficiente es aquella que no depende de fuentes externas de energía, agua o alimentos. Su diseño incluye sistemas de generación y almacenamiento de electricidad, gestión de residuos orgánicos, producción de alimentos mediante huertos urbanos y sistemas de captación y purificación de agua. Este tipo de vivienda permite a sus habitantes vivir de manera autónoma, minimizando su impacto ambiental y promoviendo un estilo de vida sustentable.

La bioconstrucción es una corriente arquitectónica que utiliza materiales naturales y locales para la edificación de viviendas, respetando los ciclos ecológicos y reduciendo la contaminación[52]. Se emplean materiales como adobe, madera certificada, bambú, cal y fibras naturales, los cuales favorecen un ambiente saludable dentro del hogar. Además, estas construcciones buscan armonizar con su entorno, aprovechando la luz natural, la ventilación cruzada y la orientación geográfica para mejorar su eficiencia térmica.

Se habla también de las denominadas viviendas semilla[53] que conceptualiza la idea de la vivienda de desarrollo progresivo. Se parte de la premisa de que la vivienda ya no es un bien con un coste fijo, que puede llegar a ser inaccesible, para ser concebido como un organismo vivo con un coste inicial bajo, que se va incrementando en función de los recursos económicos familiares y de las necesidades reales.

---

52 Véase: LOZANO MARTÍNEZ-LUENGAS, A. G., DEL COZ DÍAZ, J. J., ALONSO MARTÍNEZ, M. y MARTÍN RODRÍGUEZ, A.: «Hacia una construcción más eficiente: passivhaus + bioconstrucción», *Jornadas internacionales de investigación en construcción: vivienda: pasado, presente y futuro: resúmenes y actas*, Instituto de Ciencias de la Construcción Eduardo Torroja, Madrid, 2013, pág. 133. Disponible en: https://digital.csic.es/bitstream/10261/94782/1/Abstracts and Proceedings %20JORNADAS%202013.pdf (Consultado el 3 de febrero de 2025); SUÁREZ HERNÁNDEZ, N.: «De residuos a viviendas sostenibles, el poder de la bioconstrucción», *Retema: Revista técnica de medio ambiente*, núm. 240, 2022, págs. 104 y sigs. Disponible en: https://www.retema.es/revista-digital/julio-agosto-8 (Consultado el 31 de enero de 2025).

53 JOVÉ SANDOVAL, F.: «Prototipo de Vivienda Sostenible de Desarrollo Progresivo construida con muros de bloque de tierra comprimida», *Hábitat social, digno, sostenible y seguro en Manta, Manabí, Ecuador*, SAINZ GUERRA, J. L. y CAMINO SOLÓRZANO, A. M. (Coord.), Universidad de Valladolid, Valladolid, 2014, págs. 180 y sigs. Disponible en: https://www5.uva.es/grupotierra/aecid/publicaciones/2013/6c.pdf (Consultado el 31 de enero de 2025).

Puede estar destinada para gente joven con pocos recursos, con la intención de una repoblación del medio rural, con un tránsito de la ciudad al campo. Se parte de conceptos ecológicos, conexión con la naturaleza y sostenibilidad con un retorno a la tradición pero con ayuda de las tecnologías y la innovación en el diseño de la vivienda y en la técnica constructiva aplicable.

El retorno a núcleos rurales es uno de los objetivos de la vivienda semilla y también como una nueva oportunidad ante el encarecimiento de la vivienda en el medio urbano.

La vivienda semilla y su ubicación en el medio rural también supone un aprovechamiento de los recursos energéticos sostenibles como es la energía solar, la biomasa o el ciclo eficiente del agua, que en la ciudad es más difícil su implementación, y a través de estrategias bioclimáticas lograr una vivienda sostenible.

También representa la recuperación de la arquitectura vernácula y tradicional y su mantenimiento como bien patrimonial.

Esta tipología de vivienda semilla parte de un módulo básico que se puede ampliar de forma predeterminada. En el aspecto bioclimático se implementan elementos y sistemas que se destinan al ahorro energético pasivo, sistema de calificación radiante, caldera de biomasa y sostenibilidad en el ciclo hídrico mediante un aljibe de recogida de aguas pluviales y aguas grises para ser utilizadas en riego y abastecimiento de cisternas.

Se combina la tecnología tradicional con la más innovadora, así como diseño contemporáneo incorporando elementos tradicionales de la arquitectura típica del lugar, y elementos más innovadores. La idea es proporcionar una vivienda sostenible y también confortable y en función del estilo de vida en el medio rural, más sencilla que en el ámbito urbano. La sencillez en la construcción se tradujo en la utilización de materias primas y básicas como la tierra, madera, y vidrio que determinó también la reducción de los oficios a la albañilería y carpintería.

Respecto a las casas pasivas, podemos indicar lo siguiente:

Las viviendas pasivas, también conocidas como «Passivhaus» por su denominación en alemán, son edificaciones diseñadas para maximizar la eficiencia energética[54] y minimizar el impacto ambiental[55]. Estas construcciones utilizan estrategias avanzadas de diseño y materiales de alta calidad para reducir el consumo energético[56] y mejorar el confort de sus habitantes[57].

---

54 GONZÁLEZ DÍAZ, I.: «CTE2013, CTE2019 y estándar Passivhaus. ¿Cuáles son las diferencias energéticas?», *El Instalador*, núm. 583, 2020, págs. 46 y sigs. Disponible en: https://www.interempresas.net/FlipBooks/IN/583/html5forpc.html (Consultado el 6 de febrero de 2025).

55 GUTIÉRREZ CUEVAS, B.: «Por una construcción de edificios y viviendas energéticamente eficientes», *Cemento Hormigón*, núm. 999, 2020.

56 GUILLÉN LAMBEA, S.: *Residential nzeb in southern europe: analysis and optimization of the parameters related to air ventilation systems to reduce air conditioning energy demand*, Universidad de Zaragoza, Zaragoza, 2017, págs. 24 y sigs. Disponible en: https://zaguan.unizar.es/record/63067/files/TESIS-2017-086.pdf (Consultado el 4 de febrero de 2025).

57 Se puede consultar más ampliamente: ÁLAVA TRIVIÑO, M. E.: «Implementación del estándar Passivhaus en Ecuador enfocado a las tipologías de vivienda», *Experiencia: 10 años formando expertos en sostenibilidad y gestión para una arquitectura responsable*, BALIBREA CÁRCELES, J. (Dir.), Universidad de Navarra, Ediciones Universidad de Navarra, Pamplona, 2023, págs. 186 y sig.; ARCHANCO MANCHO, I.: «Dos casas de turismo rural, con estructura CLT, bajo el estándar passivhaus en Ibero, Navarra», *Boletín de información técnica de AITIM*, núm. 301, 2016, págs. 12 y sigs.; LÓPEZ MERINO, A.: «Viviendas pasivas», *Aa: Revista del Colegio de Arquitectos de Valladolid*, núm. 4, 2015, págs. 30 y sigs.; AULÍ MELLADO, E. y FERNÁNDEZ, J.: «Casa pasiva, energía activa», *Integral: Vive mejor en un mundo mejor*, núm. 353, 2009, pág. 22; BENÍTEZ JIMÉNEZ, V.: «Bruselas ha adoptado desde el año 2015 la construcción y rehabilitación pública basándose en el estándar Passivhaus, anticipándose a las exigencias de la UE para el año 2020», *CONTART 2016, la convención de la edificación*, Universidad de Granada, Editorial Universidad de Granada, 2016, págs. 395 y sigs.; BENITO PLAZA, P.: «Vivienda en Meco, Madrid, certificada Passivhaus», *DPArquitectura: detalles y proyectos de arquitectura*, núm. 45, 2024, págs. 67 y sigs.; BLAF ARCHITECTEN: «Productor de energía solar: Vivienda

pasiva en Asse», *Detail: revista de arquitectura y detalles constructivos*, núm. 2, 2011, pág. 129; BOLAO, X.: «Casas modulares: vivienda sostenible», *CIC: publicación mensual sobre arquitectura y construcción*, núm. 401, 2004, págs. 108 y sigs.; CARRILLO MESSA, D.: «OrgànicCub: casa pasiva y ecológica», *Ecohabitar: bioconstrucción, consumo ético, permacultura y vida sostenible*, núm. 64, 2019, págs. 27 y sigs.; DUQUE CHASCO, J. A. y ALESANCO, V.: «Artículo técnico: Análisis de puentes térmicos de fachada autoportante de ladrillos caravista, STRUCTURA, para edificios ECCN y Passivhaus», *ConArquitectura: arquitectura con arcilla cocida*, núm. 76, 2020, págs. 74 y sigs.; ERVITI MACHAN, R.: «Arquitectura [sostenible] en un entorno complicado. Deconstructing Passivhaus», *Experiencia: 10 años formando expertos en sostenibilidad y gestión para una arquitectura responsable*, BALIBREA CÁRCELES, J. (Dir.), Ediciones Universidad de Navarra, Pamplona, 2023, págs. 94 y sig.; FERRER, J. R. y CASTELLÁ, J.: «Ventilación de muy alta eficiencia energética en una casas pasiva», *El Instalador*, núm. 503, 2013, págs. 58 y sigs.; GONZÁLEZ DUQUE, I. y ZAMORA, A.: «Casa Entreencinas: el contralaminado entra en el mundo de las casas pasivas», *Boletín de información técnica de AITIM*, núm. 281, 2013, págs. 12 y sigs.; GUILLÉN LAMBEA, S.: «Implantación de Passivhaus en climas extremos. Aragón: polvo, niebla, viento y sol», *CONTART 2018: la convención de la edificación*, MARTÍN GARÍN, A. (Coord.), Colegio Oficial de Aparejadores y Arquitectos Técnicos de Zaragoza, Zaragoza, 2018, págs. 299 y sigs.; HERNÁNDEZ MINGUILLÓN, R. J.: «Arquitectura para la transición estándar Passivhaus», *DPArquitectura: detalles y proyectos de arquitectura*, núm. 27, 2019, págs. 10 y sigs.; JORRETO DÍAZ, M.: «Casa pasiva sobre el Miño», *Casa en Galicia*, PAZ AGRAS, L. (Coord.), Diseño Editorial, Buenos Aires, 2016, págs. 44 y sigs.; LACOMBA, M.: «Casa pasiva km 0 en Mallorca», *Ecohabitar: bioconstrucción, consumo ético, permacultura y vida sostenible*, núm. 79, 2023, págs. 28 y sig.; MARTÍNEZ RODRÍGUEZ, A., ASCIONE, S. C. y FERRERAS SANCHO, S.: «Casa pasiva S´Agaró: S´Agaró, Girona», *ConArquitectura: arquitectura con arcilla cocida*, núm. 82, 2022, págs. 98 y sig.; MARTÍNEZ SANTA-MARÍA, L., DÍAZ, N. y VOGT, A.: «Artículo Técnico: Pasiva positiva: los componentes de la arcilla cocida en un edificio de consumo casi nulo passivhaus-premium en régimen de autoconsumo», *ConArquitectura: arquitectura con arcilla cocida*, núm. 75, 2020, págs. 44 y sigs.; NAVARRO PÉREZ, J. C., LOMBARDÍA TRIGO, P. y GARRUDO ÁLAMO, J.: «Vivienda Passivhaus:

Villamayor, Salamanca», *ConArquitectura: arquitectura con arcilla cocida,* núm. 80, 2021, págs. 82 y sigs.; ORTÍZ DE APODAKA, C.: «Passivhaus en altura en Bolueta-Bilbao: Proyecto de 361 VPO, sociales y tasadas en dos bloques (28 y 21 alturas sobre rasante). Cumple estándares passivhaus», *CONTART 2018: la convención de la edificación,* MARTÍN GARÍN, A. (Coord.), Colegio Oficial de Aparejadores y Arquitectos Técnicos de Zaragoza, Zaragoza, 2018, págs. 331 y sigs.; RAMOS, E.: «Casa pasiva certificada con BTC», *Ecohabitar: bioconstrucción, consumo ético, permacultura y vida sostenible,* núm. 54, 2017, págs. 20 y sigs.; ROMERO HERRERO, F.: «Entrepatios: vivienda con valores», *Planur-e: territorio, urbanismo, paisaje, sostenibilidad y diseño urbano,* núm. 13, 2019; RUIZ JIMÉNEZ, F.: «Vivienda Passivhaus. Herrera, Sevilla», *ConArquitectura: arquitectura con arcilla cocida,* núm. 65, 2018, págs. 39 y sigs.; SALINA DE LEÓN, A.: «Vivienda unifamiliar en Muros de Nalón (Asturias) con estándar Passivhaus», *Boletín de información técnica de AITIM,* núm. 304, 2016, págs. 54 y sigs.; SANZ PRAT, J. y CABALLERO, C.: «Casa pasiva de paja en Cantabria», *Ecohabitar: bioconstrucción, consumo ético, permacultura y vida sostenible,* núm. 77, 2023, págs. 32 y sigs.; STYLE, O.: «L´estàndard Passivhaus», *L´informatiu del CAATEEB: construcción, arquitectura, urbanisme,* núm. 342, 2014, págs. 83 y sigs.; «Larixhaus: historia de una casa pasiva», *El Instalador,* núm. 520, 2014, págs. 10 y sigs.; «Historia de una casa pasiva. Los primeros pasos en un equipo integrado», *Energía de hoy.com,* núm. 19, 2017, págs. 62 y sigs.; TORRE, S.: «Vivienda unifamiliar Passivhaus. Carrión de los Condes, Palencia», *ConArquitectura: arquitectura con arcilla cocida,* núm. 63, 2017, págs. 38 y sigs.; URIARTE, A.: «Hacia las ciudades de consumo casi nulo de energía: Passivhaus llega con fuerza a los espacios de uso público», *CIC: publicación mensual sobre arquitectura y construcción,* núm. 546, 2018, págs. 34 y sigs.; VELÁZQUEZ ARTEAGA, G., VELÁZQUEZ ARIZMENDI, S., MINGARRO CUARTERO, S. y VELÁZQUEZ ARIZMENDI, G.: «29 viviendas libres passivhaus. Soto de Lezkairu, Pamplona», *ConArquitectura: arquitectura con arcilla cocida,* núm. 62, 2017, págs. 90 y sigs.; VERDÚ VILA, E.: «Sevilla. 9ª Conferencia Passivhaus: estrategias pasivas en climas extremos», *Diseño interior,* núm. 301, 2018, págs. 22 y sig.; WASSOUF, M., PUJOL, B. y AMADO, M.: «Rehabilitación energética con criterios Passivhaus de la escuela El Garrofer en Viladecans (Barcelona)», Smart Communities: 9º Congreso Europeo sobre Eficiencia Energética y Sostenibilidad en Arquitectura y Urbanismo – 2º Congre-

Las viviendas pasivas se basan en cinco principios fundamentales[58]:

a) Un buen aislamiento térmico: Se utilizan materiales con alta capacidad de aislamiento para minimizar la pérdida de calor en invierno y la ganancia de calor en verano.

b) Utilización de ventanas y puertas de alta eficiencia: Las aberturas de la vivienda cuentan con triple acristalamiento y marcos herméticos para evitar fugas térmicas.

c) Construcción con ausencia de puentes térmicos: Se eliminan las discontinuidades en la envolvente térmica del edificio para evitar pérdidas de calor.

---

so Internacional de Construcción Avanzada: Bilbao 10-12 Septiembre 2018, HERNÁNDEZ MINGUILLÓN, R. J. (Ed.), Universidad del País Vasco, San Sebastián, 2018, págs. 181 y sigs.; ZAMORA, A. y DUQUE, I. G.: «Casa pasiva entreencinas», *Ecohabitar: bioconstrucción, consumo ético, permacultura y vida sostenible*, núm. 36, 2013, págs. 18 y sigs.; ZURRO GARCÍA, B., GONZÁLEZ MORENO, S., GONZÁLEZ MARTÍN, J. M. y PAREDES NÚÑEZ, A. M.: «The Principles of the Passivhaus Standard Applied to Rehabilitation: case Study», *Building Engineering Facing the Challenges of the 21st Century: holistic Study from the Perspectives of Materials, Construction, Energy and Sustainability*, BIENVENIDO HUERTAS, J. D. y DURÁN ÁLVAREZ, J. (Coord.), Springer Nature, Alemania, 2023, págs. 473 y sigs.

58 Citados por ANTA GIL, A., GÓMEZ PARADA, A., MONCHO DIÉGUEZ, A. y RÍO GONZÁLEZ, E.: «Deseño e construción dun pozo canadense dentro dun sistema de casa pasiva», *Avances en ciencias de la tierra*, núm. 12, 2022, págs. 15 y sigs. Disponible en: https://ephyslab.uvigo.es/wp-content/uploads/2022/12/ACT_vol_12_STEMBach_2022.pdf (Consultado el 4 de febrero de 2025); VÁZQUEZ FERNÁNDEZ, J.: «De Passivhaus (metodología integrada de diseño de inmuebles de bajo consumo energético) a los edificios de consumo de energía casi nulo (EECN)», *DePlano*, núm. 35, 2017, págs. 4 y sigs. Disponible en: https://www.coatac.es/portada/descargas/id_fichero/4587 (Consultado el 4 de febrero de 2025).

d) Mantenimiento de la hermeticidad al aire: La construcción se diseña para evitar filtraciones de aire no controladas, reduciendo así las pérdidas energéticas.

e) Implementación de una ventilación mecánica con recuperación de calor: Este tipo de construcción permiten la renovación del aire sin pérdida significativa de temperatura.[59]

---

[59] Los menciona también MARTÍNEZ, M., SANZ ADÁN, F., MARDONES, R., FRAILE GARCÍA, E., FERREIRO, J. y SANTAMARÍA PEÑA, J.: «Diseño de viviendas sostenibles energéticamente: análisis comparativo», *Contribución de la ingeniería gráfica a la sociedad: congreso internacional de Ingeniería Gráfica (INGEGRAF)*, Universidad de Zaragoza, Zaragoza, págs. 30 y sigs. Disponible en: https://zaguan.unizar.es/record/58431/files/BOOK-2017-004.pdf (Consultado el 31 de enero de 2025), indicando: os principios básicos de un edificio pasivo son: superaislamiento (con espesores que doblan e incluso triplican los utilizados tradicionalmente); eliminación de los puentes térmicos (evita que la envolvente se debilite debido a un cambio de su composición o al encuentro de distintos planos o elementos; control de las infiltraciones (de forma tal que el edificio pueda ser calefactado mediante la ventilación mecánica con recuperación de calor); ventilación mecánica con recuperación de calor (recoge el calor que transporta el aire interior y lo transfiere al aire fresco que se recoge del exterior, previamente filtrado y en perfectas condiciones higiénicas); ventanas y puertas de altas prestaciones (la carpintería exterior es la parte más débil de la envolvente por lo que se emplean secciones con dobles juntas de estanqueidad y vidrios bajo-emisivos dobles o triples que a veces incorporan gases nobles en las cámaras con el fin de mejorar los coeficientes de transmisión térmica; optimización de las ganancias solares y del calor interno (el aprovechamiento de todas las ganancias de calor internas generadas por las personas, los electrodomésticos y la iluminación forman parte del balance energético del edificio. Por otro lado la protección en verano frente al exceso de radiación solar es imprescindible). En el mismo sentido: ORTÍZ, H. y QUIZAMÁN, E.: «Viviendas pasivas a favor del medio ambiente», *Revista Arquitectura*, vol. 3, núm. 5, 2018, págs. 15 y sigs. Disponible en: https://revistas.uni.edu.ni/index.php/Arquitectura/article/view/233 (Consultado el 3 de febrero de 2025).

Las viviendas pasivas presentan una serie de ventajas tanto para sus habitantes como para el medio ambiente:

1. Se produce una sustancial reducción del consumo energético: Gracias a su diseño eficiente, pueden reducir el consumo de energía hasta en un 90% en comparación con edificaciones tradicionales.
2. Establecimiento de un mayor confort térmico y acústico: La temperatura interior se mantiene estable durante todo el año, sin necesidad de sistemas de climatización convencionales[60].
3. Garantía de una calidad del aire interior: La ventilación mecánica garantiza un aire limpio y libre de contaminantes, mejorando la salud de los ocupantes.
4. Fomento de la sostenibilidad: Disminuyen la huella de carbono y fomentan el uso de materiales ecológicos.
5. Un evidente ahorro económico a largo plazo: Aunque la inversión inicial puede ser mayor, los costos de operación y mantenimiento son significativamente menores a largo plazo.[61]

Para garantizar el cumplimiento de los estándares «Passivhaus», es fundamental el uso de materiales de alta calidad. Algunos de los más utilizados son: paneles aislantes de fibra de madera, lana mineral o corcho; vidrios de baja emisividad con gas argón en su interior; puertas y ventanas con marcos de policloruro de vinilo

---

60 Más ampliamente: NAVARRO LÓPEZ, E. M.: *Dissipativity and passivity-related properties in nonlinear discrete-time systems,* Universitat Politècnica de Catalunya, Barcelona, 2003. Disponible en: https://upcommons.upc.edu/bitstream/handle/2117/93253/01CONTENTS.pdf?sequence=1&isAllowed=y (Consultado el 4 de febrero de 2025).

61 CASTELLÁ, J. y FERRER, J. R.: «Ventilación de alta eficiencia en una casa pasiva: reducción de hasta el 40% en el consumo», *Energía de hoy.com,* núm. 8, 2014, págs. 48 y sigs.

(PVC), madera o aluminio con rotura de puente térmico; sistemas de ventilación con intercambiadores de calor de alta eficiencia.[62]

Este tipo de construcción y certificación «Passivhaus» fue desarrollado en Alemania en la década de 1990 y ha sido adoptado en diversos países debido a sus beneficios.

El proceso de certificación es llevado a cabo por organismos acreditados que realizan auditorías y pruebas rigurosas para verificar el cumplimiento de los estándares.

En los últimos años, la popularidad de las viviendas pasivas ha crecido, y existen múltiples ejemplos en distintos países[63]: pro-

---

62 FIGUEROA LÓPEZ, A., ARIAS ROYO, A., OREGI ISASI, X. y RODRÍGUEZ VIDAL, I.: «Analysis of overheating risk in Passivhaus dwellings during warm season. Focalizing in shadow systems strategies to mitigate it», *Disruption: 11º Congreso Europeo sobre Eficiencia Energética y Sostenibilidad en Arquitectura y Urbanismo – 4º Congreso Internacional de Construcción Avanzada: On line 1-2 Diciembre 2020*, Universidad del País Vasco, San Sebastián, 2020, págs. 133 y sigs. Disponible en: https://ekoizpen-zientifikoa.ehu.eus/documentos/648b52b4b367423619da0cf7?lang=de (Consultado el 6 de febrero de 2025).

63 LIU, C. y SHARPLES, S.: «Analysing Energy Savings and Overheating Risks of Retrofitting Chinese Suburban Dwellings to the Passivhaus EnerPHit Standard», *Planning Post Carbon Cities: 35th PLEA Conference on Passive and Low Energy Architecture, A Coruña, 1st-3rd September 2020: Proceedings*, RODRÍGUEZ ÁLVAREZ, J. y SOARES GONÇALVES, J. C. (Ed.), vol. 3, Universidade da Coruña, A Coruña, 2020, págs. 1757 y sigs. Disponible en: https://ruc.udc.es/dspace/handle/2183/26695 (Consultado el 6 de febrero de 2025); LIU, C., SHARPLES, S. y MOHAMMADPOURKARBASI, H.: «Analysing Energy Savings and Overheating Risks of Retrofitting Chinese Suburban Dwellings to the Passivhaus EnerPHit Standard», *Planning Post Carbon Cities: 35th PLEA Conference on Passive and Low Energy Architecture, A Coruña, 1st-3rd September 2020: Proceeding*, RODRÍGUEZ ÁLVAREZ, J. y SOARES GONÇALVES, J. C. (Ed.), vol. 3, Universidade da Coruña, A Coruña, 2020, págs. 1841 y sigs. Disponible en: https://ruc.udc.es/dspace/handle/2183/26695 (Consultado el 6 de febrero de 2025); SCHOOF, J.: «Vivienda pasiva,

yectos en Alemania y Austria[64], que son los pioneros en este tipo de construcción y cuentan con miles de viviendas certificadas[65].

¿un concepto anticuado o apropiado para la exportación?», *Detail: revista de arquitectura y detalles constructivos*, núm. 7, 2010, págs. 734 y sigs.; PINZÓN BOTERO, M. V. y VILLOTA ORTIZ, S. B.: «The potential market for sustainable housing under the contingent valuation method: City of Palmira», *Cuadernos de administración*, vol. 35, núm. 65, 2019, págs. 45 y sigs. Disponible en: https://dialnet.unirioja.es/descarga/articulo/7500998.pdf (Consultado el 31 de enero de 2025).

64 Más información en: GÓMEZ TORRES, S. y STEVENSON, F.: «Embodied Energy and Carbon Assess in Passivhaus–a UK Case Study», *Planning Post Carbon Cities: 35th PLEA Conference on Passive and Low Energy Architecture, A Coruña, 1st-3rd September 2020: Proceeding*, RODRÍGUEZ ÁLVAREZ, J. y SOARES GONÇALVES, J. C. (Ed.), vol. 1, Universidade da Coruña, A Coruña, 2020, págs. 457-462. Disponible en: https://ruc.udc.es/dspace/handle/2183/26695 (Consultado el 6 de febrero de 2025).

65 También se ha extendido a otros países latinoamericanos: CAMELO RINCÓN, M. S. y CAMPO ROBLEDO, J.: «Análisis de la política de vivienda en Bogotá: un enfoque desde la oferta y la demanda», *Revista Finanzas y Política Económica*, vol. 8, núm. 1, 2016, págs. 105 y sigs. Disponible en: https://dialnet.unirioja.es/descarga/articulo/5420612.pdf (Consultado el 31 de enero de 2025); CARRASCO EADE, J. y KOKOGIANNAKIS, G.: «Factibilidad de estándares PassivHaus y diseño alternativo en zonas térmicas de Chile-Determinación de requerimientos energéticos mediante simulación dinámica», *Hábitat Sustentable*, vol. 2, núm. 1, 2012, págs. 59 y sigs. Disponible en: https://dialnet.unirioja.es/descarga/articulo/5224381.pdf (Consultado el 2 de febrero de 2025); CORTÉS SANTACOLOMA, L. P., RODRÍGUEZ, L. F. y SALDAÑA DUQUE, R.: «Una aproximación a procesos transdisciplinares desde el proyecto de vivienda sostenible, en el Centro de la Construcción-Regional Valle», *Revista Vía Innova*, vol. 2, núm. 1, 2015, págs. 77 y sigs. Disponible en: https://dialnet.unirioja.es/descarga/articulo/8742357.pdf (Consultado el 31 de enero de 2025); GÓMEZ CALDERÓN, D. J. y DUQUE GALLEGO, C.: «Panorama de la construcción de vivienda sostenible e incluyente en Colombia», *Revista Análisis Jurídico-Político*, vol. 2, núm. 4, 2020, págs. 127 y sigs. Disponible en: https://dialnet.unirioja.es/descarga/articulo/8696953.pdf (Consultado el 31 de enero de 2025); RIVERA BARRAZA, M. I.:

En España, cada vez más promotores y arquitectos adoptan el estándar Passivhaus en ciudades como Madrid, Barcelona[66],

---

«Chaitén. Reconstruyendo la ciudad desde las cenizas: prototipos de viviendas sostenibles para una Eco Villa en el sur de Chile», *Cuadernos de investigación urbanística*, núm. 70, 2010, págs. 35 y sigs. Disponible en: https://dialnet.unirioja.es/descarga/articulo/3875596.pdf (Consultado el 2 de febrero de 2025); VALENCIA LONDOÑO, D. E.: «La vivienda sostenible, desde un enfoque teórico y de política pública en Colombia», *Revista de Ingenierías: Universidad de Medellín*, vol. 17, núm. 33, 2018, págs. 39 y sigs. Disponible en: https://dialnet.unirioja.es/descarga/articulo/7517285.pdf (Consultado el 31 de enero de 2025); SATTELE GUNTHER, V.: «El pensamiento sistémico para la vivienda sostenible en la Ciudad de México», *Economía Creativa*, núm. 11, 2019, págs. 8 y sigs. Disponible en: https://dialnet.unirioja.es/descarga/articulo/7030167.pdf (Consultado el 31 de enero de 2025).

66 CALDERÓN-FOLCH STUDIO: «Vivienda unifamiliar de bajo consumo en Cabrils. Cabrils, Barcelona. España», *On diseño*, núm. 400, 2020. Disponible en: https://www.ondiseno.com/proyecto.php?id=2859 (Consultado el 6 de febrero de 2025); CALDERÓN MARTÍNEZ, P., FOLCH FERNÁNDEZ, M. y SARSANEDAS, P.: «Zero Energy RM Passive House», *On diseño*, núm. 369, 2017. Disponible en: https://www.ondiseno.com/proyecto.php?id=2481 (Consultado el 4 de febrero de 2025); CLAVERO, B., STYLE, O., FULCARÀ, V. y OLANO, L.: «Recuperación de una vivienda modernista con el estándar Passivhaus», *Cercha: revista de los aparejadores y arquitectos técnicos*, núm. 141, 2019, págs. 70 y sigs. Disponible en: https://www.cgate.es/cercha/pdf/141.pdf (Consultado el 5 de febrero de 2025); FREITAS LEA, O.: «Proposta de escola de primaria con criterios sostibles. Comparatva do rendemento enerxétco da proposta na Coruña e Barcelona e verifcación do estándar passivhaus», *I Premio WE SEA-UDC 2022 a traballos fin de grao e mestrado en sustentabilidade e economía circular*, Universidade da Coruña, A Coruña, 2023, págs. 99 y sigs. Disponible en: https://ruc.udc.es/dspace/bitstream/handle/2183/34502/DiazMendez_JoseFrancisco_2023_I_Premio_we_sea_udc_2022.pdf?sequence=3&isAllowed=y (Consultado el 5 de febrero de 2025).

Zaragoza[67], Vitoria[68], Guipúzcoa[69], Sevilla[70],

---

67 CLOTET, J. y LORENTE, C.: «Basa de la Mora, primera edificación certificada Passivhaus con aerotermia», *El Instalador*, núm. 591, 2021, págs. 62 y sigs. Disponible en: https://www.interempresas.net/Flipbooks/IN/591/ (Consultado el 5 de febrero de 2025).

68 CRESPO RUIZ DE GAUNA, J.: «Casa Pasiva en el Anillo Verde de Vitoria», *Estrategia para la construcción inteligente y sostenible*, Universidad del País Vasco, San Sebastián, 2017, págs. 47 y sigs. Disponible en: https://addi.ehu.es/bitstream/handle/10810/25697/UCPDF176683.pdf?sequence=1&isAllowed=y (Consultado el 3 de febrero de 2025); ECHEANDÍA GARCÍA, I.: «La arquitectura sostenible al servicio de la educación: Carmelitas Sagrado Corazón un "passivschool"», *Revista Forum de Sostenibilidad*, núm. 8, 2017-2018, págs. 67 y sigs. Disponible en: https://www.ehu.eus/cdsea/web/wp-content/uploads/2017/03/Revista-Forum-8.pdf (Consultado el 4 de febrero de 2025); GÓMEZ IBORRA, I., FRADEJAS AGUILLO, N., GOROSABEL FERNÁNDEZ, I. y TSVETKOVA, Y.: «Bio Alai, el desarrollo de un local sostenible de consumo casi cero de 632m^2 shop for an ecologic supermarket in Vitoria-Gasteiz», *Transition: 10º Congreso Europeo sobre Eficiencia Energética y Sostenibilidad en Arquitectura y Urbanismo- 3º Congreso Internacional de Construcción Avanzada*, Universidad del País Vasco, San Sebastián, 2019, págs. 191 y sigs. Disponible en: https://ekoizpen-zientifikoa.ehu.eus/documentos/648b52b2b367423619da0b1d (Consultado el 5 de febrero de 2025).

69 EPELDE MERINO, M.: «Espacios educativos para sentir la eficiencia energética y la salubridad. Tres ejemplos en Gipuzkoa», *Cultura y Sostenibilidad:* 7 th *European Conference on Energy Efficiency and Sustainability in Architecture and Planning*, HERNÁNDEZ MINGUILLÓN, R. J., ARAÚJO CORRAL, V. y LOI, R. (Ed.), Universidad del País Vasco, San Sebastián, 2016, págs. 59 y sigs. Disponible en: https://addi.ehu.es/bitstream/handle/10810/26009/UCPDF164306.pdf?sequence=1&isAllowed=y (Consultado el 4 de febrero de 2025); RODRÍGUEZ VIDAL, I.: *Evaluación del estándar de construcción Passivhaus y su aplicación en el ámbito climático de la Comunidad Autónoma Vasca y la Comunidad Foral Navarra. El caso de la vivienda colectiva de protección oficial*, Universidad del País Vasco, San Sebastián, 2015, págs. 20 y sigs. Disponible en: https://addi.ehu.es/bitstream/handle/10810/17870/TESIS_RODRIGUEZ_VIDAL_IÑIGO.pdf?sequence=1&isAllowed=y (Consultado el 3 de febrero de 2025).

70 MONGE PÉREZ, A.: «Hacia un parque social de viviendas sostenible», *Actas de los Seminarios de Apoyo a la Investigación hibridación y transcultu-*

y Bilbao[71], entre otras.[72] Y también que se han certificado

---

ralidad en los modos de habitación contemporánea, Universidad de Sevilla, Sevilla, 2009, págs. 481 y sigs. Disponible en: https://idus.us.es/server/api/core/bitstreams/d5aaaeb0-bc45-4a04-bac8-0a107ec364a0/content (Consultado el 3 de febrero de 2025).

71 BUNYESC, J.: «La primera vivienda pasiva en España: Casa Arboretum», *Detail: revista de arquitectura y detalles constructivos*, núm. 7, 2010, pág. 737. Se puede consultar también: BILBAO LARRONDO, L.: «La vivienda en Bilbao 1958-1978: la influencia del pensamiento de Eduardo Torroja», *Jornadas internacionales de investigación en construcción: vivienda: pasado, presente y futuro: resúmenes y actas*, Instituto de Ciencias de la Construcción Eduardo Torroja, Madrid, pág. 70. Disponible en: https://digital.csic.es/bitstream/10261/94782/1/Abstracts_and_Proceedings_%20JORNADAS%202013.pdf (Consultado el 1 de febrero de 2025).

72 GONZÁLEZ PRIETO, D., GONZÁLEZ RODRÍGUEZ, J., ZAMORA, A., GONZÁLEZ DUQUE, I., MAYOR CASAS, A., PUEBLA GARCÍA, B. y PRIETO GONZÁLEZ, M. M.: «Techno-economic feasibility of collective housing buildings of nearly zero energy located in the central Asturian coalfield», *6*Th *European Conference on energy efficiency and sustainability in architecture and planning*, Universidad del País Vasco, San Sebastián, 2015, págs. 75 y sigs. Disponible en: https://addi.ehu.es/bitstream/handle/10810/15567/UCPDF151824.pdf?sequence=1&isAllowed=y (Consultado el 3 de febrero de 2025); GÓMEZ GUTIÉRREZ, A.: «Primer proyecto de vivienda social para la EMVS de Madrid bajo el estándar Passivhaus», *El Instalador*, núm. 590, 2020, págs. 60 y sigs. Disponible en: https://www.interempresas.net/Flipbooks/IN/590/html5forpc.html (Consultado el 5 de febrero de 2025); LÓPEZ, E. y RIVERA, M.: «Casa pasiva en Arteaga. Gauteguiz Arteaga, Bizkaia. España», *On diseño*, núm. 416, 2023. Disponible en: https://www.ondiseno.com/proyecto.php?id=3064 (Consultado el 4 de febrero de 2025); QUIÑOY PEÑA, D.: *Adecuación energética de la tipología edificatoria vernácula más representativa de Galicia*, Universidade da Coruña, A Coruña. 2015, págs. 19 y sigs. Disponible en: https://ruc.udc.es/dspace/bitstream/handle/2183/14343/QuinoyPena_Diego_TD_2015.pdf?sequence=4&isAllowed=y (Consultado el 3 de febrero de 2025); TOCINO OLARTE, J. A.: «Normativas: Nuevo proyecto con acreditación Passivhaus para edificio docente en Gelves (Sevilla)», *Aparejadores: boletín del Colegio Oficial de Aparejadores y Arquitectos Técnicos*

LEED. En este sentido, la certificación LEED significa que estos edificios están diseñados para[73]:

- Soportar menores costos de operación y aumentar el valor de los activos.
- Reducir los residuos enviados a los vertederos.
- Conservar la energía y el agua.
- Ser más saludables y más seguros para los ocupantes.
- Reducir las emisiones de gases nocivos de efecto invernadero.
- Beneficiarse de desgravaciones fiscales, permisos de zonificación y otros incentivos en los municipios.

---

de Sevilla, núm. 83, 2017, págs. 44 y sigs. Disponible en: https://www.fundacionaparejadores.es/wp-content/uploads/2019/03/numero83.pdf (Consultado el 5 de febrero de 2025); ZAMORA, A., GAMERO NÚÑEZ, E., ÁLVAREZ FERRI, S. y SÁNCHEZ DE LEÓN, L.: «Especial viviendas pasivas», *Cercha: revista de los aparejadores y arquitectos técnicos*, núm. 143, 2020, págs. 16 y sigs. Disponible en: https://www.cgate.es/cercha/pdf/143.pdf (Consultado el 3 de febrero de 2025); SÁNCHEZ FUENTES, J. F.: «Casa Gomera. Soto del Real, Madrid. España», *On diseño*, núm. 397, 2020. Disponible en: http://www.ondiseno.com/proyecto.php?id=2812 (Consultado el 3 de febrero de 2025); STYLE, O., CLAVERO, B. y FULCARÀ, V.: «Modernismo moderno: recuperación de una finca histórica bajo el Estándar Passivhaus», *El Instalador*, núm. 572, 2019, págs. 40 y sigs. Disponible en: https://www.interempresas.net/Flipbooks/IN/572/html5forpc.html (Consultado el 5 de febrero de 2025).

[73] BARRIOS RODRÍGUEZ, J., PÉREZ, I. y OREGI ISASI, X.: «Análisis y comparación sobre los sellos sostenibles adquiridos en la Torre Iberdrola y en las Torres de Bolueta», *Transition: 10º Congreso Europeo sobre Eficiencia Energética y Sostenibilidad en Arquitectura y Urbanismo-3º Congreso Internacional de Construcción Avanzada*, Universidad del País Vasco, San Sebastián, 2019, pág. 132. Disponible en: https://ekoizpen-zientifikoa.ehu.eus/documentos/648b52b2b367423619da0b1d (Consultado el 5 de febrero de 2025).

- Demostrar el compromiso del propietario con el cuidado del medioambiente y con la responsabilidad social.

La certificación LEED se basa en incorporar al proyecto aspectos relacionados con:

- El desarrollo sostenible de los espacios libres de la parcela.
- La eficiencia del consumo de agua.
- La eficiencia energética.
- El uso de energías alternativas.
- La mejora de la calidad ambiental interior.
- La selección de materiales y el manejo de desechos en la construcción.

En el caso del estándar Passivhaus se considera que un edificio cumple con los siguientes criterios[74]:

- La demanda de energía de la calefacción no debe exceder los 15 kWh por metro cuadrado de espacio habitable neto (área de piso tratada) por año o 10 W por metro cuadrado de demanda máxima.

---

74 BARRIOS RODRÍGUEZ, J., PÉREZ, I. y OREGI ISASI, X.: «Análisis y comparación sobre los sellos sostenibles adquiridos en la Torre Iberdrola y en las Torres de Bolueta», cit., pág. 134 y sigs. Véase también: CAMPO RUANO, P., DE LAPUERTA MONTOYA, J. M., GARCÍA-GERMÁN, J., MENÉNDEZ AMIGO, J., MENDOZA ALONSO, V. y CÁMARA RUIZ, I.: «Technical and constructive energy strategies of the first Passivhaus Plus school in Spain», *Informes de la construcción*, vol. 75, núm. 570, 2023, págs. 1 y sigs. Disponible en: https://informesdelaconstruccion.revistas.csic.es/index.php/informesdelaconstruccion/article/view/6542 (Consultado el 4 de febrero de 2025); FERNÁNDEZ SALVADOR, V.: «Simulación energética de una vivienda de consumo casi nulo», *DYNA energía y sostenibilidad*, vol. 1, núm. 1, 2012. Disponible en: https://www.dyna-management.com/Documentos/pdfsES%5C1012%5C6899DYNAINDEX.pdf (Consultado el 1 de febrero de 2025).

- En climas donde se necesita refrigeración activa, el requisito de demanda de energía de refrigeración espacial coincide aproximadamente con los requisitos de demanda de calor mencionados anteriormente, con un margen adicional para la deshumidificación.
- La demanda de energía primaria renovable (PER) o la energía total que se utilizara para todas las aplicaciones domesticas (calefacción, agua caliente y electricidad domestica) no debe superar los 60 kWh por metro cuadrado de superficie tratada por año.
- En términos de hermeticidad, se exige un máximo de 0'6 cambios de aire por hora a una presión de 50 Pascales (ACH50), como se verifico con una prueba de presión en el sitio (en los estados presurizados y despresurizados).
- El confort térmico debe cumplirse en todas las áreas de vivienda tanto en invierno como en verano, con no más del 10% de las horas en un ano determinado, por encima de los 25 °C.

En América del Norte: En Estados Unidos y Canadá se han construido edificios de apartamentos y viviendas unifamiliares siguiendo estos principios.

Como vemos, las distintas denominaciones se enfocan en distintos aspectos de la sostenibilidad, bien la construcción, la utilización de los recursos, o bien la optimización de las energías. La finalidad es lograr un ahorro de energía y recursos.

La relación de las casas pasivas con el medioambiente lo hemos visto tanto en el propio concepto como luego en los aspectos que caracterizan a la misma. De tal forma que también se habla de pasivos ambientales[75] como el costo ambiental causado por la

---

75 MORENO GUTIÉRREZ, J. A. y USSA G., J. E.: «Valoración Económica de Pasivos Ambientales Estudio de Caso: Pasivos Generados por el Campo Petrolero Cicuci-Boquete, Mompós, Colombia», *Colombia*

manifestación simple, sinérgica y/o acumulativa de uno o varios impactos ambientales derivado de una actividad específica ligada a un proyecto o una extracción, el cual desencadena externalidades en terceros, diferentes a los recepcionadores del beneficio derivado de dicha actividad. El valor del pasivo ambiental puede ser evaluado a través del valor de uso de un recurso, sea en su utilización de materia directa o como ecosistema de soporte, o a través del valor de no uso, que se determina por medio del valor de opción o el valor de existencia.

2.3. REQUISITOS Y PRINCIPIOS

La vivienda sostenible tiene una serie de requisitos y se rige por unos principios específicos.

a) Principio de eficiencia energética. El aprovechamiento de la luz natural mediante el diseño de la vivienda orientada a recibir luz solar; el uso de energías renovables; el aislamiento térmico y acústico; sistemas de domótica e iluminación LED de bajo consumo[76], instalación de paneles solares, y ventilación cruzada y orientación estratégica de aprovechamiento.

b) Principio de un uso responsable del agua. La recolección y filtrado del agua de lluvia, sistemas de depuración y reciclaje de

forestal, vol. 11, núm. 1, 2008, págs. 93 y sigs. Disponible en: https://revistas.udistrital.edu.co/index.php/colfor/article/view/3022 (Consultado el 4 de febrero de 2025).

76 RAMÓN FERNÁNDEZ, F.: *Vivienda inteligente: domótica, inteligencia artificial y regulación legal*, Tirant lo Blanch, Valencia, 2022. Véase también: GHOREISHI, K.: *Biodomótica: optimización de la arquitectura pasiva mediante el uso de las tecnologías de control inteligente y automatización*, Universidad de Málaga, Málaga, 2022, págs. 20 y sigs. Disponible en: https://riuma.uma.es/xmlui/bitstream/handle/10630/26031/TD_GHOREISHI_KARIMI_Sayed_Kusha.pdf?sequence=1&isAllowed=y (Consultado el 4 de febrero de 2025).

aguas grises, grifería y electrodomésticos de bajo consumo hídrico, y jardines sostenibles mediante especies de plantas nativas.

c) Principio de utilización de materiales sostenibles y reciclables. Utilización de madera certificada FSC (Forest Stewardship Council), adobe, o bambú, materiales reciclados o reutilizados, pinturas y revestimientos naturales, libres de compuestos tóxicos, y construcción modular y prefabricada.

d) Principio de gestión de residuos y reciclaje. Diseño de espacios específicos para la separación y reciclaje de residuos, incorporación de sistemas de compostaje.

e) Principio de confort y bienestar para los habitantes. Uso de tecnologías que optimizan la calidad del aire interior, así como la incorporación de espacios verdes y jardines verticales. Creación de áreas comunes para fomentar la convivencia.[77]

La vivienda sostenible genera una serie de beneficios como es la reducción del consumo de energía y agua, una menor huella de carbono, una mayor durabilidad y resistencia de las construcciones y una mejora de la calidad de vida.

La guía elaborada por la Generalitat Valenciana referente a la sostenibilidad en el ámbito de la promoción de las viviendas con protección pública[78] señala los tipos de mejoras que harán más sostenibles dichas promociones:

---

77 RAMÓN FERNÁNDEZ, F.: *La vivienda colaborativa o cohousing: su oportunidad como nueva forma de habitar*, Tirant lo Blanch, Valencia, 2024. Véase también: CONSTRUIBLE. ES. TODO SOBRE CONSTRUCCIÓN SOSTENIBLE, «La Legislación valenciana de vivienda y sostenibilidad es un referente nacional encaminado a consumir menos materiales, agua y energía en la edificación», 2006. Disponible en: https://www.construible.es/2006/10/30/la-legislacion-valenciana-de-vivienda-y-sostenibilidad (Consultado el 30 de enero de 2025).

78 GENERALITAT VALENCIANA: *Guía básica de criterios de sostenibilidad en las promociones de viviendas con protección pública*, s/f., págs. 11 y sigs. Disponible

1. Mejora de las condiciones del entorno, la habitabilidad y el confort.
2. Mejora de la eficiencia energética y disminución del consumo energético.
3. Uso sostenible de la vivienda.
4. Elección de materiales.
5. Asunción de los aspectos sociales.

Siguiendo estos principios desde hace algunos años se convoca[79] la competición Solar Decathlon que tiene las directrices siguientes:

a) Fomentar los sistemas de producción de energía a partir del sol para realizar, de manera confortable, todas las tareas que tienen lugar en la vivienda;
b) Concienciar a la sociedad de los beneficios de las tecnologías solares, así como de sus posibilidades de integración arquitectónica;
c) Estimular la investigación y desarrollo en energías renovables y eficiencia energética en edificación;
d) La investigación en los sistemas de acondicionamiento pasivo y las cuestiones que afectan a la sostenibilidad y la huella ecológica, que, con el transcurso del tiempo, se ha incorporado como un objetivo cada vez más esencial en la competición.

---

en: https://habitatge.gva.es/documents/20558636/90492751/473-3307-GuiaBasica+Sostenibilidad.pdf/5e353255-31f8-4adc-95d0-9d0703a4ea74?t=1400678621587&download=true (Consultado el 4 de febrero de 2025).

79 TERRADOS CEPEDA, F. J., BACO CASTRO, L. y MORENO RANGEL, D.: «Patio 2.12: Vivienda prefabricada, sostenible, autosuficiente y energéticamente eficiente. Participación en la competición Solar Decathlon Europe 2012», *Informes de la construcción*, vol. 67, núm. 538, 2015, págs. 2 y sigs. Disponible en: https://informesdelaconstruccion.revistas.csic.es/index.php/informesdelaconstruccion/article/view/4231 (Consultado el 31 de enero de 2025).

En la competición se establecen una serie de pruebas que estaban relacionadas con: arquitectura, ingeniería y construcción, eficiencia energética, balance de energía eléctrica, condiciones de confort, funcionamiento de la casa, comunicación y concienciación social, industrialización, innovación, y sostenibilidad.

Se le asignaba una puntuación basada en criterios como es la monitorización de parámetros como el consumo eléctrico, temperatura, concentración de CO2 en el aire, el funcionamiento de los sistemas de la vivienda como los electrodomésticos o los sistemas de producción de agua caliente.

2.4. VENTAJAS Y DESVENTAJAS

El uso de técnicas sostenibles en la construcción de viviendas ofrece ventajas tanto a nivel individual como colectivo:

a) Beneficios ambientales. Reducción del impacto ambiental y la huella de carbono, un menor consumo de recursos naturales y energéticos, disminución de emisiones de CO_2 (dióxido de carbono) y gases contaminantes, y preservación de la biodiversidad al minimizar la explotación de recursos[80].

b) Beneficios económicos. Ahorro a largo plazo en facturas de electricidad y agua, mayor durabilidad y menor necesidad

---

80 BAUTISTA GORDILLO, J. D. y LOAIZA ELIZALDE, N. F.: *Análisis beneficio costo entre la construcción de viviendas sostenibles y viviendas tradicionales con base de la sostenibilidad ambiental en el municipio de Soacha*, cit., pág. 36. Señala que: «Con las construcciones verdes, como suele llamarse a este tipo de construcción, se protegen los ecosistemas, se mejora la calidad de vida en cuanto la habitabilidad y se mejoran la calidad del aire y agua, se conservan los recursos naturales y se reducen los residuos sólidos que causan contaminación en el aire, olores ofensivos, proliferación de vectores, contaminación de acuíferos y contaminación de los suelos, además con la reducción de gasto en agua y energía se obtienen beneficios económicos».

de mantenimiento de la vivienda, incremento del valor de la propiedad gracias a su eficiencia energética, acceso a incentivos fiscales y financiamiento verde.

Destacar el Plan de Rehabilitación Energética de Edificios (PREE), que después analizaremos con más detalle.

c) Beneficios sociales y de salud. Mejora del bienestar y calidad de vida de los habitantes, reducción de enfermedades respiratorias gracias a una mejor calidad del aire, y espacios más confortables, funcionales y adaptados a las necesidades humanas.

2.5. PERFIL DEL HABITANTE DE ESTE TIPO DE VIVIENDA. ECONOMÍA Y RESILIENCIA

La vivienda sostenible representa una solución habitacional que busca reducir el impacto ambiental, mejorar la eficiencia energética y optimizar los recursos naturales sin comprometer el bienestar de sus habitantes[81]. Dentro de este contexto, el perfil del habitante de este tipo de vivienda se define por una serie de características, valores y comportamientos que favorecen una vida más equilibrada y respetuosa con el entorno.

El habitante de una vivienda sostenible suele ser una persona con una conciencia ambiental desarrollada y un compromiso activo con la reducción de su huella ecológica. Esta persona prioriza el uso responsable de los recursos naturales, valorando la eficiencia energética y la reducción de residuos. Además, suele ser alguien informado y educado en cuestiones ambientales, participando activamente en iniciativas ecológicas y adoptando hábitos de consumo responsables.

---

[81] SALDAÑA MÁRQUEZ, H.: *Sistemas de evaluación de la vivienda hacia ciudades sostenibles: análisis de su impacto en el edificio y en el entorno urbano*, Universitat Politècnica de Catalunya, Barcelona, 2020.

En términos de estilo de vida, los residentes de viviendas sostenibles tienden a preferir el uso de energías renovables, como la solar o la eólica, e implementan prácticas de reutilización y reciclaje en su día a día. También muestran interés en la autosuficiencia alimentaria a través del cultivo de huertos urbanos y en la movilidad sustentable, optando por bicicletas o vehículos eléctricos.

Se habla de eco-consumidor[82] teniendo en cuenta el estilo de vida del mismo. Este estilo de vida consiste en la forma de vida que identifica al individuo y forma parte de su identidad. El estilo de vida sostenible refleja una vida simple, o simplicidad voluntaria, donde hay una reducción drástica del consumo y se opta por consumir productos con huella ecológica para mejorar su bienestar. La vida se desarrolla en espacios reducidos, en eco-villas y con cultivo de los alimentos en huertos comunitarios o propios.

Este estilo de vida sostenible cuida el medio ambiente y es especialmente sensible con el cambio climático, además de estar implicado en la responsabilidad colectiva. Dentro del estilo de vida sostenible los individuos esperan tomar decisiones propias para reducir la huella de carbono, y la medición de eficiencia energética y los distintos impactos que generan las actividades en el comportamiento de los ciudadanos, midiendo su consumo por individuo, sus beneficios, costos y acciones a título individual que pueden realizarse.

Las eco-tecnologías urbanas sirven para construir sistemas para medir la movilidad, implementar mejoras y generar una mayor participación colectiva para lograr una mejor ciudad identificando el nivel de aceptación ciudadana y de los grupos, y establecer una relación entre el estilo de vida sostenible y las inversiones económicas necesarias.

Se trata, pues, de un nuevo tipo de consumo, el consumo sostenible aplicado a la vivienda.

---

82 HERRERA GONZÁLEZ, D. y ARIAS VALENCIA, S.: «El perfil del comprador frente a una vivienda sostenible: estudio descriptivo», cit., pág. 39.

Desde un punto de vista social, estos habitantes suelen integrarse en comunidades colaborativas donde la economía compartida y la cooperación entre vecinos son fundamentales. Las redes de trueque, los bancos de tiempo y la producción colectiva de bienes y servicios son prácticas comunes en estos entornos.

Uno de los principales beneficios de la vivienda sostenible es su impacto positivo en la economía personal y comunitaria. Aunque la inversión inicial para la construcción o adaptación de una vivienda sostenible puede ser mayor en comparación con una convencional, los costos a largo plazo son significativamente menores. Esto se debe al ahorro en consumo de energía, agua y mantenimiento gracias a la implementación de tecnologías eficientes y materiales duraderos.

Además, las viviendas sostenibles fomentan la diversificación económica mediante la generación de empleos verdes en sectores como la construcción ecológica, el reciclaje y la gestión sostenible de recursos. También incentivan la independencia económica a través de la producción de energía propia y la autosuficiencia en la alimentación.

Por otro lado, estas viviendas promueven modelos de economía circular en los que se minimiza el desperdicio y se maximiza el aprovechamiento de los recursos disponibles. La reutilización de materiales, la eficiencia en el diseño y la utilización de tecnologías pasivas de climatización reducen los costos operativos y contribuyen a una mayor estabilidad financiera para sus habitantes.

La resiliencia en la vivienda sostenible se refiere a su capacidad de adaptarse a cambios ambientales, económicos y sociales sin comprometer su funcionalidad ni el bienestar de sus habitantes. Una vivienda sostenible está diseñada para ser resistente a fenómenos naturales como terremotos, inundaciones o incendios, utilizando materiales ecológicos y técnicas de construcción bioclimática que favorecen la seguridad y el confort térmico.

En el aspecto social, la resiliencia también se manifiesta en la forma en que estas viviendas fomentan comunidades más cohesionadas y preparadas para enfrentar crisis. La autosuficiencia energética y alimentaria, junto con la implementación de redes de apoyo entre vecinos, fortalece la capacidad de adaptación ante emergencias.

En términos económicos, la resiliencia se traduce en la reducción de la dependencia de recursos externos y en la generación de ingresos a través de prácticas como la producción local de bienes y servicios, el alquiler de espacios sostenibles o la venta de excedentes energéticos a la red eléctrica.

También debemos plantearnos si el perfil del habitante de una vivienda sostenible se relaciona con la vulnerabilidad, con lo que tendríamos que referirnos al consumidor vulnerable.[83]

La Ley 4/2022, de 25 de febrero de protección de los consumidores y usuarios frente a situaciones de vulnerabilidad social y económica[84] modifica el Real Decreto Legislativo 1/2007, de 16 de noviembre, por el que se aprueba el texto refundido de la Ley General para la Defensa de los Consumidores y Usuarios y otras leyes complementarias[85], en cuyo artículo 3 relativo a los conceptos de consumidor y usuario y de persona consumido-

---

83 VIOLA DEMESTRE, I.: «Habitatge sostenible, consumidor vulnerable i resolución alternativa de conflictes», *Revista Catalana de Dret Privat*, vol. 28, 2023, págs. 103 y sigs.

84 BOE núm. 51, de 1 de marzo de 2022.

85 BOE núm. 287, de 30 de noviembre de 2007. Modificada por Ley 3/2014, de 27 de marzo, por la que se modifica el texto refundido de la Ley General para la Defensa de los Consumidores y Usuarios y otras leyes complementarias, aprobado por el Real Decreto Legislativo 1/2007, de 16 de noviembre (BOE núm. 76, de 28 de marzo de 2014) y por Ley 4/2018, de 11 de junio, por la que se modifica el texto refundido de la Ley General para la Defensa de los Consumidores y Usuarios y otras leyes complementarias, aprobado por Real Decreto Legislativo 1/2007, de 16 de noviembre (BOE núm. 142, de 12 de junio de 2018).

ra vulnerable, indica que tienen la consideración de personas consumidoras vulnerables respecto de relaciones concretas de consumo, aquellas personas físicas que, de forma individual o colectiva, por sus características, necesidades o circunstancias personales, económicas, educativas o sociales, se encuentran, aunque sea territorial, sectorial o temporalmente, en una especial situación de subordinación, indefensión o desprotección que les impide el ejercicio de sus derechos como personas consumidoras en condiciones de igualdad.

El acceso a la vivienda resulta difícil para la persona consumidora vulnerable, con lo que el acceso a una vivienda sostenible es mucho más complicado por razones económicas ya que dichas viviendas al tener que implementar sistemas de ahorro energético el precio es más elevado con lo que la brecha es mucho mayor para acceder a las mismas.

Esta Ley 4/2022 también modifica el artículo 1 bis que se introdujo por el Real Decreto-ley 37/2020, de 22 de diciembre, de medidas urgentes para hacer frente a las situaciones de vulnerabilidad social y económica en el ámbito de la vivienda y en materia de transportes, con la finalidad de dar cobertura a las situaciones en las que los procedimientos de desahucio y lanzamiento afecten a personas económicamente vulnerables sin alternativa habitacional, incluso en las causas penales en las que el lanzamiento afecte a personas que carezcan de título para habitar una vivienda.

Se modifica el artículo 1 bis del Real Decreto-ley 11/2020, de 31 de marzo, por el que se adoptan medidas urgentes complementarias en el ámbito social y económico para hacer frente al COVID-19[86], que se introdujo mediante el Real Decreto-ley 37/2020, deriva de la necesidad de dar cobertura inmediata a las situaciones en las que los procedimientos de desahucio y lanzamiento afecten a personas económicamente vulnerables sin alternativa habitacio-

86 BOE núm. 91, de 1 de abril de 2020.

nal, incluso en las causas penales en las que el lanzamiento afecte a personas que carezcan de título para habitar una vivienda.

En conclusión, el perfil del habitante de una vivienda sostenible se caracteriza por su compromiso con la ecología, su enfoque en la eficiencia económica y su capacidad de adaptación a los cambios. La combinación de estos factores no solo mejora la calidad de vida de los individuos, sino que también contribuye a la construcción de un futuro más sostenible y equitativo.

La doctrina hace referencia a los factores que influyen en la demanda de viviendas sostenibles.[87] Estos factores se agrupaban en la cantidad demandada, el precio de venta tanto del producto como de los bienes relacionados, los gustos, preferencias, capacidad de renta disponible, y las acciones de marketing.

Se propusieron también definiciones para cada uno de los factores influyentes tales como:

1. El diseño bioclimático de la vivienda[88] (equipamiento que debe tener como aparatos sanitarios, equipos de iluminación y de almacenamiento de agua).
2. Fuentes de energía y el entorno medioambiental para el diseño de la vivienda; acciones de comunicación del marketing (fuentes y medios de información que se deben utilizar en las acciones de comunicación, así como la toma de decisiones sobre los beneficios y ventajas).

---

87 Sigo la exposición de ÁLVAREZ LUJÁN, B. L., y ZULUETA CUEVA, C. E.: «Marketing y la demanda de viviendas sostenibles en Perú», *Revista de ciencias sociales*, vol. 27, núm. 1, 2021, págs. 374 y sigs. Disponible en: https://dialnet.unirioja.es/descarga/articulo/7817705.pdf (Consultado el 31 de enero de 2025).

88 ÁLVAREZ LUJÁN, B. L., y ZULUETA CUEVA, C. E.: «Marketing y la demanda de viviendas sostenibles en Perú», cit., pág. 375.

3. Conciencia del cuidado del medio natural (compromiso con el cuidado y respeto del entorno y el planeta).
4. Economía de la población (relación del precio, renta disponible y tamaño de la vivienda y necesidades del consumidor).
5. Forma de contacto con los demandantes (aspectos que engloban la compra, tales como precio e impuestos).
6. Información relacionada con la oferta de viviendas sostenibles (disponibilidad de información sobre este tipo de vivienda, modo de financiación, beneficios, programas y promociones).
7. Imagen de los programas de viviendas sostenibles (relacionada con la imagen de los programas promotores, la aceptación por parte de la población, y la difusión de la imagen).

Estos factores permitirán evaluar su aplicación a las viviendas sostenibles teniendo en cuenta que el consumidor cuando va a comprar una vivienda no tiene opciones en comprar más de una, por regla general, a corto plazo.

2.6. LEGISLACIÓN APLICABLE

En el presente apartado vamos a hacer referencia a la distinta normativa que contempla la sostenibilidad en el ámbito de la vivienda[89].

Hay que tener en cuenta que la calidad de la edificación responde por utilizar medios y recursos para alcanzar objetivos medioambientales de interés para el habitante. Existe, no lo podemos negar, una creciente demanda por una vivienda de calidad, eficiente y

---

89 En el ámbito administrativo, se puede consultar: TÁBOAS BENTANACHS, M.: «La acción pública en materia de urbanismo», *Cuadernos de derecho local*, núm. 62, 2023, págs. 266 y sigs. Disponible en: https://repositorio.gobiernolocal.es/xmlui/bitstream/handle/10873/2498/10_TABOAS_P266_P327_QDL_62.pdf?sequence=1&isAllowed=y (Consultado el 4 de febrero de 2025).

sostenible, y es preciso articular políticas tanto a nivel europeo como nacionales y autonómicas para mejorar la competitividad, la escasez de viviendas ante la alta demanda, y fomentar la innovación. Que la vivienda es un bien esencial para poder vivir no cabe duda, pero también que su alto precio y las dificultades de acceso a la misma lo convierten en un bien difícilmente alcanzable, y no digamos si estamos hablando de parámetros de vivienda sostenible.

Al hablar de vivienda sostenible nos tenemos que referir a distintos ámbitos de actuación como es el fomento de eficiencia energética y del desarrollo sostenible, la garantía de la accesibilidad para evitar discriminar a las personas que tengan una discapacidad, y favorecer la movilidad en todos los casos, y aplicar las tecnologías de la información y comunicación.

La Ley 38/1999, de 5 de noviembre, de ordenación de la edificación[90] fija los requisitos básicos de los edificios y actualiza y completa la configuración legal de los agentes que intervienen en el proceso de la edificación, y fija las obligaciones y establece las responsabilidades y las garantías de protección a los usuarios.

La Directiva 2001/77/CE del Parlamento Europeo y del Consejo de 27 de septiembre de 2001 relativa a la promoción de la electricidad generada a partir de fuentes de energía renovables en el mercado interior de la electricidad[91] se refiere a las posibilidades de explotación de las fuentes de energía renovables están infrautilizadas actualmente en la Comunidad. La Comunidad reconoce que es necesario promover las fuentes de energía renovables con carácter prioritario, ya que su explotación contribuye a la protección medioambiental y al desarrollo sostenible.

Además, esta medida puede ser fuente de empleo local, tener repercusiones positivas en la cohesión social, contribuir a la seguridad del aprovisionamiento y hacer posible que se cumplan

---

90 BOE núm. 266, de 6 de noviembre de 1999.

91 DOUE L 283 de 27 de septiembre de 2001.

los objetivos de Kioto con más rapidez. Por lo tanto, es necesario que estas posibilidades se exploten mejor en el marco del mercado interior de la electricidad.

La Directiva 2003/54/CE del Parlamento Europeo y del Consejo de 26 de junio de 2003 sobre normas comunes para el mercado interior de la electricidad y por la que se deroga la Directiva 96/92/CE[92] en su artículo 3 sobre las obligaciones de servicio público y protección del cliente establece que sin perjuicio de lo dispuesto en el apartado 2, los Estados miembros, de conformidad con su organización institucional y cumpliendo el principio de subsidiariedad, velarán por que las empresas eléctricas operen con arreglo a los principios de la presente Directiva, con miras a la consecución de un mercado competitivo, seguro y sostenible desde el punto de vista medioambiental de la electricidad, y no ejercerán discriminación entre aquéllas en cuanto a derechos y obligaciones.

La Directiva 2004/8/CE del Parlamento Europeo y del Consejo de 11 de febrero de 2004 relativa al fomento de la cogeneración sobre la base de la demanda de calor útil en el mercado interior de la energía y por la que se modifica la Directiva 92/42/CEE[93] menciona el Libro Verde que resalta además que la seguridad del abastecimiento de energía es esencial para un futuro desarrollo sostenible.

El Libro Verde concluye que es esencial adoptar nuevas medidas para reducir la demanda energética, tanto para reducir la dependencia de las importaciones como para limitar las emisiones de gases de efecto invernadero.

En su Resolución, de 15 de noviembre de 2001, sobre el Libro Verde, el Parlamento Europeo pide que se fomente la creación de plantas de producción de energía eficaces, incluida la cogeneración de calor y electricidad.

---

92 DOUE L 176/37, de 15 de julio de 2003.

93 DOUE L 52/50, de 21 de febrero de 2004.

La Comunicación de la Comisión «Desarrollo sostenible en Europa para un mundo mejor: Estrategia de la Unión Europea para un desarrollo sostenible» presentada en el Consejo Europeo de Gotemburgo los días 15 y 16 de junio de 2001, determinó que el cambio climático es uno de los principales obstáculos al desarrollo sostenible y subrayó la necesidad de aumentar el uso de energías limpias y de una actuación decidida para reducir la demanda energética.

La eficiencia y la sostenibilidad globales de la cogeneración dependen de múltiples factores tales como la tecnología utilizada, los tipos de combustible, las curvas de carga, el tamaño de la unidad y las propiedades del calor.

Por razones prácticas y en vista de que la utilización de la producción de calor requiere temperaturas diversas para usos distintos y que esas y otras diferencias influyen en la eficiencia de la cogeneración, ésta podría clasificarse en categorías tales como las siguientes: «cogeneración industrial», «cogeneración para calefacción» y «cogeneración agrícola».

Ley 3/2004, de 30 de junio, de ordenación y fomento de la calidad de la edificación de la Comunidad Valenciana[94] considera que la edificación es, por tanto, la plasmación material mediante la que queda configurado el hábitat para el desarrollo de las actividades humanas: personales, sociales, laborales, económicas o de otra índole, e incide en el entorno urbano, rural y paisajístico, debiendo contribuir a la búsqueda de un equilibrio basado en el desarrollo sostenible en cuanto a los medios, recursos y resultados obtenidos. También supone un valor patrimonial en un doble sentido: cultural, reflejo de las formas de entender la sociedad en cada momento por lo edificado, y económico, por cuanto supone un bien cuyo valor forma parte del producto o renta nacional de un estado.

Igualmente, debe orientarse a posibilitar una construcción más sostenible, que tenga en cuenta la incidencia en el medio

[94] BOE núm. 174, de 20 de julio de 2004.

ambiente y la utilización equilibrada de los recursos disponibles. La presente ley establece mecanismos que permiten estimular la superación de la calidad sobre los mínimos normativos, a través del reconocimiento de los logros de los agentes del sector, apoyando la mejora de la competencia en calidad, el incremento de la comunicación, la información y la transparencia del sector.

Regula en el artículo 4 los requisitos básicos de la edificación, de tal forma que con el fin de garantizar la seguridad de las personas, el bienestar de la sociedad y la protección del medio ambiente, los edificios deberán proyectarse, construirse, mantenerse y conservarse de tal forma que se satisfagan los requisitos básicos siguientes:

a) Relativos a la funcionalidad:

a.1) Utilización o adecuación al uso, de tal forma que la disposición y las dimensiones de los espacios faciliten la adecuada realización de las funciones previstas en el edificio.

a.2) Accesibilidad, que permita a las personas con movilidad y comunicación reducidas el acceso y la circulación por el edificio, en los términos previstos por la Ley de la Generalitat 1/1998, de 5 de mayo.

a.3) Dotación de instalaciones que permitan los suministros necesarios para las funciones previstas así como el acceso a los servicios de telecomunicación, audiovisuales y de información.

b) Relativos a la seguridad:

b.1) Seguridad estructural, de tal forma que no se produzcan en el edificio, o partes del mismo, daños que tengan su origen o afecten a la cimentación, los soportes, las vigas, los forjados, los muros de carga u otros elementos estructurales, y que comprometan directamente la resistencia mecánica y la estabilidad del edificio.

b.2) Seguridad en caso de incendio, para que los ocupantes puedan desalojar el edificio en condiciones seguras, se pueda limitar la extensión del incendio dentro del propio edificio y de los colindantes y se permita la acción de los equipos de extinción y rescate.

b.3) Seguridad de utilización, de tal forma que el uso normal del edificio no suponga riesgo de accidente para las personas.

c) Relativos a la habitabilidad:

c.1) Higiene, salud y protección del medio ambiente, de tal forma que se alcancen condiciones aceptables de salubridad y estanqueidad en el ambiente interior del edificio y que éste no deteriore el medio ambiente en su entorno inmediato, garantizando una adecuada gestión de toda clase de residuos.

c.2) Protección contra el ruido, de tal forma que el ruido percibido no ponga en peligro la salud de las personas y les permita realizar satisfactoriamente sus actividades.

c.3) Ahorro de energía y aislamiento térmico, de tal forma que se consiga un uso racional de la energía necesaria para la adecuada utilización del edificio.

c.4) Otros aspectos de los elementos constructivos o de las instalaciones, que permitan un uso satisfactorio del edificio.

Además de los requisitos enunciados, todo el proceso de la edificación deberá tender a una reducción de los impactos ambientales producidos por el edificio, atendiendo a los siguientes principios relativos a la protección medioambiental y al desarrollo sostenible.

a) La optimización en la utilización de los recursos disponibles, mediante una adecuada reutilización, reciclaje y uso eficiente de los mismos, así como el empleo de recursos renovables.

b) La conservación del medio ambiente, mediante un adecuado uso del terreno, la gestión de los residuos generados y la prevención de emisiones y contaminación.

c) La obtención y el mantenimiento de ambientes saludables en el interior de los edificios, mediante la prevención de las emisiones nocivas y la contaminación del aire, así como una adecuada ventilación.

El Decreto 21/2006, de 14 de febrero, por el que se regula la adopción de criterios ambientales y de ecoeficiencia en los edificios de la Generalitat de Catalunya[95] en su artículo 6 establece los parámetros de ecoeficiencia relativos a los materiales y sistemas constructivos.

En la construcción del edificio debe obtenerse una puntuación global mínima de 10 puntos mediante alguna de las siguientes soluciones constructivas:

a) Construcción de fachada ventilada en la orientación sudoeste (± 90°): 5.

b) Construcción de cubierta ventilada: 5.

c) Construcción de cubierta ajardinada: 5.

d) Utilización de sistemas preindustrializados como mínimo en el 80% de la superficie de la estructura: 6.

e) Utilización de sistemas preindustrializados, como mínimo, en el 80% de la superficie de los cerramientos exteriores: 5.

f) En el caso de edificios de viviendas, en el que el 80% de éstas reciban en la abertura de la sala 1 hora de soleamiento directo entre las 10 y las 12 horas solares en el solsticio de invierno: 5.

g) Reducir el coeficiente medio de transmitancia térmica Km. de los diferentes cerramientos verticales exteriores en un 10% respeto al parámetro fijado en el punto 4.1: 4.

---

95 DOGC núm. 4574, de 16 de febrero de 2006.

h) Reducir el coeficiente medio de transmitancia térmica Km de los diferentes cerramientos verticales exteriores en un 20% respeto al parámetro fijado en el punto 4.1: 6.

i) Reducir el coeficiente medio de transmitancia térmica Km de los diferentes cerramientos verticales exteriores en un 30% respeto al parámetro fijado en el punto 4.1: 8.

j) Disponer de un sistema de reaprovechamiento de las aguas pluviales del edificio: 5.

k) Disponer de un sistema de reaprovechamiento de las aguas grises y pluviales del edificio: 8.

l) Utilización al menos de un producto obtenido del reciclaje de residuos (residuos de la construcción, neumáticos, residuos de espumas, etc.) para subbases, pavimentos, paneles aislantes y otros usos: 4.

m) En el caso de que haya una fase de demolición previa, reutilización de los residuos pétreos generados en la construcción del nuevo edificio: 4.

n) Que las diferentes entidades privativas del edificio dispongan de una ventilación cruzada natural: 6.

o) Utilización de energías renovables para obtener la climatización (calefacción y/o refrigeración) del edificio: 7.

p) Alumbrado de espacios comunitarios o de acceso con detectores de presencia, siempre y cuando al sistema de alumbrado utilizado no le afecte el encendido y apagado frecuente: 3.

q) En los edificios de viviendas, cuando las aperturas de los cierres exteriores, ya sean sobreexpuestos o expuestos según NRE-AT/87, y sin perjuicio de lo que dictamina el anexo 9 de la Ley 16/2002, de 28 de junio, dispongan de soluciones de ventana, doble ventana o puertas de balcón en los que el conjunto (marcos + acristalamientos) tengan un aislamiento mínimo a sonido aéreo R de 28 dBA: 4.

Hay que tener en cuenta que el artículo único del Decreto 111/2009, de 14 de julio, de modificación del Decreto 21/2006, de 14 de febrero, por el que se regula la adopción de criterios ambientales y de ecoeficiencia en los edificios de la Generalitat de Catalunya[96] establece que las remisiones a la NRE-AT-87 efectuadas por el presente Decreto se entienden referidas a lo que establece el Real Decreto 314/2006, de 17 de marzo, por el que se aprueba el Código Técnico de la Edificación.[97]

r) En los edificios de viviendas, cuando los elementos horizontales de separación de propiedades o usuarios diferentes, así como también las cubiertas transitables, dispongan de soluciones constructivas en las que el nivel de impacto normalizado Ln en el espacio subyacente no sea superior a 74 dBA: 5.

Al menos una familia de productos de los utilizados en la construcción del edificio, entendiendo como familia el conjunto de productos destinados a un mismo uso, deberá disponer de un distintivo de garantía de calidad ambiental de la Generalidad de Cataluña, etiqueta ecológica de la Unión Europea, marca AENOR Medioambiente, o cualquier otra etiqueta ecológica tipo I, de acuerdo con la norma UNE-EN ISO 14.024/2001 o tipos III, de acuerdo con la norma UNE 150.025/2005 IN.

El Real Decreto 314/2006 se refiere a la exigencia de la sostenibilidad de los procesos edificatorios y urbanizadores, en su triple dimensión ambiental, social y económica.

Sigue indicado el Real Decreto 314/2006 que el proceso de la edificación, por su directa incidencia en la configuración de los espacios habitados, implica un compromiso de funcionalidad, economía, armonía y equilibrio medioambiental, de evidente relevancia tanto a nivel de interés general como de políticas de vivienda.

---

96 DOGC núm. 5422, de 16 de julio de 2009.

97 BOE núm. 74, de 28 de marzo de 2006.

El sector de la edificación es uno de los sectores más importantes en el ámbito social, y tiene unas altas repercusiones en relación con los valores culturales y medioambientales que tiene el patrimonio arquitectónico.

El Código Técnico de la Edificación se aprueba con el objeto de mejorar la calidad de la edificación, y de promover la innovación y la sostenibilidad[98]. Es un instrumento normativo que fija las exigencias básicas de calidad de los edificios y sus instalaciones. Mediante esta norma se da satisfacción a ciertos requisitos básicos de la edificación relacionados con la seguridad estructural y de protección contra incendios, como a la salubridad, la protección contra el ruido, el ahorro energético o la accesibilidad para personas con movilidad reducida.

Se contribuye de esta forma al desarrollo de las políticas gubernamentales en materia de sostenibilidad, en concreto, y posteriormente, debemos mencionar el Plan de Acción de la Estrategia de Ahorro y Eficiencia Energética (2011-2020)[99], el Protocolo de Kyoto de la Convención Marco de las Naciones Unidas sobre el cambio climático, de 1998[100] o la Estrategia de Göteborg.[101]

---

98 MINISTERIO DE VIVIENDA Y AGENDA URBANA: *Edificación Sostenible.* Disponible en: https://www.mivau.gob.es/arquitectura-edificacion/edificacion-sostenible (Consultado el 4 de febrero de 2025).

99 GOBIERNO DE ESPAÑA: *Plan de Acción de la Estrategia de Ahorro y Eficiencia Energética (2011-2020).* Disponible en: https://www.idae.es/uploads/documentos/documentos_11905_PAEE_2011_2020._A2011_A_a1e6383b.pdf (Consultado el 10 de febrero de 2025).

100 NACIONES UNIDAS: Protocolo de Kyoto de la Convención Marco de las Naciones Unidas sobre el cambio climático, de 1998. Disponible en: https://unfccc.int/resource/docs/convkp/kpspan.pdf (Consultado el 10 de febrero de 2025).

101 *Consejo Europeo de Gotemburgo,* 15 y 16 de junio de 2001. Disponible en: https://www.consilium.europa.eu/media/20977/00200-r1es1.pdf (Consultado el 10 de febrero de 2025).

Se cumple lo indicado en los requisitos básicos de la edificación que establece la Ley 38/1999, con la finalidad de garantizar la seguridad de las personas, el bienestar de la sociedad, la sostenibilidad de la edificación y la protección del medio ambiente. Precisamente esa norma autorizaba, en su disposición final segunda, la aprobación de un Código Técnico de la Edificación en el que se establezcan las exigencias básicas que deben cumplirse en los edificios, y en relación con los requisitos básicos relativos a la seguridad y a la habitabilidad, indicados en el artículo 3.1, apartados b) y c).

El artículo 13 del Real Decreto 314/2006 establece distintas exigencias básicas de salubridad (HS) «Higiene, salud y protección del medio ambiente». El documento básico «DB-HS Salubridad» especifica parámetros objetivos y procedimientos cuyo cumplimiento asegura la satisfacción de las exigencias básicas y la superación de los niveles mínimos de calidad propios del requisito básico de salubridad.

Vamos a ver las distintas exigencias básicas:

a) Exigencia básica HS 1: Protección frente a la humedad: se limitará el riesgo previsible de presencia inadecuada de agua o humedad en el interior de los edificios y en sus cerramientos como consecuencia del agua procedente de precipitaciones atmosféricas, de escorrentías, del terreno o de condensaciones, disponiendo medios que impidan su penetración o, en su caso permitan su evacuación sin producción de daños.

b) Exigencia básica HS 2: Recogida y evacuación de residuos: los edificios dispondrán de espacios y medios para extraer los residuos ordinarios generados en ellos de forma acorde con el sistema público de recogida de tal manera que se facilite la adecuada separación en origen de dichos residuos, la recogida selectiva de los mismos y su posterior gestión.

c) Exigencia básica HS 3: Calidad del aire interior. Los edificios dispondrán de medios para que sus recintos se puedan ventilar adecuadamente, eliminando los contaminantes que se produzcan de forma habitual durante el uso normal de los edificios, de forma que se aporte un caudal suficiente de aire exterior y se garantice la extracción y expulsión del aire viciado por los contaminantes.

Para limitar el riesgo de contaminación del aire interior de los edificios y del entorno exterior en fachadas y patios, la evacuación de productos de combustión de las instalaciones térmicas se producirá con carácter general por la cubierta del edificio, con independencia del tipo de combustible y del aparato que se utilice, y de acuerdo con la reglamentación específica sobre instalaciones térmicas.

d) Exigencia básica HS 4: Suministro de agua. Los edificios dispondrán de medios adecuados para suministrar al equipamiento higiénico previsto agua apta para el consumo de forma sostenible, aportando caudales suficientes para su funcionamiento, sin alteración de las propiedades de aptitud para el consumo e impidiendo los posibles retornos que puedan contaminar la red, incorporando medios que permitan el ahorro y el control del caudal del agua.

Los equipos de producción de agua caliente dotados de sistemas de acumulación y los puntos terminales de utilización tendrán unas características tales que eviten el desarrollo de gérmenes patógenos.

e) Exigencia básica HS 5: Evacuación de aguas: los edificios dispondrán de medios adecuados para extraer las aguas residuales generadas en ellos de forma independiente o conjunta con las precipitaciones atmosféricas y con las escorrentías.

f) Exigencia básica HS 6: Protección frente a la exposición al radón. Los edificios dispondrán de medios adecuados para limitar el riesgo previsible de exposición inadecuada a radón procedente del terreno en los recintos cerrados.

Y en el artículo 15 del Real Decreto 314/2006 establece exigencias básicas de ahorro de energía (HE), que consiste dicho objetivo en conseguir un uso racional de la energía necesaria para la utilización de los edificios, reduciendo a límites sostenibles su consumo y conseguir, asimismo, que una parte de este consumo proceda de fuentes de energía renovable, como consecuencia de las características de su proyecto, construcción, uso y mantenimiento.

La Directiva 2006/32/CE del Parlamento Europeo y del Consejo de 5 de abril de 2006 sobre la eficiencia del uso final de la energía y los servicios energéticos y por la que se deroga la Directiva 93/76/CEE del Consejo[102] menciona que los distribuidores de energía, los operadores de sistemas de distribución y las empresas minoristas de venta de energía pueden mejorar la eficiencia energética de la Comunidad si se comercializan servicios energéticos que incluyan un uso final eficiente como, por ejemplo, el bienestar térmico en el interior de las viviendas, agua caliente sanitaria, refrigeración, fabricación de productos, iluminación y energía motriz. Así, la potenciación al máximo del beneficio de los distribuidores de energía, los operadores de sistemas de distribución y las empresas minoristas de venta de energía está relacionada cada vez más con la venta de servicios energéticos a tantos clientes como sea posible en lugar de con la venta de tanta energía como sea posible a cada cliente. Los Estados miembros deben esforzarse por evitar toda distorsión de la competencia en este ámbito con vistas a garantizar la igualdad de condiciones entre todos los proveedores de servicios energéticos; pueden, sin embargo, delegar esta misión al regulador nacional.

La Decisión de la Comisión 2007/742/CE, de 9 de noviembre de 2007, por la que se establecen los criterios ecológicos para la concesión de la etiqueta ecológica comunitaria a las bombas de calor accionadas eléctricamente o por gas o de absorción a gas

---

102 DOUE L 114/64, de 27 de abril de 2006.

[notificada con el número C(2007) 5492][103] se refiere a la reducción de las pérdidas de calor y de la captación solar de los edificios.

Si la vivienda tiene más de 10 años de edad, probablemente será rentable reducir las pérdidas de calor mejorando el nivel de aislamiento y reducir la captación solar limitando los rayos solares directos durante el verano. Si el cliente acepta las recomendaciones que usted le haga, el sistema deberá dimensionarse teniendo en cuenta la reducción de las pérdidas de calor y de la captación solar.

Las bombas de calor tienen una altísima eficiencia porque solo utilizan energía para concentrar el calor presente en el suelo, en el agua o en el aire. Algunos modelos pueden funcionar también en modo inverso y producir refrigeración expulsando calor de una vivienda. La información contenida en esta ficha le permitirá garantizar que los beneficios de la unidad de bomba de calor repercuten en los sistemas de recogida y distribución, además de completar la ficha que debe darle al cliente para explicar su elección.

El Real Decreto 410/2010, de 31 de marzo, por el que se desarrollan los requisitos exigibles a las entidades de control de calidad de la edificación y a los laboratorios de ensayos para el control de calidad de la edificación, para el ejercicio de su actividad[104] respecto de los requisitos exigibles a las entidades de control de calidad de la edificación, indica los campos de actuación que incluirá, entre otros, los aspectos de la calidad de la edificación siguientes: estudios de terreno y del estado de conservación de los edificios; verificación del cumplimiento del Código Técnico de la Edificación y demás normativa aplicable, en edificios de nueva construcción o en al rehabilitación de los mismos; evalua-

---

[103] DO L 301, de 20 de noviembre de 2007. Véase también Decisión de la Comisión, de 13 de junio de 2014, por la que se modifica la Decisión 2007/742/CE, relativa a las bombas de calor accionadas eléctricamente o por gas o de absorción a gas [notificada con el número C(2014) 3838] (DOUE núm. 177, de 17 de junio de 2014).

[104] BOE núm. 97, de 22 de abril de 2010.

ción de las prestaciones del edificio a lo largo de su vida útil para verificar el cumplimiento de cada una de las exigencia básicas de la edificación del Código Técnico de la Edificación y demás normativa aplicable; y supervisión de la certificación de la eficiencia energética de los edificios; evaluación de las prestaciones de sostenibilidad, funcionales y espaciales de los edificios.

Las entidades establecerán el alcance de su prestación técnica en las fases de proyecto, de la ejecución de las obras y de la vida útil del edificio en las que interviene.

La Comunicación de la Comisión al Parlamento Europeo, al Consejo, al Comité Económico y Social Europeo y al Comité de las Regiones Plan de Eficiencia Energética 2011[105] indica que casi el 40 %27 del consumo final de energía tiene lugar en las viviendas, en las oficinas públicas y privadas, en las tiendas y en otros edificios.

Algunos Estados miembros han instaurado ya un sistema de obligaciones de ahorro energético para el sector de la energía que ha obtenido buenos resultados: se han conseguido ahorros de hasta el 6 % del consumo final de energía.

En los sistemas de este tipo, los servicios públicos deben conseguir una cantidad fija de ahorro energético implantando mejoras de la eficiencia energética entre sus clientes (hogares, empresas, municipios o cooperativas de viviendas) o en otros sectores, como la producción o el transporte de energía.

El Real Decreto-ley 8/2011, de 1 de julio, de medidas de apoyo a los deudores hipotecarios, de control del gasto público y cancelación de deudas con empresas y autónomos contraídas por las entidades locales, de fomento de la actividad empresarial e impulso

---

105 UNIÓN EUROPEA: *Comunicación de la Comisión al Parlamento Europeo, al Consejo, al Comité Económico y Social Europeo y al Comité de las Regiones. Plan de Eficiencia Energética 2011.* Disponible en: https://eur-lex.europa.eu/LexUriServ/LexUriServ.do?uri=COM:2011:0109:FIN:ES:PDF (Consultado el 17 de febrero de 2025.

de la rehabilitación y de simplificación administrativa[106], en su artículo 24 sobre la declaración de otra nueva, tratándose de escrituras de declaración de obra nueva terminada, los notarios exigirán el otorgamiento de autorizaciones administrativas necesarias para garantizar los requisitos de eficiencia energética tal y como se demandan en la normativa vigente. Este precepto fue derogado por la disposición derogatoria única 6ª de la Ley 8/2013, de 26 de junio, de rehabilitación, regeneración y renovación urbanas[107].

El Real Decreto 233/2013, de 5 de abril, por el que se regula el Plan Estatal de fomento del alquiler de viviendas, la rehabilitación edificatoria, y la regeneración y renovación urbanas, 2013-2016[108] se refiere al Plan de Vivienda para los años 2009-2012 regulado por el Real Decreto 2066/2008, de 12 de diciembre[109]. Éste se orienta a abordar la difícil problemática actual, acotando las ayudas a los fines que se consideran prioritarios y de imprescindible atención, e incentivando al sector privado para que en términos de sostenibilidad y competitividad, y con soluciones y líneas de ayuda innovadoras, puedan reactivar el sector de la construcción a través de la rehabilitación, la regeneración y la renovación urbanas y contribuir a la creación de un mercado del alquiler más amplio que el actual.

Para la consecución de sus objetivos, el Plan se estructura en los siguientes Programas:

1. Programa de subsidiación de préstamos convenidos.
2. Programa de ayuda al alquiler de vivienda.
3. Programa de fomento del parque público de vivienda de alquiler.
4. Programa de fomento de la rehabilitación edificatoria.

---

106 BOE núm. 161, de 7 de julio de 2011.

107 BOE núm. 153, de 27 de junio de 2013.

108 BOE núm. 86, de 10 de abril de 2013.

109 BOE núm. 309, de 24 de diciembre de 2008.

5. Programa de fomento de la regeneración y renovación urbanas.
6. Programa de apoyo a la implantación del informe de evaluación de los edificios.
7. Programa para el fomento de ciudades sostenibles y competitivas.
8. Programa de apoyo a la implantación y gestión del Plan.

La denominación de estos programas es suficientemente expresiva de sus objetivos. Hay que destacar, por su novedad y por el efecto de innovación y demostración que con él se persigue, el programa para el fomento de ciudades sostenibles y competitivas. Aunque no sea el más importante en términos cuantitativos, es uno de los más innovadores del Plan desde el punto de vista cualitativo, ya que se dirige a impulsar proyectos capaces de conseguir una especial visibilidad e impacto sobre las potencialidades que pueden generar las operaciones de rehabilitación edificatoria, regeneración y renovación urbanas o que resulten particularmente innovadores. Dichas actuaciones, además, podrán tener un efecto positivo sobre el sector turístico como palanca imprescindible del desarrollo económico de España, permitiendo actuaciones sobre determinados destinos turísticos.

se trata de un Plan congruente y que sirve de apoyo a las reformas legislativas que en esta materia está impulsando el Gobierno, que plantea un cambio de modelo de la política de vivienda, que reorienta las metas y concentra los recursos disponibles en los sectores sociales más necesitados, en un marco de cooperación y de efectiva corresponsabilidad de las Administraciones públicas y los agentes privados, implicados todos en la realización efectiva de uno de los contenidos básicos la política social y económica del Estado, como es el derecho a disfrutar de una vivienda digna y adecuada, al tiempo que se contribuye al empleo, el crecimiento y la competitividad de la economía y la sostenibilidad medioambiental.

El artículo del Real Decreto 233/2013 indica que las ayudas consisten en subsidiaciones de préstamos convenidos y subvenciones orientadas a fomentar el acceso a la vivienda en régimen de alquiler a sectores con dificultades económicas, al fomento de un parque público de vivienda de alquiler, a la rehabilitación de edificios y la regeneración y renovación de zonas urbanas, a la implantación del informe de evaluación de edificios y al fomento de ciudades sostenibles y competitivas.

El artículo 20 del Real Decreto 233/2013 regula las actuaciones subvencionables que serán las siguientes:

a) La mejora de la envolvente térmica del edificio para reducir su demanda energética de calefacción o refrigeración, mediante actuaciones de mejora de su aislamiento térmico, la sustitución de carpinterías y acristalamientos de los huecos, u otras, incluyendo la instalación de dispositivos bioclimáticos. En todo caso, deberá cumplirse como mínimo lo establecido en el Documento Básico del Código Técnico de la Edificación DB-HE1.

b) La instalación de sistemas de calefacción, refrigeración, producción de agua caliente sanitaria y ventilación para el acondicionamiento térmico, o el incremento de la eficiencia energética de los ya existentes, mediante actuaciones como: la sustitución de equipos de producción de calor o frío, la instalación de sistemas de control, regulación y gestión energética, contadores y repartidores de costes energéticos para instalaciones centralizadas de calefacción; el aislamiento térmico de las redes de distribución y transporte o la sustitución de los equipos de movimiento de los fluidos caloportadores; la instalación de dispositivos de recuperación de energías residuales; la implantación de sistemas de enfriamiento gratuito por aire exterior y de recuperación de calor del aire de renovación, entre otros.

c) La instalación de equipos de generación o que permitan la utilización de energías renovables como la energía solar, biomasa o geotermia que reduzcan el consumo de energía convencional térmica o eléctrica del edificio. Incluirá la instalación de cualquier tecnología, sistema, o equipo de energía renovable, como paneles solares térmicos, a fin de contribuir a la producción de agua caliente sanitaria demandada por las viviendas, o la producción de agua caliente para las instalaciones de climatización.

d) La mejora de la eficiencia energética de las instalaciones comunes de ascensores e iluminación, del edificio o de la parcela, mediante actuaciones como la sustitución de lámparas y luminarias por otras de mayor rendimiento energético, generalizando por ejemplo la iluminación LED, instalaciones de sistemas de control de encendido y regulación del nivel de iluminación y aprovechamiento de la luz natural.

e) La mejora de las instalaciones de suministro e instalación de mecanismos que favorezcan el ahorro de agua, así como la implantación de redes de saneamiento separativas en el edificio y de otros sistemas que favorezcan la reutilización de las aguas grises y pluviales en el propio edificio o en la parcela o que reduzcan el volumen de vertido al sistema público de alcantarillado.

f) La mejora o acondicionamiento de instalaciones para la adecuada recogida y separación de los residuos domésticos en el interior de los domicilios y en los espacios comunes de las edificaciones.

g) Las que mejoren el cumplimiento de los parámetros establecidos en el Documento Básico del Código Técnico de la Edificación DB-HR, protección contra el ruido.

h) El acondicionamiento de los espacios privativos de la parcela para mejorar la permeabilidad del suelo, adaptar la jardinería a especies de bajo consumo hídrico, optimizar los sistemas de riego y otras actuaciones bioclimáticas.

Para resultar subvencionables, el conjunto de actuaciones para el fomento de la calidad y sostenibilidad previsto debe contener, en todo caso, actuaciones de las incluidas en una o varias de las letras a), b) o c) anteriores, de forma que se consiga una reducción de la demanda energética anual global de calefacción y refrigeración del edificio, referida a la certificación energética, de al menos un 30% sobre la situación previa a dichas actuaciones. Para su justificación se podrá utilizar cualquiera de los programas informáticos reconocidos conjuntamente por los Ministerios de Fomento y de Industria, Energía y Turismo que se encuentran en el Registro General de documentos reconocidos para la certificación de la eficiencia energética de los edificios.

Las condiciones particulares de las actuaciones objeto del Programa se contemplan en el artículo 21 del Real Decreto 233/2013. Para la obtención de las ayudas relacionadas en este programa, se requiere que en los casos que se trate de actuaciones para realizar los ajustes razonables en materia de accesibilidad y/o mejorar la calidad y sostenibilidad del edificio o edificios que pretendan acogerse al programa, éstos sumen, como mínimo, 8 viviendas, o excepcionalmente menos, cuando en el inmueble vayan a acometerse simultáneamente obras de conservación o cuando habiten personas con discapacidad o mayores de 65 años

Las actuaciones subvencionables se mencionan en el artículo 26 del Real Decreto 233/2013:

a) La ejecución de obras o trabajos de mantenimiento e intervención en edificios y viviendas, instalaciones fijas, equipamiento propio y elementos comunes, a fin de adecuarlos a la normativa vigente. Se podrán incluir los honorarios de los profesionales, el coste de redacción de proyectos, informes técnicos y certificados necesarios, así como los gastos derivados de la tramitación administrativa, siempre que todos ellos estén debidamente justificados.

b) La ejecución de las siguientes obras de mejora de la calidad y sostenibilidad del medio urbano:

1. Obras de urbanización y reurbanización material de los espacios públicos tales como pavimentación, jardinería, infraestructuras, instalaciones, servicios de abastecimiento de agua, saneamiento, suministro energético,

alumbrado, recogida, separación y gestión de residuos, telecomunicaciones y utilización del subsuelo.

2. Obras de mejora de la accesibilidad de los espacios públicos.

3. Obras destinadas a mejorar la eficiencia ambiental en materia de agua, energía, uso de materiales, gestión de residuos y protección de la biodiversidad.

- En el ámbito del agua, las de reducción del uso de agua potable y de riego, las de gestión sostenible de las escorrentías urbanas, las aguas pluviales y residuales, y las de gestión de depuración y su retorno adecuado al medio.
- En el ámbito de la energía, las de mejora de la eficiencia energética en edificación y en servicios urbanos, las de implantación de energías renovables y sistemas de climatización centralizada o de distrito, las de fomento de la movilidad sostenible y, en general, todas aquéllas otras destinadas a reducir la demanda energética, reducir las emisiones de gases contaminantes y aumentar el uso de energías renovables.
- En el ámbito de la mejora en el uso de materiales y la gestión de residuos, las relacionadas con la mejora del reciclaje de los materiales, especialmente aquéllas dirigidas a cumplir con los planes nacionales o autonómicos de recogida de residuos, las relativas al uso de materiales reciclados o renovables en edificación o urbanización, y las relativas al uso de materiales locales ligados a estrategias de promoción de una gestión sostenible del territorio.
- En el ámbito de la protección y mejora de la biodiversidad, las propuestas de conectividad de espacios verdes, de promoción de cubiertas verdes[110], o de implantación de especies adecuadas al medio.

---

[110] RUIZ PIÑERA, J. y SÁNCHEZ MEDRANO, F. J.: «Influencia energética de las cubiertas verdes en edificios Passivhaus frente a construcciones convencionales», *CUICIID 2019. Contenidos, investigación, innovación y do-*

El artículo 37 del Real Decreto 233/2013 respecto del objeto del programa se indica que es la financiación de la ejecución de proyectos de especial trascendencia, basados en las líneas estratégicas temáticas.

Las líneas estratégicas temáticas que definirán los proyectos que podrán ser objeto de convocatoria pública, serán las siguientes, sin perjuicio de que dichas convocatorias puedan perfilarlas:

a) Mejora de barrios: Actuaciones predominantemente de regeneración urbana integrada, en tejidos de bloque construidos en el periodo comprendido entre 1940 y 1980, en las que destaquen aspectos de incremento de la eficiencia energética y la mejora de la accesibilidad de los edificios, recualificación del espacio público, dotación de nuevos equipamientos e impulso de la cohesión social y la actividad económica.

b) Centros y cascos históricos: Actuaciones predominantemente de regeneración en centros históricos urbanos y cascos rurales, incluyendo actuaciones de rehabilitación de edificios residenciales y otro uso que cuenten con algún grado de protección patrimonial, mejora del espacio público e impulso de la cohesión social y la revitalización económica.

c) Renovación de áreas funcionalmente obsoletas: Actuaciones sobre tejidos con severas condiciones de obsolescencia funcional e inadecuación desde el punto de vista urbanístico y edificatorio, en los que se proponga su renovación funcional y recualificación con usos mixtos, que incluyan actividades económicas.

---

cencia: Congreso universitario internacional sobre la comunicación en la profesión y en la Universidad de hoy IX. 23 y 24 octubre, 2019, Fórum Internacional de Comunicación y Relaciones Públicas (Fórum XXI), Madrid, 2019, pág. 671. Disponible en: https://cuiciid.net/wp-content/uploads/2022/03/Libro-de-actas-2019-completo.pdf (Consultado el 5 de febrero de 2025).

d) Renovación de áreas para la sustitución de infravivienda: Actuaciones para la erradicación de la vivienda con deficiencias graves en seguridad, salubridad y habitabilidad, ubicada en tejidos de urbanización marginal, acompañadas de programas sociales.

e) Ecobarrios: Actuaciones predominantemente de regeneración urbana en áreas residenciales en las que destaque el impulso de la sostenibilidad ambiental en los edificios y en los espacios públicos.

f) Zonas turísticas. Actuaciones de regeneración, esponjamiento y renovación urbanas en zonas turísticas con síntomas de obsolescencia o degradación, sobrecarga urbanística y ambiental o sobreexplotación de recursos y que planteen una mejora y reconversión de las mismas hacia un modelo turístico más sostenible, competitivo y de mayor calidad.

Los proyectos que se refieran a las líneas estratégicas temáticas contenidas en el apartado anterior deberán circunscribirse a un único término municipal, contener la delimitación precisa del área de actuación, que tendrá carácter homogéneo y continuidad geográfica, con la descripción de la situación urbanística y social de la misma. Asimismo deberán justificar la conveniencia de la propuesta de actuación, e incluir una memoria descriptiva de la misma y de viabilidad técnica y económica de la actuación, y adjuntar un presupuesto estimativo, desglosado por tipos de actuaciones, así como un calendario previsible de ejecución.

Los proyectos serán seleccionados mediante un procedimiento abierto y en régimen de concurrencia competitiva, por medio de las oportunas convocatorias realizadas por las Comunidades Autónomas y Ciudades de Ceuta y Melilla.

La Ley 7/2014, de 12 de septiembre, de medidas sobre rehabilitación, regeneración y renovación urbana, y sobre sostenibilidad, coordinación y simplificación en materia de urbanismo de la Comunidad de Castilla y León[111] tiene como objeto, según su artículo 1, modificar el marco normativo de Castilla y León a fin de mejorar la calidad de vida de los ciudadanos y garantizar la efectividad de su derecho a disfrutar de una vivienda digna y adecuada. Por ello, se regulan las actuaciones de rehabilitación, regeneración y renovación urbana y los instrumentos necesarios para ejecutarlas, y se establecen medidas sobre sostenibilidad, coordinación y simplificación administrativa en materia de urbanismo.

Los criterios y reglas para la planificación de las actuaciones de rehabilitación, regeneración y renovación urbana se regulan en el artículo 156, mediante un instrumento de planeamiento general o mediante un plan especial de reforma interior, y dichos instrumentos abordarán como objetivo, entre otros, la mejora de la eficiencia energética de los edificios y en especial de las viviendas, en particular en lo relativo a su aislamiento térmico.

El Real Decreto Legislativo 7/2015, ya referida,[112] regula las condiciones que garantizan un desarrollo sostenible, competitivo y eficiente del medio urbano, mediante el impulso y el fomento

---

[111] BOE núm. 239, de 2 de octubre de 2014.

[112] Nos interesa destacar que en Perú, la Ley 31313 de desarrollo urbano sostenible de 23 de julio de 2021 [Diario Oficial El Peruano de 25 de julio de 2021. Disponible en: https://leyes.congreso.gob.pe/Documentos/2016_2021/ADLP/Texto_Consolidado/31313-TXM.pdf (Consultado el 30 de enero de 2025)] y el Decreto Supremo núm. 012-2022, que aprueba el Reglamento de Acondicionamiento Territorial y Planificación Urbana del Desarrollo Urbano Sostenible, y el Decreto Legislativo núm. 1674, de 25 de septiembre de 2024, que modifica la Ley núm. 31313, Ley de desarrollo urbano sostenible [El Peruano, de 5 de octubre de 2022. Disponible en: https://cdn.www.gob.pe/uploads/document/file/3748145/DECRETO%20SUPREMO%20012-2022-VIVIENDA.pdf.pdf?v=1665523093 (Consultado el 30 de enero de 2025)] establecen unas pautas similares a las indicada por la Ley 7/2015. Véase también: INERLACE HUB: «Ley de Desarrollo Urbano Sostenible», 2023. Disponible en: https://interlace-hub.com/es/ley-de-desarrollo-urbano-sostenible (Consultado el 30 de enero de 2025).

de las actuaciones que conducen a la rehabilitación de los edificios y a la regeneración y renovación de los tejidos urbanos existentes, cuando sean necesarias para asegurar a los ciudadanos una adecuada calidad de vida y la efectividad de su derecho a disfrutar de una vivienda digna y adecuada (artículo 1).

El artículo 3 regula el principio de desarrollo territorial y urbano sostenible y dispone que las políticas públicas relativas a la regulación, ordenación, ocupación, transformación y uso del suelo tienen como fin común la utilización de este recurso conforme al interés general y según el principio de desarrollo sostenible, sin perjuicio de los fines específicos que les atribuyan las Leyes.

En virtud del principio de desarrollo sostenible, las políticas a que se refiere el apartado anterior deben propiciar el uso racional de los recursos naturales armonizando los requerimientos de la economía, el empleo, la cohesión social, la igualdad de trato y de oportunidades, la salud y la seguridad de las personas y la protección del medio ambiente, contribuyendo en particular a:

a) La eficacia de las medidas de conservación y mejora de la naturaleza, la flora y la fauna y de la protección del patrimonio cultural y del paisaje.

b) La protección, adecuada a su carácter, del medio rural y la preservación de los valores del suelo innecesario o inidóneo para atender las necesidades de transformación urbanística.

c) La prevención adecuada de riesgos y peligros para la seguridad y la salud públicas y la eliminación efectiva de las perturbaciones de ambas.

d) La prevención y minimización, en la mayor medida posible, de la contaminación del aire, el agua, el suelo y el subsuelo.

Los poderes públicos formularán y desarrollarán, en el medio urbano, las políticas de su respectiva competencia, de acuerdo con los principios de competitividad y sostenibilidad económica, social y medioambiental, cohesión territorial, eficiencia energética y complejidad funcional, procurando que, esté suficientemente dotado, y que el suelo se ocupe de manera eficiente, combinando los usos de forma funcional. En particular:

a) Posibilitarán el uso residencial en viviendas constitutivas de domicilio habitual en un contexto urbano seguro, salubre, accesible universalmente, de calidad adecuada e integrado socialmente, provisto del equipamiento, los servicios, los materiales y productos que eliminen o, en todo caso, minimicen, por aplicación de la mejor tecnología disponible en el mercado a precio razonable, las emisiones contaminantes y de gases de efecto invernadero, el consumo de agua, energía y la producción de residuos, y mejoren su gestión.

b) Favorecerán y fomentarán la dinamización económica y social y la adaptación, la rehabilitación y la ocupación de las viviendas vacías o en desuso.

c) Mejorarán la calidad y la funcionalidad de las dotaciones, infraestructuras y espacios públicos al servicio de todos los ciudadanos y fomentarán unos servicios generales más eficientes económica y ambientalmente.

d) Favorecerán, con las infraestructuras, dotaciones, equipamientos y servicios que sean precisos, la localización de actividades económicas generadoras de empleo estable, especialmente aquéllas que faciliten el desarrollo de la investigación científica y de nuevas tecnologías, mejorando los tejidos productivos, por medio de una gestión inteligente.

e) Garantizarán el acceso universal de los ciudadanos, de acuerdo con los requerimientos legales mínimos, a los edificios de uso privado y público y a las infraestructuras, dotaciones, equipamientos, transportes y servicios.

f) Garantizarán la movilidad en coste y tiempo razonable, la cual se basará en un adecuado equilibrio entre todos los sistemas de transporte, que, no obstante, otorgue preferencia al transporte público y colectivo y potencie los desplazamientos peatonales y en bicicleta.

g) Integrarán en el tejido urbano cuantos usos resulten compatibles con la función residencial, para contribuir al equilibrio de las ciudades y de los núcleos residenciales, favoreciendo la diversidad de usos, la aproximación de los servicios, las dotaciones y los equipamientos a la comunidad residente, así como la cohesión y la integración social.

h) Fomentarán la protección de la atmósfera y el uso de materiales, productos y tecnologías limpias que reduzcan las emisiones contaminantes y de gases de efecto invernadero del sector de la construcción, así como de materiales reutilizados y reciclados que contribuyan a mejorar la eficiencia en el uso de los recursos. También prevendrán y, en todo caso, minimizarán en la mayor medida posible, por aplicación de todos los sistemas y procedimientos legalmente previstos, los impactos negativos de los residuos urbanos y de la contaminación acústica.

i) Priorizarán las energías renovables frente a la utilización de fuentes de energía fósil y combatirán la pobreza energética, fomentando el ahorro energético y el uso eficiente de los recursos y de la energía, preferentemente de generación propia.

j) Valorarán, en su caso, la perspectiva turística, y permitirán y mejorarán el uso turístico responsable.

k) Favorecerán la puesta en valor del patrimonio urbanizado y edificado con valor histórico o cultural.

l) Contribuirán a un uso racional del agua, fomentando una cultura de eficiencia en el uso de los recursos hídricos, basada en el ahorro y en la reutilización.

La persecución de estos fines se adaptará a las peculiaridades que resulten del modelo territorial adoptado en cada caso por los poderes públicos competentes en materia de ordenación territorial y urbanística.

Los poderes públicos promoverán las condiciones para que los derechos y deberes de los ciudadanos establecidos en los artículos siguientes sean reales y efectivos, adoptando las medidas de ordenación territorial y urbanística que procedan para asegurar un resultado equilibrado, favoreciendo o conteniendo, según proceda, los procesos de ocupación y transformación del suelo.

El suelo vinculado a un uso residencial por la ordenación territorial y urbanística está al servicio de la efectividad del derecho a disfrutar de una vivienda digna y adecuada, en los términos que disponga la legislación en la materia.

La disposición adicional primera referente al sistema de información urbana y demás información al servicio de las políticas públicas para un medio urbano indica que con el fin de promover la transparencia y para asegurar la obtención, actualización permanente y explotación de la información necesaria para el desarrollo de las políticas y las acciones que le competan, la Administración General del Estado, en colaboración con las comunidades autónomas, definirá y promoverá la aplicación de aquellos criterios y principios básicos que posibiliten, desde la coordinación y complementación con las administraciones competentes en la materia, la formación y actualización permanente de un sistema público general e integrado de información sobre suelo, urbanismo y edificación, comprensivo, al menos, de los siguientes instrumentos:

a) Censos de construcciones, edificios, viviendas y locales desocupados y de los precisados de mejora o rehabilitación. Los Informes de Evaluación de los Edificios regulados en los artículos 29 y 30 servirán para nutrir dichos censos, en relación con las necesidades de rehabilitación.

b) Mapas de ámbitos urbanos deteriorados, obsoletos, desfavorecidos o en dificultades, precisados de regeneración y renovación urbanas, o de actuaciones de rehabilitación edificatoria.

c) Un sistema público general e integrado de información sobre suelo y urbanismo, a través del cual los ciudadanos tendrán derecho a obtener por medios electrónicos toda la información urbanística proveniente de las distintas Administraciones, respecto a la ordenación del territorio llevada a cabo por las mismas.

Se procurará, asimismo, la compatibilidad y coordinación del sistema público de información referido en al apartado anterior con el resto de sistemas de información y, en particular, con el Catastro Inmobiliario.

La Directiva (UE) 2018/844 del Parlamento Europeo y del Consejo, de 30 de mayo de 2018, por la que se modifica la Directiva 2010/31/UE relativa a la eficiencia energética de los edificios y la Directiva 2012/27/UE relativa a la eficiencia energética[113] indica que la Unión Europea se ha comprometido a establecer un sistema energético sostenible, competitivo, seguro y descarbonizado. La Unión de la Energía y el Marco de Actuación en Materia de Clima y Energía hasta el año 2030 establecen compromisos ambiciosos de la Unión para seguir reduciendo las emisiones de gases de efecto invernadero (al menos un 40 % de aquí a 2030, en comparación con 1990), aumentar la proporción de energía renovable consumida y conseguir un ahorro energético de acuerdo con las ambiciones a escala de la Unión, así como mejorar la seguridad energética, la competitividad y la sostenibilidad de Europa.

Para alcanzar esos objetivos, la revisión de la legislación de la Unión sobre eficiencia energética de 2016 combina la reevaluación del objetivo de eficiencia energética de la Unión para 2030, en respuesta a la petición de las conclusiones del Consejo Europeo de 2014, una revisión de las disposiciones fundamentales de la Directiva 2012/27/UE del Parlamento Europeo y del Consejo y de la Directiva 2010/31/UE del Parlamento Europeo y del Consejo y un refuerzo del marco de financiación, con inclusión de los Fondos Estructurales y de Inversión Europeos y los

---

113 DOUE núm. 156, de 19 de junio de 2018.

Fondos Europeos para Inversiones Estratégicas, que, en última instancia, mejorará las condiciones financieras de las inversiones en eficiencia energética en el mercado.

La Unión Europea se ha comprometido a establecer un sistema energético, sostenible, competitivo y descarbonizado de aquí a 2050. Para alcanzar ese objetivo, los Estados miembros y los inversores necesitan medidas destinadas a alcanzar el objetivo a largo plazo de emisiones de gases de efecto invernadero y a descarbonizar el parque inmobiliario, que es responsable de aproximadamente el 36 % de todas las emisiones de CO2 de la Unión, de aquí a 2050. Los Estados miembros deben buscar un equilibrio rentable entre descarbonizar el suministro de energía y reducir el consumo final de energía. A tal fin, los Estados miembros y los inversores necesitan una visión clara que guíe sus políticas y decisiones de inversión, lo que incluye unos hitos indicativos a nivel nacional y acciones en favor de la eficiencia energética para alcanzar los objetivos a corto plazo (2030), a medio plazo (2040) y a largo plazo (2050). Teniendo presentes estos objetivos y considerando las ambiciones generales de la Unión en materia de eficiencia energética, es fundamental que los Estados miembros especifiquen los resultados previstos de las estrategias nacionales de renovación a largo plazo y supervisen la evolución mediante el establecimiento de indicadores interiores de progreso sujetos a la evolución y las condiciones nacionales. La Recomendación (UE) 2016/1318 de la Comisión, sobre los edificios de consumo de energía casi nulo describía cómo la aplicación de la Directiva 2010/31/UE podía garantizar al mismo tiempo la transformación del parque inmobiliario y la transición hacia un abastecimiento energético más sostenible, que también apoya la estrategia relativa a la calefacción y la refrigeración. A fin de garantizar una aplicación adecuada, debe actualizarse el marco general para el cálculo de la eficiencia energética de los edificios e impulsarse la eficiencia mejorada de la envolvente del edificio apoyándose en los trabajos realizados en virtud del mandato M/480. Los Estados miembros van a poder elegir complementarlo en mayor medida facilitando indicadores numéricos adicionales, por ejemplo para el uso energético global o las emisiones de gases de efecto invernadero de todo un edificio.

Se inserta el artículo 19 bis sobre el estudio de viabilidad. Dispone el precepto que la Comisión finalizará, antes de 2020, un estudio de viabilidad que precise las posibilidades y el calendario para introducir la inspección de los sistemas de ventilación independientes y un pasaporte voluntario de renovación de edificios que sea complementario a los certificados de eficiencia energética, con el fin de proporcionar una hoja de ruta a largo plazo y por etapas para la renovación de edificios concretos sobre la base de criterios de calidad, tras realizar una auditoría energética, y que defina las medidas y renovaciones pertinentes que podrían mejorar el rendimiento energético.

En el artículo 20, apartado 2, el párrafo primero se sustituye por el siguiente texto: En particular, los Estados miembros informarán a los propietarios o a los arrendatarios de los edificios sobre los certificados de eficiencia energética, incluidos su finalidad y objetivos, sobre las medidas rentables y, cuando proceda, los instrumentos financieros para mejorar la eficiencia energética del edificio y sobre el remplazo de las calderas de combustibles fósiles por alternativas más sostenibles. Los Estados miembros facilitarán la información a través de herramientas de asesoramiento accesibles y transparentes, como el asesoramiento en materia de renovación y las ventanillas únicas.

La Ley 11/2018, de 21 de diciembre, de ordenación territorial y urbanística sostenible de Extremadura[114] menciona la sostenibilidad en relación a los acuerdos de la Unión Europea sobre la economía verde y circular, que inspiran esta norma dichos principios, y resuelve la ecuación entre lo rural y lo urbano de forma equilibrada y sostenible. Estos acuerdo se refieren al Plan

---

[114] BOE núm. 35, de 9 de febrero de 2019.

de Acción de la Unión Europea para la Economía Circular de 2015[115] por un crecimiento inteligente, sostenible e integrador.

La sostenibilidad de la Ley 11/2018 pasa por la necesaria alineación con los objetivos contra el cambio climático. Se alinea también con la Declaración de Quito sobre Ciudades y Asentamientos Humanos Sostenibles para todos en el marco de la Conferencia de Naciones Unidas sobre Vivienda y Desarrollo urbano sostenible (Hábitat III), que se celebró en 2016, para la adopción de la Nueva Agenda Urbana.

Esta Agenda contribuye a la implementación y localización de la Agenda 2030 para el Desarrollo Sostenible de manera integral, y para el logro de los Objetivos para el Desarrollo Sostenible (ODS) y sus metas, incluyendo la meta de construir ciudades y asentamientos humanos inclusivos, seguros y sostenibles. Pues bien, esta ley incluye una batería de medidas que deben contemplarse en la Planificación Urbanística y Territorial en la que se ven recogidos dichos principios que han inspirado la redacción *ex novo* del artículo 10 en el que establecen criterios de ordenación sostenible.

El capítulo primero de la Ley 11/2018 recoge los criterios de ordenación sostenible que deben seguir todos los planes de ordenación de Extremadura, atendiendo a la sostenibilidad social, ambiental y económica, con el objetivo de impulsar un cambio de tendencia hacia un modelo territorial y urbano sostenible y equilibrado. Se establecen criterios transversales para considerar la sostenibilidad, movilidad y accesibilidad, conservación del patrimonio y eficiencia energética. Los planes deberán analizar los

---

115 UNIÓN EUROPEA: *Comunicación de la Comisión al Parlamento Europeo, al Consejo, al Comité Económico y Social Europeo y al Comité de las Regiones. Cerrar el círculo: un plan de acción de la UE para la economía circular, COM (2015) 614 final, de 2 de diciembre de 2015*. Disponible en: https://www.miteco.gob.es/content/dam/miteco/es/calidad-y-evaluacion-ambiental/temas/economia-circular/plandeaccioncomes_tcm30-425898.pdf (Consultado el 22 de febrero de 2025).

indicadores de sostenibilidad existentes en el territorio o medio urbano y fijar las medidas precisas para avanzar paulatinamente hacia los indicadores que constituyan su objetivo, cumpliendo en cualquier caso los mínimos establecidos. Estos indicadores devuelven a la persona al centro de nuestras políticas urbanísticas, puesto que no se refieren a metros cuadrados construidos exclusivamente, sino a metro cuadrado por habitante. Son parámetros dinámicos que permiten evaluar la evolución hacia un modelo más sostenible.

El artículo 10 de la Ley 11/2018 contempla los criterios de ordenación sostenible, y establece que para dar cumplimiento a lo establecido en esta ley en lo relativo a sostenibilidad territorial, medio ambiente y cohesión social, los instrumentos de ordenación observarán los siguientes criterios:

1. Sostenibilidad:

a) El crecimiento urbano primará la compleción de las tramas urbanas incompletas y fomentará la regeneración y la rehabilitación urbanas frente a los procesos de generación de nueva urbanización o extensión de los núcleos.

b) Establecerán los medios para evitar, compensar o mitigar los impactos negativos por contaminación lumínica, atmosférica, por ruidos o residuos.

c) La ordenación urbana debe favorecer:

1.º La recuperación de los cauces naturales y sus zonas de protección, así como su integración respetuosa con el medio urbano.

2.º La depuración de las aguas residuales originadas en el núcleo urbano.

3.º La integración en el paisaje urbano de los elementos valiosos del paisaje natural y la vegetación.

d) Promoverán la calidad y funcionalidad de los espacios y dotaciones públicas, de forma que al establecer su localización se dé prioridad al criterio de proximidad a sus usuarios y al acceso con medios de movilidad sostenible.

e) Favorecerán la integración de toda suerte de usos compatibles en el medio urbano con el de vivienda para conseguir como resultado tramas donde prime la diversidad de usos, se aproximen los servicios a la población, se dé mayor cohesión e integración social y se generalicen las medidas de accesibilidad universal.

f) Los costes ambientales serán tenidos en cuenta en las evaluaciones económicas de las iniciativas de planificación.

g) Cuando ocupen zonas de servidumbre acústica de grandes infraestructuras de transporte, deben disponer apantallamientos de material vegetal vivo que reduzcan el ruido en el exterior de las áreas habitadas por debajo de los valores establecidos como límite de inmisión.

2. Movilidad y accesibilidad:

a) Las inversiones en infraestructuras que afecten a los sistemas de comunicaciones darán prioridad a la implantación y mejora de los transportes públicos.

b) Los modelos territoriales y urbanos, así como los criterios de urbanización que establezcan, favorecerán frente a los desplazamientos motorizados en medios individuales privados, por este orden, los siguientes:

1.° Los desplazamientos peatonales y ciclistas.

2.° El transporte público, de cualquier clase.

3.° El transporte colectivo, público o privado.

Para ello, los sistemas generales urbanos de nueva creación, deberán contener secciones que incluyan al menos los tres niveles anteriores. En los cascos históricos donde la trama no permita desarrollar el primer y segundo nivel en condiciones de accesibilidad, se favorecerán las calles peatonales frente a las rodadas.

Los sistemas viarios locales y generales se consideran dotaciones públicas que deben ser cedidas en la ejecución de nuevos desarrollos. Las playas de aparcamiento podrán computarse como dotaciones, si así lo justifica el planeamiento.

c) Deberán realizar estudios de movilidad adecuados a las condiciones de sus respectivos ámbitos cuyas conclusiones deberán motivar las determinaciones sustantivas de ordenación. Entra éstas incluirán medidas de impulso de los caminos escolares con movilidad sostenible y autonomía.

   El análisis de los caminos escolares incluirá distancias, trayectos y conexiones a los centros educativos, localización de los puntos negros y medidas para su solución, e informe de la policía local sobre su idoneidad desde el punto de vista de la seguridad.

d) Fomentarán los aparcamientos disuasorios para vehículos a motor, situados en la periferia y corona urbana, que conecten con el transporte público interurbano y urbano, o bien permitan desplazamientos a los centros y recorridos periféricos no motorizados con distancias asumibles. Asimismo, debe existir dotación de plazas de aparcamiento accesible próximas a los lugares y edificios de interés.

e) Fomentarán las reservas de aparcamiento en espacios privados frente a la ocupación del espacio público.

f) Establecerán las medidas de índole normativa y material precisas para lograr en su ámbito de actuación la accesibilidad universal de la población, conforme a los requerimientos establecidos legalmente con carácter de mínimos para los edificios de titularidad pública y privada, los equipamientos, las infraestructuras, los servicios y el transporte público.

g) Los costes de ampliación o refuerzo de los servicios y sistemas generales del núcleo de población, y también los de carácter local, que se vean afectados en su capacidad o funcionalidad por nuevos desarrollos o cambios urbanos se imputarán a éstos y habrán de contemplarse, necesariamente, como un gasto más de urbanización en los instrumentos de ejecución y gestión de los planes parciales o especiales que constituyan su objeto, con los límites establecidos en la Ley.

h) Fomentarán el acceso universal de calidad adecuada a las redes de telecomunicaciones. A tal efecto, los Planes Territoriales darán cuenta de la cobertura y otras características de las diferentes modalidades y redes de su ámbito y adoptarán las medidas que quepan para su mejora, de lo cual darán cuenta.

i) El planeamiento urbanístico procurará mejorar la accesibilidad en construcciones y espacios públicos, mediante la supresión de barreras arquitectónicas y la instalación de ascensores, aparcamientos adaptados y otros servicios comunes.

j) La ocupación de superficies de dominio público, espacios libres u otras dotaciones públicas, cuando sea indispensable para la instalación de ascensores, aparcamientos adaptados u otros servicios comunes legalmente exigibles o previstos en actuaciones de rehabilitación, regeneración y renovación urbana, se declara causa suficiente para cambiar su clasificación y calificación, así como, en su caso, para su desafectación y posterior enajenación a la comunidad de propietarios o, en su caso, la agrupación de comunidades, siempre que se asegure la funcionalidad de los espacios públicos resultantes.

k) La ocupación de suelo, subsuelo y vuelo por ascensores, aparcamientos adaptados u otras actuaciones vinculadas a la accesibilidad y supresión de barreras legalmente exigibles o previstos en actuaciones de rehabilitación, regeneración y renovación urbana, no será tenida en cuenta a efectos de las limitaciones de edificabilidad, altura, volumen o distancias mínimas.

l) Se realizará la integración entre sí del transporte público, con la posibilidad de introducir la bicicleta y carros para bebés y menores en los medios de transporte público siempre y cuando no se interfiera en el funcionamiento habitual de los mismos, tendiendo, en cualquiera de los casos, a que las flotas y vehículos vayan incorporando espacios para guardarlas, en su renovación.

3. Conservación del patrimonio cultural:

a) Favorecerán la conservación, recuperación y promoción del patrimonio arquitectónico, arqueológico, etnográfico y la de los espacios urbanos relevantes, los elementos y tipos arquitectónicos singulares y las formas tradicionales de ocupación humana del territorio, conforme a las peculiaridades locales y/o las características propias de cada ámbito.

b) Mantendrán las tramas históricas y las alineaciones en el suelo urbano de los conjuntos de interés artístico o cultural, con las salvedades que se contemplen para los ámbitos o sectores delimitados para llevar a cabo actuaciones de reforma interior, renovación o regeneración urbanas orientadas a la descongestión o la mejora de las condiciones de habitabilidad, o bien a la obtención de suelo para dotaciones públicas.

c) En las áreas de manifiesto valor cultural, y en especial en los conjuntos históricos declarados bien de interés cultural, garantizarán que la reforma, rehabilitación o ampliación de las edificaciones que los conforman sea coherente con los tipos edificatorios característicos, en particular su composición, altura y volumen, así como, también, su imagen urbana.

d) Contemplarán medidas que favorezcan y potencien los usos turísticos respetuosos con el desenvolvimiento de las actividades ordinarias de la población autóctona y el medio natural y urbano.

4. Eficiencia energética:

a) Las determinaciones de diseño territorial y urbano fomentarán la implantación y el uso de las energías renovables y de los sistemas que favorezcan la eficiencia energética.

b) La ordenación detallada de los sectores deberá tener en consideración, y favorecer, las orientaciones más adecuadas para obtener beneficios de los factores naturales como el soleamiento o el régimen de vientos. También fijará la altura máxima de las edificaciones en proporción a las dimensiones de las vías y espacios libres, de modo que queden garantizadas las mejores condiciones posibles de soleamiento y ventilación natural de las viviendas.

c) Fomentará la economía verde circular con la implementación de medidas para lograr la adecuada gestión de residuos y la reutilización de materiales y que obliguen a la implantación de sistemas de control y eficiencia de las infraestructuras.

d) Se promoverá la mejora de los espacios públicos a bajo coste, dando prioridad al uso de flora local e implantando estrategias de ahorro en materia de riego y mantenimiento.

e) En las actuaciones de rehabilitación, regeneración y renovación urbana se fomentarán las intervenciones de mejora de la envolvente que reduzcan la demanda energética, y los aumentos de volumen o superficie construida, derivados de la realización de obras de mejora energética, no se tendrán en cuenta en relación con los límites máximos aplicables a los citados parámetros. En todo caso, las actuaciones anteriormente descritas se harán en las obras de nueva construcción.

f) En aquellas edificaciones de nueva planta en las que se pretendan lograr estándares de eficiencia energética, confort térmico y salubridad superiores a los exigibles por la normativa vigente, se admitirán los aumentos de volumen o superficie construida que se deriven única y exclusivamente tanto del aumento de espesores en la envolvente térmica, respecto de los cerramientos tradicionales, como de la necesidad de incorporar equipos y sistemas destinados a mejorar el comportamiento energético del edificio. Estos incrementos de volumen y superficie construida se admitirán en sintonía con lo anterior siempre y cuando dichos incrementos no se destinen al aprovechamiento lucrativo del inmueble.

5. Perspectiva de género:

a) Los instrumentos de ordenación incorporarán en su análisis la perspectiva de género. A estos efectos se incluirá el denominado mapa de riesgos para el urbanismo desde la perspectiva de género con la localización de puntos, zonas o itinerarios considerados como «negros» para las mujeres y una propuesta de medidas para su corrección.

b) Las determinaciones de los planes y la ordenación urbana fomentarán el libre movimiento de las personas mediante el diseño de espacios y conexiones seguros.

c) El estudio de movilidad deberá incluir planos de escala y detalle adecuado con trayectos y conexiones a las principales dotaciones, entre ellas centros docentes y asistenciales. Así mismo detallará las características del transporte público, incluidas entre ellas sus frecuencias y horarios.

d) Se procurará la representación paritaria en la composición de los órganos urbanísticos colegiados.

6. Los instrumentos de ordenación territorial y urbanística fomentarán la participación de toda la ciudadanía en el proceso de redacción, mediante la información y debate de las necesidades

de los distintos grupos sociales. El proceso de participación se instrumentará mediante una memoria de participación que deberá contener al menos la relación de acciones realizadas, los colectivos participantes y las conclusiones.

El artículo 23 de la Ley 11/2018 establece las bases de la regulación de los instrumentos de ordenación urbanística. El Plan Territorial contendrá criterios y normas de carácter urbanístico que tendrán como finalidad garantizar la coherencia de la ordenación urbana con la territorial que éstos definen y asegurar un desarrollo urbano sostenible.

Entre las determinaciones de carácter urbanístico que los Planes Territoriales han de contemplar se incluye el ajuste, para cada localidad, de los indicadores y estándares urbanísticos fijados en esta ley. Así mismo habrán de delimitar las zonas de suelo rústico en las que podrán localizarse, en su caso, nuevos desarrollos urbanísticos.

Las determinaciones de carácter urbanístico de los Planes Territoriales prevalecerán, en todo caso, sobre las del planeamiento urbanístico y serán de directa aplicación desde la entrada en vigor de aquellos.

La Directiva (UE) 2018/2002 del Parlamento Europeo y del Consejo, de 11 de diciembre de 2018, por la que se modifica la Directiva 2012/27/UE relativa a la eficiencia energética[116] establece que sin perjuicio del artículo 7, apartados 4 y 5, tal que introducidos por la presente Directiva, los Estados miembros y las partes obligadas deben hacer uso de todos los medios y tecnología a su alcance para conseguir los ahorros de energía acumulados en el uso final requeridos, en particular mediante la promoción de tecnologías sostenibles en sistemas de calefacción y de refrigeración urbana eficientes, infraestructuras de calefacción y refrigeración urbanas eficientes y auditorías energéticas o sistemas de gestión equivalentes, siempre que los ahorros de

---

116 DOUE núm. 328, de 21 de diciembre de 2018.

energía declarados cumplan los requisitos establecidos en el artículo 7 y el anexo V de la Directiva 2012/27/UE en su versión modificada por la presente Directiva. Los Estados miembros deben plantearse como objetivo un mayor nivel de flexibilidad en la concepción y la aplicación de medidas de actuación alternativas.

En torno a 50 millones de hogares sufren la pobreza energética en la Unión. Por consiguiente, las medidas de eficiencia energética deben ocupar un lugar central en cualquier estrategia rentable para hacer frente a la pobreza energética y la vulnerabilidad del consumidor y son complementarias de las políticas de seguridad social a escala de los Estados miembros. A fin de garantizar que las medidas de eficiencia energética reducen la pobreza energética de los arrendatarios de manera sostenible, se debe tener en cuenta la rentabilidad de dichas medidas, así como su asequibilidad para propietarios y arrendatarios, y garantizar un apoyo financiero adecuado a dichas medidas a escala de los Estados miembros. A largo plazo, el parque inmobiliario de la Unión tendrá que pasar a estar compuesto por edificación de energía casi nula (EECN), en consonancia con los objetivos del Acuerdo de París. Los índices actuales de renovación de los edificios son insuficientes y los edificios que ocupan ciudadanos con ingresos bajos afectados por la pobreza energética son los edificios a los que más difícil resulta llegar. Las medidas establecidas en la presente Directiva con relación a las obligaciones en materia de ahorro de energía, los sistemas de obligaciones en materia de eficiencia energética y las medidas de actuación alternativas revisten, por lo tanto, una particular importancia.

Para reducir el gasto del consumidor en energía se debe ayudar a los consumidores a disminuir su consumo de energía mediante la reducción de las necesidades energéticas de los edificios y las mejoras en la eficiencia de los aparatos, que deben combinarse con la disponibilidad de modos de transporte de bajo consumo de energía integrados con el transporte público y el uso de la bicicleta.

La Ley 4/2019, de 21 de febrero, de sostenibilidad energética de la Comunidad Autónoma Vasca[117] se establece que en el ámbito de las obligaciones referidas a los edificios y las viviendas se exige la calificación energética de todos los edificios existentes, y que los nuevos o que sean objeto de reformas importantes sean de consumo energético casi nulo. El consumo energético de los edificios supone en torno al 20% del consumo total y que las pocas actuaciones realizadas en este sector de la edificación lo convierten en uno de los sectores con mayor capacidad de mejora y aportación a la reducción de consumos energéticos y emisiones de gases de efecto invernadero (GEI).

El artículo 42 establece las obligaciones del sector residencial en edificios existentes. Los edificios de titularidad pública o privada existentes destinados a vivienda están sujetos a una serie de obligaciones:

a) Cuando se trate de edificios que dispongan de una instalación centralizada de producción de calefacción, agua caliente sanitaria y/o refrigeración, deberán de disponer de sistemas de contabilización de consumos individuales, en la forma y los plazos que reglamentariamente se determinen, a fin de garantizar la transparencia y el adecuado reparto de los costes energéticos.

b) En los edificios residenciales existentes que contengan un número mínimo de viviendas, cuando se pretenda realizar una reforma importante, se deberá llevar a cabo una auditoría energética previa, según se regule por normativa, a los efectos de determinar las medidas adicionales que se puedan adoptar para mejorar el ahorro y la eficiencia energética y las posibilidades de incorporación de instalaciones de energías renovables.

---

[117] BOE núm. 64, de 15 de marzo de 2019.

c) En la forma y los plazos que reglamentariamente se establezcan, todos los edificios residenciales radicados en la Comunidad Autónoma del País Vasco deberán disponer del certificado de eficiencia energética del edificio antes del 31 de diciembre de 2022.

d) En los edificios residenciales que se vayan a renovar o rehabilitar, siempre que estos estén sometidos a certificación energética, se aplicarán los criterios mínimos de calificación que se determinen reglamentariamente.

e) Para fomentar la sustitución paulatina de hidrocarburos líquidos por otras energías más respetuosas con el medio ambiente, se establecerán las medidas regulatorias pertinentes, con el fin de alcanzar su completa sustitución antes del 31 de diciembre de 2030.

f) De cara a mejorar la eficiencia energética, económica y medioambiental en el parque de edificios de comunidades de viviendas existentes, reglamentariamente se regularán los criterios para la obligatoriedad de realizar estudios de suministro a través de sistemas energéticos centralizados y/o alternativos, así como para la instalación de sistemas de autoconsumo.

La Recomendación (UE) 2019/1019 de la Comisión, de 7 de junio de 2019, relativa a la modernización de edificios[118] indica que la Unión se ha comprometido a establecer un sistema energético sostenible, competitivo, seguro y descarbonizado. En el seno de la Unión de la Energía y en el marco de actuación en materia de clima y energía hasta el año 2030, se establecen ambiciosos compromisos de la Unión para seguir reduciendo las emisiones de gases de efecto invernadero (al menos un 40 % más de aquí a 2030, en comparación con 1990), aumentar la proporción del consumo de energía renovable y conseguir un ahorro energético en

118 DOUE núm. 165, de 21 de junio de 2019.

consonancia con las ambiciones a escala de la Unión, mejorando la seguridad, competitividad y sostenibilidad energéticas de esta.

La Directiva 2009/125/CE del Parlamento Europeo y del Consejo, de 21 de octubre de 2009, por la que se instaura un marco para el establecimiento de requisitos de diseño ecológico aplicables a los productos relacionados con la energía[119], y la Directiva 2012/27/UE del Parlamento Europeo y del Consejo, de 25 de octubre de 2012, relativa a la eficiencia energética, por la que se modifican las Directivas 2009/125/CE y 2010/30/UE, y por la que se derogan las Directivas 2004/8/CE y 2006/32/CE[120], modificada por la Directiva (UE) 2018/2002 del Parlamento Europeo y del Consejo, de 11 de diciembre de 2018, por la que se modifica la Directiva 2012/27/UE, relativa a la eficiencia energética[121], establece el objetivo principal de aumentar la eficiencia energética con al menos un 32,5 % de ahorro a escala de la Unión para 2030) Directiva (UE) 2018/2001 del Parlamento Europeo y del Consejo, de 11 de diciembre de 2018, relativa al fomento del uso de energía procedente de fuentes renovables[122] establece el objetivo vinculante de que al menos el 32 % de la energía de la Unión proceda de fuentes renovables de aquí a 2030.

La Recomendación (UE) 2019/786 de la Comisión, de 8 de mayo de 2019, relativa a la renovación de edificios [notificada con el número C (2019) 3352][123] se refiere a la Directiva 2010/31/UE del Parlamento Europeo y del Consejo de 19 de mayo de 2010[124] que exige a los Estados miembros que adopten estrategias de renovación a largo plazo y que establezcan requisitos mínimos de

---

119 DOUE núm. 285, de 31 de octubre de 2009.

120 DOUE L 315, de 14 de noviembre de 2012.

121 DOUE L 328 de 21 de diciembre de 2018.

122 DOUE L 328 de 21 de diciembre de 2018.

123 DOUE núm. 127, de 16 de mayo de 2019.

124 DOUE L 153/13 de 8 de junio de 2010.

eficiencia energética aplicables a los edificios de nueva construcción y a los edificios existentes sujetos a reformas importantes.

Los Estados miembros informarán a los propietarios o a los arrendatarios de los edificios sobre los certificados de eficiencia energética, incluidos su finalidad y objetivos, sobre las medidas rentables y, cuando proceda, los instrumentos financieros, para mejorar la eficiencia energética del edificio y sobre el reemplazo de las calderas de combustibles fósiles por alternativas más sostenibles. Los Estados miembros facilitarán la información a través de herramientas de asesoramiento accesibles y transparentes, como el asesoramiento en materia de renovación y las ventanillas únicas.

El artículo 20 de la Directiva 2010/31/UE se modificó para aclarar la obligación de los Estados miembros de proporcionar información a los arrendatarios o a los propietarios. La lista, que no es exhaustiva, de casos incluye ahora la obligación de facilitar información sobre el reemplazo de las calderas de combustible fósil por alternativas más sostenibles.

El proyecto «Standardisation and communication of sustainable energy asset evaluation framework» (SEAF) desarrolló una plataforma integral basada en TI para la valoración y la evaluación comparativa de proyectos de energía sostenible más pequeños (sobre eficiencia energética, respuesta a la demanda, generación de energía renovable distribuida, almacenamiento de la energía, etc.), cerrando así la brecha entre los desarrolladores de los proyectos y los inversores. En el marco del proyecto se desarrolló una herramienta (eQuad) que integra los protocolos de interruptor de control de potencia (ICP) e incluye componentes de valoración y optimización, así como de evaluación y transferencia de riesgos (seguros).

La Ley 7/2021, de 1 de diciembre, de impulso para la sostenibilidad del territorio de Andalucía[125] establece en su artículo 4 los principios generales de la ordenación y de la actividad te-

---

[125] BOE núm. 303, de 20 de diciembre de 2021.

rritorial y urbanística. Estos principios generales tienen carácter informador para la actividad y para la ordenación.

Las actuaciones territoriales y urbanísticas deberán ajustarse al principio de desarrollo sostenible y a los siguientes principios generales de ordenación:

a) Viabilidad social: todas las actuaciones deberán justificar que la ordenación propuesta está basada en el interés general y dimensionada en función de la demanda racionalmente previsible, cumpliendo con la función social del suelo, estableciendo los equipamientos y las dotaciones que sean necesarios y tomando medidas para evitar la especulación. Se analizarán las necesidades derivadas de situaciones de emergencia y se considerarán las medidas incluidas en planes de emergencia y protocolos operativos.

b) Viabilidad ambiental y paisajística: la ordenación propuesta deberá justificar el respeto y protección al medio ambiente, la biodiversidad y velar por la preservación y puesta en valor del patrimonio natural, cultural, histórico y paisajístico, adoptando las medidas exigibles para preservar y potenciar la calidad de los paisajes y su percepción visual. Asimismo, deberá garantizar el cumplimiento de las medidas necesarias para la adaptación, mitigación y reversión de los efectos del cambio climático.

c) Ocupación sostenible del suelo: se deberá promover la ocupación racional del suelo como recurso natural no renovable, fomentando el modelo de ciudad compacta mediante las actuaciones de rehabilitación de la edificación, así como la regeneración y renovación urbana y la preferente culminación de las actuaciones urbanísticas y de transformación urbanística ya iniciadas frente a los nuevos desarrollos.

d) Utilización racional de los recursos naturales y de eficiencia energética: las actuaciones serán compatibles con una gestión sostenible e integral de los recursos naturales, en especial de los recursos hídricos, y se basarán en criterios de eficiencia energética, priorizando las energías renovables y la valorización de los residuos.

e) Resiliencia: capacidad de la ciudad para resistir una amenaza y para absorber, adaptarse y recuperarse de sus efectos de manera oportuna y eficiente, incluyendo la preservación y restauración de sus estructuras y funciones básicas.

f) Viabilidad económica: todas las actuaciones de transformación urbanística a ejecutar por la iniciativa privada deberán justificar que disponen de los recursos económicos suficientes y necesarios para asumir las cargas y costes derivados de su ejecución y mantenimiento.

g) Gobernanza en la toma de decisiones: en la planificación territorial y urbanística se fomentará la cooperación entre las Administraciones Públicas implicadas y los diferentes actores de la sociedad civil y del sector privado, así como la transparencia y datos abiertos.

La Ley 9/2022, anteriormente indicada, menciona que la sociedad se enfrenta a desafíos muy notables que tienen su reflejo en el entorno físico en el que se desarrolla la vida cotidiana. Un entorno en el que amenazas de todo tipo ya han sido puestas de manifiesto por numerosos acuerdos internacionales que persiguen un desarrollo más sostenible de nuestras sociedades, desde el triple objetivo social, económico y medioambiental.

Hay que tener en cuenta, entre otros instrumentos, la Agenda 2030 sobre los Objetivos de Desarrollo Sostenible, el Acuerdo de París de 2015[126], el reciente Pacto Verde Europeo[127] o el Plan de Trabajo de Cultura 2023-2026 de la Unión Europea[128].

En todos ellos subyace la concienciación acerca de la urgencia en la adopción de decisiones que afronten aspectos tan diversos, pero tan imbricados entre sí, como los avances tecnológicos y la digitalización, la diversidad funcional, el envejecimiento de la población, los cambios acelerados en las formas de vida, las amenazas del cambio climático, las variables asociadas a los ciclos económicos, la pérdida de diversidad cultural y, en suma, determinados patrones de conducta que necesitan una revisión profunda.

En ese sentido se manifiesta la Declaración de Davos, firmada en 2018 por los Ministros de Cultura europeos y a la que se ha adherido el Gobierno de España. Dicha declaración, que consolida el concepto de Baukultur[129], o cultura de la construcción, reconoce que el patrimonio cultural es la manifestación de la diversidad cultural heredada de generaciones anteriores, constituyendo una fuente común de memoria que ofrece una dimensión emocional, de enraizamiento e identidad colectiva, y que incide de forma directa en el desarrollo de las personas y de su historia. Tal y como expone de manera literal «no puede haber desarrollo democrático, pacífico y sostenible si la cultura no es su núcleo, la forma en la que damos uso, mantenemos y

---

126 NACIONES UNIDAS: *Acuerdo de París*, 2015. Disponible en: https://unfccc.int/sites/default/files/spanish_paris_agreement.pdf (Consultado el 22 de febrero de 2025).

127 UNIÓN EUROPEA: *Pacto Verde Europeo*, 2019. Disponible en: https://www.consilium.europa.eu/es/policies/european-green-deal/ (Consultado el 22 de febrero de 2025).

128 Resolución del Consejo sobre el Plan de Trabajo de la UE en materia de cultura para el periodo 2023-2026 (2022/C 466/01) (DOUE C 466/1, de 7 de diciembre de 2022).

129 Disponible en: https://davosdeclaration2018.ch/wp-content/uploads/sites/2/2023/06/2022-05-27-082324-declaracion-de-davos-2018-def-es.pdf (Consultado el 22 de febrero de 2025).

protegemos nuestro patrimonio cultural hoy en día será crucial en el futuro desarrollo de un entorno construido de alta calidad».

Por ello debe considerarse que la arquitectura es un bien de interés general que demanda el reconocimiento de los poderes públicos, a los que se exige promover su protección, fomento y difusión, así como desplegar políticas públicas ejemplarizantes para la consecución de dichos objetivos. Tal extremo se reconoce también, en el ámbito de la Unión Europea, en la Directiva 2005/36/CE del Parlamento y del Consejo, relativa al reconocimiento de cualificaciones profesionales, de 7 de septiembre de 2005[130], que manifiesta que «la creación arquitectónica, la calidad de las construcciones, su inserción armoniosa en el entorno, el respeto desde los paisajes naturales y urbanos, así como del patrimonio colectivo revisten un interés público».

El Capítulo segundo de la Ley 9/2022 identifica las medidas específicas para que los poderes públicos puedan lograr los fines enunciados, destacando, entre las que se exigen particularmente a la Administración General del Estado, la difusión nacional e internacional de la arquitectura, el apoyo a las empresas y a los profesionales españoles, el establecimiento de incentivos y premios que reconozcan la calidad, el impulso de la investigación y la innovación y, por supuesto, la protección de los valores del patrimonio construido y el fomento de la rehabilitación, la regeneración y la renovación urbanas bajo el principio del desarrollo urbano sostenible.

El artículo 4 regula el principio de calidad en la arquitectura, de tal forma que establece que as políticas desarrolladas por los poderes públicos en relación con el diseño, planificación, proyección, dirección de obra, dirección de la ejecución de la obra, construcción, rehabilitación, transformación y conservación de la arquitectura estarán inspiradas por el principio de calidad. Sin perjuicio de la salvaguarda de los valores intrínsecos de la

---

[130] DOUE L 255/22, de 30 de septiembre de 2005.

arquitectura existente, de los requisitos básicos que aseguran la calidad de los edificios de conformidad con la legislación de ordenación de la edificación y del respeto al principio de desarrollo sostenible que establece la legislación estatal de suelo en relación con el medio urbano, el principio de calidad en la arquitectura exige el respeto de los siguientes criterios:

a) La adecuación al uso, así como la flexibilidad, versatilidad y facilidad de adaptación a nuevos usos, necesidades y modos de habitar a lo largo de su ciclo de vida.

b) La integración armoniosa en el tejido urbano y en el paisaje.

c) La belleza y la contribución a la creación y mantenimiento de un entorno con valores culturales reconocibles por la sociedad a la que va destinada, en el que las decisiones de diseño estén fundamentadas en las condiciones propias del lugar.

d) La contribución a la sostenibilidad económica, medioambiental y social.

e) La gestión óptima de los recursos, incluyendo el uso de materias primas secundarias, así como la aplicación precisa de materiales y soluciones constructivas bajo el principio de la economía circular, planificando durante todo el ciclo de vida de lo construido, desde la fase de proyecto hasta la demolición, la reutilización y reciclaje de los materiales empleados.

f) La eficiencia energética, la reducción de la huella de carbono, la protección medioambiental y la capacidad de adaptación al cambio climático.

g) La contribución a la inclusión de todas las personas, inspirada en el principio de la accesibilidad universal y fomentando la más amplia participación.

h) La seguridad y la limitación de riesgos derivados del uso acorde con el tipo de bien y sus características, para todas las personas.

i) La higiene, la salubridad y el confort.

j) La contribución a la creación de valor económico y social, así como a la innovación.

De acuerdo con los fines perseguidos por esta ley, el principio de calidad en la arquitectura obliga a tener en cuenta valores como la transversalidad e integración de políticas sectoriales, la planificación estratégica y la transparencia, la competitividad y la cohesión e inclusión sociales y el equilibrio territorial.

El artículo 5 de la Ley 9/2022 establece las medidas para que los poderes públicos preserven, fomenten y divulguen la calidad de la arquitectura. De tal forma que los poderes públicos promoverán las condiciones necesarias para que los fines establecidos en los artículos anteriores puedan hacerse efectivos, velando particularmente por el establecimiento del marco normativo necesario y eficaz para favorecerlos y por el control efectivo en su cumplimiento.

Ejercerán, asimismo, un papel ejemplarizante a través de su patrimonio inmobiliario, promoviendo en el mismo el principio de calidad en la arquitectura. En el ejercicio de esta función se incentivará y planificará la rehabilitación del parque público edificado, de acuerdo con un enfoque de rehabilitación integrada.

Los poderes públicos procurarán ante todo la excelencia y sostenibilidad de las obras en las que ejerzan como promotores, de forma ejemplarizante para otros sectores de la sociedad. Impulsarán la investigación, el desarrollo y la innovación (I+D+i) en sus proyectos y obras y fomentarán la digitalización y la utilización de herramientas tecnológicamente innovadoras destinadas a hacer más eficiente, competitivo, seguro y de calidad, el proceso constructivo. Dichas herramientas facilitarán la redacción de proyectos, dirección de obra y dirección de la ejecución de la obra, el uso y mantenimiento de la arquitectura. Entre otras medidas, se fomentará en los proyectos del sector público el uso de herramientas electrónicas específicas, tales como metodologías de modelado digital de la información de la construcción (BIM) o similares y la incorporación de técnicas innovadoras.

Los poderes públicos promoverán la profesionalización de los distintos actores multidisciplinares que intervienen en el ámbito de la arquitectura reforzando la formación en todos los niveles educativos con especial atención a los distintos oficios que intervienen en la ejecución de la arquitectura y potenciando la formación continua y la transferencia de conocimiento. A tal fin se promoverá la formación y el conocimiento técnico y humanístico de los distintos profesionales presentes en el control de los procesos constructivos desde el ámbito administrativo.

Los poderes públicos favorecerán el conocimiento de la arquitectura para promover en la sociedad una postura crítica y exigente respecto a su calidad. En especial, impulsarán el reconocimiento, a través de distintivos, placas o cualquier otro medio, de las obras de calidad, al objeto de mejorar su conocimiento y aprecio por parte de los ciudadanos, así como la valoración de su entorno cercano.

Corresponde a la Administración General del Estado el impulso, a través de sus políticas, de las siguientes acciones:

a) La protección de los valores del patrimonio construido y el fomento de la rehabilitación, la regeneración y la renovación urbanas bajo el principio del desarrollo urbano sostenible en todo el territorio.

b) El impulso de la reflexión, de la investigación y la innovación.

c) El apoyo a las empresas y profesionales españoles que trabajan en el ámbito de la arquitectura en el exterior.

d) La difusión nacional e internacional y la colaboración con instituciones y asociaciones relacionadas con la divulgación de la arquitectura, para crear sinergias que favorezcan su conocimiento, el desarrollo económico del sector y la participación de la ciudadanía.

e) El otorgamiento de incentivos y premios que persigan reconocer la calidad tal y como se define en el artículo 4 de esta ley.

El consejo sobre la calidad de la arquitectura contemplado en el artículo 6 de la Ley 9/2022 tiene como una de las funciones dirigidas a la protección, fomento y difusión de la calidad de la arquitectura y la mejora de la gobernanza la de facilitar, en coordinación con la Comisión Interministerial para la incorporación de la metodología BIM (*Building Information Modelling*) en la contratación pública, la digitalización del proceso constructivo, así como la incorporación progresiva de modelos de información integrada en el patrimonio público al objeto de facilitar, optimizar y hacer más sostenible su explotación y mantenimiento.

La Ley 12/2023, que hemos mencionado anteriormente, hace referencia a las Agendas Urbanas internacionales prestan especial atención, también, a la vivienda y, en concreto, la Agenda Urbana Española[131], alineada con estas y con los objetivos de desarrollo sostenible que proclama la Agenda 2030, reclama la promoción de medidas y la adopción de políticas en materia de vivienda que respalden la realización progresiva del derecho de todas las personas a una vivienda digna y adecuada, a precios asequibles; que luchen contra todas las formas de discriminación y violencia, especialmente en materia de género; que impidan los desalojos forzosos arbitrarios y que se centren en las necesidades de las personas sin hogar erradicando el fenómeno del sinhogarismo, de quienes padecen situaciones de vulnerabilidad, de los grupos sociales con bajos ingresos y especiales dificultades y de las personas con discapacidad; a la vez que propician la participación y la colaboración de las comunidades y de todas las personas interesadas. Estas nuevas Agendas, tanto nacional, como internacionales, muestran a los Estados y demás escalones de Administración Pública la necesidad de reconocer la función social del suelo y de la

---

131 MINISTERIO DE TRANSPORTES Y MOVIBILIDAD SOSTENIBLE: *Agenda Urbana Española*, 2019. Disponible en: https://publicaciones.transportes.gob.es/agenda-urbana-espanola-2019 (Consultado el 22 de febrero de 2025).

vivienda y su compromiso a favor de una amplia gama de opciones de creación de vivienda, de promoción de diversos tipos de tenencia y de enfoques centrados, en suma, en las personas. Todo ello en el marco de una visión inclusiva de los asentamientos humanos.

El artículo 2 de la Ley 12/2023, respecto de los fines de las políticas públicas de vivienda se indica que constituyen fines comunes de la acción de los poderes públicos en materia de vivienda, en el ámbito de sus respectivas competencias, impulsar la rehabilitación y mejora de las viviendas existentes, tanto en el parque privado como en los públicos, a través de programas y medidas en materia de sostenibilidad, eficiencia energética y utilización de energías renovables, habitabilidad, accesibilidad universal, conservación, mejora de la seguridad de utilización y digitalización, favoreciendo enfoques integrales y contemplando de forma específica las características de la vivienda en el medio rural.

El artículo 15 de la Ley 12/2023 en lo que se refiere al derecho de acceso a la vivienda y ordenación territorial y urbanística, que en la regulación de los usos en entornos residenciales en el medio urbano, la legislación sobre ordenación territorial y urbanística establecerá instrumentos efectivos para asegurar el equilibrio, preservar la calidad de vida y el acceso a la vivienda, y asegurar el cumplimiento del principio de desarrollo territorial y urbano sostenible recogido en el artículo 3 del texto refundido de la Ley de Suelo y Rehabilitación Urbana, aprobado por Real Decreto Legislativo 7/2015.

Ley 13/2023, de 30 de marzo, de dinamización del medio rural de Aragón[132] menciona que el medio rural se encuentra en un continuo proceso de cambio y adaptación, relacionado con las nuevas realidades de la sociedad actual, con nuevas formas de vida, nuevas ocupaciones, nuevas necesidades y diferentes tipos de familias. Las familias del medio rural, al igual que el resto, deben afrontar algunos de los retos propios de la sociedad del

---

132 BOE núm. 108, de 6 de mayo de 2023.

siglo XXI, y, entre ellos, se encuentran el contar con medidas sectoriales que cubran sus necesidades en diferentes ámbitos de sus vidas (sanidad, educación, servicios sociales, vivienda, cultura, etc.), así como otras necesidades surgidas de las transformaciones sociológicas, tales como la conciliación de la vida personal, familiar y laboral, el reparto equilibrado de responsabilidades y la adopción de habilidades de crianza y parentalidad.

El capítulo III regula las medidas en relación con el urbanismo y vivienda, el artículo 51 establece que el Gobierno de Aragón garantizará la asistencia a los municipios aragoneses para la elaboración de instrumentos de planeamiento urbanístico, con el objetivo de apoyarles en el ejercicio de sus competencias urbanísticas, particularmente, de aquellos con menor población que carecen de los medios personales y técnicos adecuados para ello.

Al objeto de evitar la degradación de los cascos urbanos del medio rural y el desarrollo de suelos de forma innecesaria, se impulsarán convenios de colaboración entre la Administración de la Comunidad Autónoma y las entidades locales que favorezcan la recuperación y rehabilitación de los inmuebles vacantes situados en los mismos, fomentando la preservación de la arquitectura rural tradicional con el objeto de recuperar y conservar el patrimonio arquitectónico rural.

En la planificación de vivienda se tendrán en cuenta las necesidades habitacionales derivadas del envejecimiento.

El departamento competente en materia de vivienda integrará en el Plan aragonés de vivienda, en coordinación con las entidades locales, medidas específicas de promoción de vivienda de alquiler asequible y alquiler social o de acceso a la vivienda en los municipios rurales, con el establecimiento de medidas de discriminación positiva e incentivos a particulares que faciliten su conservación, rehabilitación o restauración, con el objetivo de aflorar viviendas vacías y facilitar su acceso al mercado.

Establecerá, en el Plan aragonés de vivienda, actuaciones específicas para promover y facilitar la adquisición, mejora y rehabilitación de la vivienda habitual familiar de la población efectivamente residente.

Se promoverán planes de rehabilitación de viviendas no turísticas destinados al alquiler para favorecer el asentamiento de la población en el medio rural. Para ello, el Gobierno de Aragón destinará anualmente una partida presupuestaria que permita adquirir vivienda en poblaciones del mundo rural y rehabilitarla para ponerla a disposición de los municipios, de modo que estos puedan destinarla a vivienda habitual de nuevos pobladores mediante el alquiler.

La Comunidad Autónoma impulsará, junto a las entidades locales, agentes dinamizadores u otras entidades sin ánimo de lucro, programas comarcales de gestión que incorporen políticas de difusión de los recursos existentes o nuevas figuras habitacionales para facilitar la llegada de nuevos pobladores en el medio rural. A tal efecto promoverá la creación de una oficina de fomento de la vivienda rural, encargada de gestionar la bolsa de vivienda rural, que quedará integrada en la red pública de vivienda aragonesa, y se gestionará de acuerdo con las disposiciones que regulen la citada red pública de vivienda, de tal manera que permita conectar a las personas demandantes de vivienda con la oferta existente.

Los bonos de impacto rural se establecen en la disposición adicional tercera de la Ley 13/2023, el sistema de bonos de impacto rural previsto en el artículo 96.7 establecerá en cada convocatoria unos retos generales a los que se enfrenta el medio rural aragonés o específicos de determinadas zonas rurales y solicitará las ideas y propuestas de los emprendedores para resolverlas.

Las propuestas seleccionadas contarán con apoyo técnico a nivel de infraestructuras, asesoramiento y formación y apoyo económico para el desarrollo de la solución propuesta. Todos los apoyos aportados por la Administración configurarán el bono de impacto rural.

Los retos se plantearán por la Comisión delegada del Gobierno para la política territorial y pivotarán sobre necesidades del medio rural en educación y formación, movilidad, agroalimentación, vivienda sostenible, salud y bienestar, tecnología y comunicaciones, turismo, cultura y deporte, energía sostenible, innovación rural.

Las convocatorias de retos, la instrumentación de los bonos de impacto rural y el seguimiento y tutorización de los proyectos se realizarán a través del Instituto Aragonés de Fomento.

La primera convocatoria deberá ser realizada en el plazo de un año desde la entrada en vigor de esta ley.

El Anteproyecto de Ley de ordenación sostenible del uso turístico de viviendas de la Comunidad Autónoma de Canarias, de 2022[133] señala que El artículo 1, referido al objeto y finalidad de la ley, explicita lo que en la actualidad debe ser un objetivo irrenunciable del legislador, que es la búsqueda de la sostenibilidad en su más amplia acepción, acomodando la ordenación y la intervención administrativa a las particularidades de ocupación y uso del territorio que se dan en las islas, a cada una de las realidades insulares, y que, en lo referido al uso turístico de viviendas, debe abarcar aspectos muy concretos, referidos tanto al ámbito del urbanismo y la ordenación del territorio como a la calidad de vida de la ciudadanía; el cuidado de los valores naturales del archipiélago y la calidad de sus recursos; la preservación de su patrimonio cultural, del que forma parte el modo de vida singular y propio de cada uno de los pueblos, ciudades y núcleos de las Islas Canarias; el fortalecimiento de la convivencia y la integración social; la imagen, competitividad y calidad de la oferta turística; la movilidad sostenible; la protección del consumidor y, por supuesto, el derecho a la vivienda, de tal modo que se consiga el equilibrio adecuado entre todos los intereses concurrentes, garantizando a las generaciones

---

[133] Disponible en: https://s3.ppllstatics.com/canarias7/www/multimedia/2024/09/13/Anteproyectojulio2024CONMARCAAGUA.pdf (Consultado el 29 de enero de 2025).

presentes y futuras una adecuada calidad de vida, uno de cuyos pilares fundamentales es la vivienda.

El 121/000011 Proyecto de Ley de Familias, de 8 de marzo de 2024, que menciona el principio de desarrollo territorial y urbano sostenible[134] se refiere, en su artículo 22, al urbanismo con perspectiva familiar y de género. De conformidad con el principio de desarrollo territorial y urbano sostenible, las políticas públicas relativas a la regulación y ordenación del suelo procurarán garantizar la cohesión social y la igualdad de trato y de oportunidades entre todas las personas, teniendo en cuenta, en la mayor medida posible, la perspectiva familiar y de género, las situaciones de dependencia y vulnerabilidad y los requerimientos que garanticen espacios y entornos habitables para la infancia, la juventud, las familias y las personas mayores. La consecución de estos fines se adaptará a las peculiaridades que resulten del modelo territorial adoptado en cada caso por los poderes públicos competentes en materia de ordenación territorial y urbanística.

La Ley 2/2024, de 15 de febrero, de Infancia y Adolescencia de la Comunidad Autónoma del País Vasco[135] contempla el derecho a un medioambiente saludable, en su artículo 37, estableciendo que las personas menores tienen derecho a vivir en un medioambiente saludable y al desarrollo sostenible de este, así como a conocer y disfrutar del medio natural de la Comunidad Autónoma del País Vasco y a tener un contacto continuado con la naturaleza.

Las actuaciones para la promoción del derecho al medioambiente se establecen en el artículo 84 de tal forma que las administraciones públicas vascas desarrollarán actuaciones de promoción que estarán orientadas a los fines siguientes:

---

134 BOCG, Congreso de los Diputados, XV Legislatura, Serie A, Proyectos de Ley, 8 de marzo de 2024, núm. 11-1. Disponible en: https://www.congreso.es/public_oficiales/L15/CONG/BOCG/A/BOCG-15-A-11-1.PDF (Consultado el 30 de enero de 2025).

135 BOE núm. 63, de 12 de marzo de 2024.

a) Proteger adecuadamente el medioambiente, conservarlo y mejorarlo, desde un enfoque de desarrollo sostenible.

b) Favorecer el respeto y el conocimiento de la naturaleza entre las personas menores y, en particular, organizar, con esa finalidad, visitas y rutas programadas para conocer la diversidad del entorno natural y rural.

c) Diseñar e implementar programas de formación participativos sobre la minimización, reciclaje y tratamiento de residuos, el uso responsable y sostenible de los recursos naturales, la eficiencia energética y la adquisición de hábitos positivos de consumo responsable para la conservación del medioambiente.

d) Desarrollar campañas de divulgación con el fin de informar, sensibilizar e implicar al conjunto de la sociedad en general, y a las personas menores en particular, en la lucha contra el cambio climático.

El Decreto-ley 9/2024, de 2 de agosto, del Consell, de modificación de la normativa reguladora de las viviendas de uso turístico de la Comunitat Valenciana[136] se refiere a la sostenibilidad en el ámbito de la vivienda, en este caso de uso turístico, y la necesidad de establecer medidas urgentes con el objetivo de ordenar la actividad de dicho tipología de viviendas a través de medidas extraordinarias que equilibren la actividad con el resto del sector del alojamiento turístico, actuando para asegurar una oferta equilibrada, sostenible y de calidad.

Menciona la Ley 15/2018, de 7 de junio, de turismo, ocio y hospitalidad de la Comunitat Valenciana[137], cuyo artículo 5, establece que la política turística debe sustentarse en el compromiso de sostenibilidad que supone entre otros la alineación de las estrategias con los objetivos de desarrollo sostenible y promoción

---

[136] DOGV núm. 9910, de 7 de agosto de 2024.

[137] BOE núm. 157, de 29 de junio de 2018.

del comportamiento socialmente responsable de los agentes turísticos, de los turistas y de la población. En consecuencia y atendiendo a los datos del fenómeno de las viviendas de uso turístico, se considera necesario adoptar medidas urgentes, con el objetivo de ordenar la actividad de las viviendas de uso turístico a través de medidas extraordinarias que equilibren la actividad con el resto del sector del alojamiento turístico, actuando para asegurar una oferta equilibrada, sostenible y de calidad.

El Decreto-ley 9/2024 tiene como objetivo ordenar la actividad de las viviendas de uso turístico actualizando su normativa reguladora, adaptándola a las nuevas realidades, en la búsqueda de la sostenibilidad turística en sus vertientes económica, social y medioambiental, y dotar de mayor seguridad jurídica a propietarios, gestores, usuarios turísticos y ciudadanos.

2.7. LA IMPORTANCIA DE LAS ENERGÍAS RENOVABLES

La importancia de las energías renovables en la vivienda resulta vital en la actualidad[138]. Hay que tener en cuenta que el cambio climático y el agotamiento de los recursos naturales han puesto en el centro del debate la necesidad de transitar hacia un modelo energético sostenible. En este contexto, las energías renovables han cobrado una importancia fundamental, especialmente en el ámbito de la vivienda. La incorporación de fuentes de energía limpia en los hogares no solo contribuye a la reducción de emisiones contaminantes, sino que también ofrece beneficios económicos y mejora la calidad de vida de las personas.

---

138 GRAU, L.: «Arquitectura sostenible y energías renovables: 23 viviendas sostenibles de protección oficial», *Instalaciones y técnicas del confort*, núm. 172, 2005, págs. 36 y sigs.

Uno de los principales beneficios del uso de energías renovables en la vivienda es la disminución de la huella ecológica[139]. La energía solar, la eólica y la geotérmica, entre otras, permiten generar electricidad y calefacción sin necesidad de combustibles fósiles. Esto reduce las emisiones de gases de efecto invernadero, principales responsables del calentamiento global. Además, al depender de recursos naturales inagotables, se disminuye la explotación de combustibles como el carbón y el petróleo, cuya extracción y uso provocan graves daños ecológicos.

El uso de energías renovables en la vivienda también tiene un impacto positivo en la economía familiar. Aunque la inversión inicial para la instalación de paneles solares, aerogeneradores o bombas de calor puede ser elevada, los costos operativos a largo plazo son significativamente menores. La generación de energía propia reduce la dependencia de las compañías eléctricas y protege a los consumidores de las fluctuaciones en los precios de la energía. Además, en muchos países existen incentivos y subsidios gubernamentales para fomentar la transición hacia fuentes de energía renovable, lo que facilita su adopción.

La generación descentralizada de energía en las viviendas contribuye a una mayor autonomía energética. En lugares donde el acceso a la red eléctrica es limitado o inestable, las energías renovables ofrecen una solución viable para garantizar el suministro continuo de electricidad. Esto es especialmente relevante en regiones rurales o aisladas, donde los sistemas fotovoltaicos o los generadores eólicos pueden proporcionar electricidad sin necesidad de grandes infraestructuras.

---

[139] ESPINOZA ORTEGA, H. S.: *Vivienda híbrida aislada con sistema v2h (vehicle to home)*, Universidad de Cádiz, Cádiz, 2023, págs. 35 y sigs. Disponible en: https://www.educacion.gob.es/teseo/imprimirFicheroTesis.do?idFichero=Lxl0RqSp2Ik%3D (Consultado el 31 de enero de 2025).

El uso de energías limpias en la vivienda no solo tiene beneficios económicos y ambientales, sino que también mejora la calidad de vida de los habitantes. La reducción de la contaminación del aire generada por la quema de combustibles fósiles disminuye la incidencia de enfermedades respiratorias y cardiovasculares. Asimismo, la utilización de tecnologías eficientes energéticamente, como la iluminación LED y los electrodomésticos de bajo consumo, contribuye a un entorno más confortable y saludable.

A pesar de sus ventajas, la adopción de energías renovables en la vivienda enfrenta diversos desafíos. La inversión inicial sigue siendo una barrera para muchas familias, a pesar de los incentivos gubernamentales. Además, la falta de información y concienciación sobre los beneficios de estas tecnologías dificulta su implementación a gran escala. Otro obstáculo es la necesidad de una infraestructura adecuada para la interconexión de los sistemas renovables con la red eléctrica convencional, lo que requiere inversiones por parte de los gobiernos y las empresas del sector.

Interesa mencionar la Directiva (UE) 2018/2001 del Parlamento Europeo y del Consejo, de 11 de diciembre de 2018, relativa al fomento del uso de energía procedente de fuentes renovables[140] que establece que la mayor utilización de energía procedente de fuentes renovables desempeña también un papel fundamental en el fomento de la seguridad del abastecimiento energético, el suministro de energía sostenible a precios asequibles, el desarrollo tecnológico y la innovación, facilitando el liderazgo tecnológico e industrial al tiempo que se ofrecen ventajas ambientales, sociales y sanitarias, así como numerosas oportunidades de empleo y desarrollo regional, especialmente en zonas rurales y aisladas, en regiones o territorios con baja densidad de población o afectados parcialmente por la desindustrialización.

---

140 DOUE núm. 328, de 21 de diciembre de 2018.

Cuando elaboren sistemas de apoyo a las fuentes de energía renovables, los Estados miembros deben considerar la biomasa disponible para un abastecimiento sostenible y tener debidamente en cuenta los principios de la economía circular y de la jerarquía de residuos establecidos en la Directiva 2008/98/CE del Parlamento Europeo y del Consejo, de 19 de noviembre de 2008, sobre los residuos y por la que se derogan determinadas Directivas[141] con el fin de evitar distorsiones innecesarias de los mercados de materias primas. La prevención y el reciclado de residuos deben ser la opción prioritaria. Los Estados miembros deben evitar la creación de sistemas de apoyo que sean incompatibles con los objetivos del tratamiento de los residuos o que puedan redundar en un uso ineficiente de los residuos reciclables.

En aras de lograr una rápida difusión de la energía procedente de fuentes renovables y dada su gran utilidad general desde el punto de vista sostenible y del medio ambiente, los Estados miembros deben, al aplicar las normas administrativas o planificar las estructuras y la legislación destinadas a conceder licencias a instalaciones en lo relativo al control y la reducción de la contaminación de las instalaciones industriales, a combatir la contaminación atmosférica o a evitar o minimizar el vertido de sustancias peligrosas en el medio ambiente, tener en cuenta la contribución de la energía procedente de fuentes renovables al logro de los objetivos en materia de medio ambiente y cambio climático, por contraposición en particular a las instalaciones de energía no renovable.

Se han reconocido las oportunidades de generar crecimiento económico mediante la innovación y una política energética competitiva y sostenible. La producción de energía procedente de fuentes renovables depende con frecuencia de las pymes locales o regionales. Las perspectivas de desarrollo de las empresas locales, de crecimiento sostenible y de empleo de calidad ofrecidas en los

---

141 DOUE núm. 312, de 22 de noviembre de 2008.

Estados miembros y en sus regiones por las inversiones efectuadas en la producción de energía procedente de fuentes renovables a nivel regional y local son considerables. Por ello, la Comisión y los Estados miembros deben promover y apoyar las medidas nacionales y regionales en materia de desarrollo en esos ámbitos, fomentar el intercambio de mejores prácticas en la producción de energía procedente de fuentes renovables entre las iniciativas de desarrollo locales y regionales y mejorar la prestación de asistencia técnica y la oferta de programas de formación, con el fin de reforzar la experiencia reguladora, técnica y financiera y fomentar el conocimiento de las posibilidades de financiación disponibles, en particular en lo que se refiere a una utilización más específica de los fondos de la Unión, por ejemplo promoviendo el uso de los fondos de la política de cohesión en ese ámbito.

Las autoridades regionales y locales fijan a menudo, en el ámbito de las energías renovables, objetivos más ambiciosos que a nivel nacional. Los compromisos asumidos a nivel regional y local con el fin de estimular el desarrollo de las energías renovables y la eficiencia energética se apoyan actualmente en redes como el Pacto de alcaldes, las iniciativas «Ciudades Inteligentes» o «Comunidades Inteligentes», así como en el desarrollo de planes de acción para la energía sostenible. Esas redes son indispensables y deberían ampliarse, ya que llevan a cabo acciones de sensibilización, facilitan el intercambio de mejores prácticas y activan el apoyo financiero disponible. En ese contexto, la Comisión debe apoyar a las regiones y autoridades locales innovadoras interesadas en la cooperación transfronteriza ayudando a establecer mecanismos de cooperación como la Agrupación Europea de Cooperación Territorial, que facilita que las autoridades públicas de varios Estados miembros puedan colaborar para, de modo conjunto, prestar servicios y desarrollar proyectos sin necesidad de celebrar un acuerdo internacional previo y sin que los Parlamentos nacionales deban proceder a su ratificación. También deben tenerse en cuenta otras medidas innovadoras para atraer más inversiones en nuevas tecnologías, como los contratos de rendimiento energético y los procesos de normalización en la financiación pública.

Dada la creciente importancia del autoconsumo de electricidad renovable, es preciso establecer una definición de los «autoconsumidores de energías renovables» y de los «autoconsumidores de energías renovables que actúen de forma conjunta». También es necesario establecer un marco normativo que habilite a los autoconsumidores de energías renovables para generar, consumir, almacenar y vender electricidad sin hacer frente a cargas desproporcionadas. Las personas que viven en apartamentos, por ejemplo, deben poder beneficiarse de esta posibilidad en la misma medida que los hogares de viviendas unifamiliares. Sin embargo, los Estados miembros deben tener la facultad de establecer una distinción entre autoconsumidores de energías renovables individuales y autoconsumidores de energías renovables que actúen de forma conjunta, habida cuenta de sus diversas características, siempre que cualquier diferenciación de ese tipo sea proporcionada y esté debidamente justificada.

Así como la Directiva (UE) 2024/1788 del Parlamento Europeo y del Consejo, de 13 de junio de 2024, relativa a normas comunes para los mercados interiores del gas renovable, del gas natural y del hidrógeno, por la que se modifica la Directiva (UE) 2023/1791 y se deroga la Directiva 2009/73/CE[142] que se refiere a la Comunicación de la Comisión, de 8 de marzo de 2022, titulada «REPowerEU: Acción conjunta para una energía más asequible, segura y sostenible» , que se adoptó tras el inicio de la agresión militar no provocada e injustificada de Rusia contra Ucrania, destacaba la importancia de diversificar el suministro de gas para eliminar progresivamente la dependencia de la Unión de la energía rusa. En dicha Comunicación, se reconocía que el aumento del biometano sostenible y la implantación del hidrógeno renovable

---

142 DOUE núm. 1788, de 15 de julio de 2024.

podrían desempeñar un papel decisivo y, a tal fin, se instaba a los legisladores a adoptar rápidamente la presente Directiva y el Reglamento (UE) 2024/1789 del Parlamento Europeo y del Consejo, de 13 de junio de 2024, relativo a los mercados interiores del gas renovable, del gas natural y del hidrógeno y por el que se modifican los Reglamento s (UE) núm. 1227/2011, (UE) 2017/1938, (UE) 2019/942 y (UE) 2022/869 y la Decisión (UE) 2017/684 y se deroga el Reglamento (CE) núm. 715/2009.[143]

El Pilar Europeo de Derechos Sociales[144] incluye la energía entre los servicios esenciales a los que toda persona ha de tener acceso y solicita medidas de apoyo para que las personas necesitadas puedan acceder. El Objetivo de Desarrollo Sostenible núm. 7 hace un llamamiento para garantizar el acceso a una energía asequible, segura, sostenible y moderna.

Deben reforzarse las obligaciones de servicio público y las consiguientes normas mínimas comunes para asegurarse de que todos los consumidores, en particular los vulnerables, puedan beneficiarse de la competencia y de precios justos. Los requisitos de servicio público en el ámbito nacional deben definirse teniendo en cuenta las circunstancias nacionales. No obstante, los Estados miembros deben respetar el Derecho de la Unión.

Para facilitar una descarbonización de la calefacción basada en la inclusión, los consumidores deben estar informados sobre las alternativas sostenibles a las que pueden optar y tener acceso a opciones de financiación y subvenciones adecuadas. Los Estados miembros deben adoptar todas las medidas necesarias para minimizar los efectos adversos que los cambios de combustible o las conexiones a la calefacción urbana realizados en virtud

---

143 DOUE núm. 1789, de 15 de julio de 2024.

144 UNIÓN EUROPEA: *Plan de Acción del Pilar Europeo de Derechos Sociales*, 2017. Disponible en: https://op.europa.eu/webpub/empl/european-pillar-of-social-rights/es/ (Consultado el 24 de febrero de 2025).

de la presente Directiva tienen sobre los clientes finales, especialmente los clientes afectados por la pobreza energética y los clientes vulnerables. En su caso, los Estados miembros deben dar el mejor uso posible a la financiación, incluidos la de índole pública y los mecanismos de financiación establecidos a escala de la Unión, con el fin de minimizar los efectos adversos y de garantizar una transición energética justa e inclusiva.

Los Estados miembros deben adoptar medidas adecuadas, tales como la concesión de prestaciones a través de sus regímenes de seguridad social, a fin de garantizar el suministro necesario a los clientes vulnerables, y apoyar mejoras de la eficiencia energética y la implantación de las energías renovables a fin de atajar de manera sostenible la pobreza energética, también en el contexto más amplio de la pobreza. Tales medidas podrían diferir en función de las circunstancias particulares de cada Estado miembro, y podrían incluir medidas de política social o energética relacionadas con el pago de cualquier factura de gas natural e hidrógeno, con la inversión en la eficiencia energética de los edificios residenciales o con la protección de los consumidores, como salvaguardias contra la desconexión.

El artículo 27 referido a los planes de desmantelamiento de la red para los gestores de redes de distribución de gas natural se refiere a la vivienda. Los Estados miembros velarán por que los gestores de redes de distribución elaboren planes de desmantelamiento de la red cuando se prevea una disminución de la demanda de gas natural que requiera la retirada del servicio de las redes de distribución de gas natural o de partes de estas. Dichos planes se elaborarán en estrecha cooperación con los gestores de redes de distribución de hidrógeno, los gestores de redes de distribución de electricidad y los gestores de calefacción y refrigeración urbanas, asegurarán la integración efectiva del sistema energético y reflejarán la reducción del uso de gas natural para calefacción y refrigeración en edificios cuando se disponga de otras alternativas más eficientes en términos de consumo de energía y de costes. Los Estados miembros podrán autorizar que los gestores de redes de distribución, de conformidad con el presente artículo, y los gestores de redes de distribución de hidrógeno, de conformidad con el artículo 56, que operen en la misma región elaboren un plan conjunto, si ha de reconvertirse parte de la infraestructura de gas natural. Los Estados miembros que permitan un plan conjunto velarán por que el plan sea lo suficientemente transparente como para identificar claramente las necesidades específicas del sector del gas natural y las necesidades específicas del sector del hidrógeno que el plan aborde. Se realizará, en su caso, una modelización separada para cada vector energéticos, con capítulos específicos que muestren los mapas de la red de gas natural y los mapas de la red de hidrógeno.

2.8. INCLUSIÓN Y SOSTENIBILIDAD

La inclusión y la sostenibilidad en la vivienda son dos pilares fundamentales para el desarrollo de ciudades y comunidades equitativas y resilientes[145]. En un mundo donde el crecimiento

---

145 Sobre ello, se puede consultar más ampliamente: MORENO TRUJILLO, E.: «La vulnerabilidad como criterio de atribución del derecho de uso de la vivienda familiar», *Vivienda sostenible y mujeres en riesgo de exclusión social*, VICEIRA ORTEGA, P., GALERA RUIZ, M. (Coord.), QUESADA PÁEZ, A. (Dir.), Aranzadi, Cizur Menor, 2024, págs. 179 y sigs.; OROZCO GONZÁLEZ, M.: «Crisis matrimonial, mujer y vivienda», *Vivienda sostenible y mujeres en riesgo de exclusión social*, VICEIRA ORTEGA, P., GALERA RUIZ, M. (Coord.), QUESADA PÁEZ, A. (Dir.), Aranzadi, Cizur Menor, 2024, págs. 211 y sigs.; OROZCO PARDO, G.: «Derecho de familias y vivienda familiar», *Vivienda sostenible y mujeres en riesgo de exclusión social*, VICEIRA ORTEGA, P., GALERA RUIZ, M. (Coord.), QUESADA PÁEZ, A. (Dir.), Aranzadi, Cizur Menor, 2024, págs. 123 y sigs.; PERÁN QUESADA, S.: «Soluciones habitacionales en el marco del derecho a la asistencia social integral de la mujer víctima de violencia de género», *Vivienda sostenible y mujeres en riesgo de exclusión social*, VICEIRA ORTEGA, P., GALERA RUIZ, M. (Coord.), QUESADA PÁEZ, A. (Dir.), Aranzadi, Cizur Menor, 2024, págs. 157

poblacional y el cambio climático son desafíos constantes, garantizar que todas las personas tengan acceso a una vivienda digna y sostenible es una prioridad.

La inclusión en la vivienda implica asegurar que todos los individuos, independientemente de su condición económica, social o física, tengan acceso a un hogar seguro y adecuado. Esto implica diseñar políticas que aborden la falta de vivienda, la discriminación en el acceso a la vivienda y la adaptabilidad de las construcciones para personas con discapacidades.

Un diseño inclusivo de la vivienda debe contemplar elementos de accesibilidad universal, como rampas, ascensores, espacios amplios y adaptaciones tecnológicas que faciliten la vida diaria de personas con movilidad reducida. Además, la equidad en la vivienda requiere medidas gubernamentales para reducir la brecha habitacional, a través de subsidios, financiamiento accesible y programas de construcción social.

Las viviendas deben estar ubicadas en entornos que fomenten la integración social[146] y la cohesión comunitaria. Esto implica acceso a servicios básicos como educación, salud, transporte y áreas recreativas. Además, es crucial la participación de la comunidad en el diseño y planificación de espacios habitacionales para garantizar que las soluciones respondan a sus necesidades reales.

---

y sigs.; RAMÓN FERNÁNDEZ, F.: *Medidas en el ámbito jurídico para el acceso a la vivienda de las personas en situación de vulnerabilidad social y económica,* Tirant lo Blanch, Valencia, 2023.

146 QUESADA PÁEZ, A.: «La vivienda como mecanismo de integración social», *Vivienda sostenible y mujeres en riesgo de exclusión social,* VICEIRA ORTEGA, P., GALERA RUIZ, M. (Coord.), QUESADA PÁEZ, A. (Dir.), Aranzadi, Cizur Menor, 2024, págs. 63 y sigs.; ROJO GALLEGO-BURÍN, M.: «La vivienda social: estudio histórico-jurídico de sus principios rectores», *Vivienda sostenible y mujeres en riesgo de exclusión social,* VICEIRA ORTEGA, P., GALERA RUIZ, M. (Coord.), QUESADA PÁEZ, A. (Dir.), Aranzadi, Cizur Menor, 2024, págs. 13 y sigs.

La sostenibilidad en la vivienda se basa en el diseño y construcción de hogares que minimicen su impacto ambiental y promuevan la eficiencia en el uso de recursos. Esto es clave para reducir la huella ecológica de las ciudades y mitigar los efectos del cambio climático.

El uso de materiales reciclables, biodegradables y de bajo impacto ambiental es esencial para la construcción sostenible. La arquitectura bioclimática, que optimiza la iluminación y ventilación natural, también juega un papel fundamental en la reducción del consumo energético.

Las viviendas sostenibles incorporan tecnologías como paneles solares, sistemas de captación de agua de lluvia y aislamiento térmico para reducir el consumo de energía y agua. Además, el uso de electrodomésticos eficientes y la implementación de energías renovables contribuyen significativamente a la sostenibilidad.

El desarrollo de viviendas debe integrarse en una planificación urbana que priorice la movilidad sostenible, con acceso a transporte público eficiente y zonas verdes. La creación de comunidades autosuficientes y resilientes permite mejorar la calidad de vida y reducir la dependencia de recursos externos.

2.9. VIVIENDA Y HUERTOS URBANOS: UNA APUESTA POR LA SOSTENIBILIDAD

La relación entre vivienda y huertos urbanos es inevitable que se establezca. Los huertos urbanos son una apuesta viable por la sostenibilidad. Y además es una forma de incrementar el comercio de proximidad y abogar por un aumento de los recursos de las zonas donde se encuentran[147].

---

[147] Sobre ello, se puede consultar: RAMÓN FERNÁNDEZ, F.: «La huerta valenciana y su revitalización como opción turística a través del diseño de rutas guiadas», *Espacios de ocio y deporte como dinamizadores turísti-*

La legislación aplicable también se enfoca a la sostenibilidad. Podemos mencionar la Ley 45/2007, de 13 de diciembre, para el desarrollo sostenible del medio rural[148] en el que uno de los objetivos (artículo 2) es facilitar el acceso a la vivienda en el medio rural, y favorecer una ordenación territorial y un urbanismo adaptados a sus condiciones específicas, que garantice las condiciones básicas de accesibilidad, que atiendan a la conservación y rehabilitación del patrimonio construido, persigan un desarrollo sostenible y respeten el medio ambiente.

Y el artículo 33 referente al urbanismo y vivienda indica que el programa, para perseguir un desarrollo urbanístico del medio rural adaptado a sus necesidades, establece una serie de medidas como es hacer compatible el desarrollo urbanístico con el mantenimiento del medio ambiente, limitando el desarrollo

---

cos. XVI Congreso Internacional de Turismo Universidad-Empresa, Tirant lo Blanch, Valencia, 2013, págs. 345 y sigs.; «Objetivos de Desarrollo Sostenible (ODS) y gestión del patrimonio cultural de la Huerta de València: la importancia del comercio de proximidad y la puesta en valor de sus bienes y recursos. La tira de contar y la Agromuseu de Vera, Valencia», *Revista jurídica valenciana. Associació de Juristes Valencians (anteriormente Revista Internauta de Práctica Jurídica),* núm. 36, 2020, págs. 1 y sigs. Disponible en: https://www.revistajuridicavalenciana.org/wp-content/uploads/0036_0007_01.pdf (Consultado el 7 de febrero de 2025); «Huerta y productos de proximidad. La Tira de Contar como forma de venta en el ámbito de la competencia», *Retos en el sector agroalimentario: regulación, competencia y propiedad industrial,* Tirant lo Blanch, Valencia, 2022, 479 y sigs.; RAMÓN FERNÁNDEZ, F., LULL NOGUERA, C., SORIANO SOTO, Mª. D. y GARCÍA-ESPAÑA SORIANO, L.: «Role of soils in the context of the regulation of the Huerta de València», *XVI European Society for Agronomy Congress. Smart agricultura for great human challenges,* Sevilla, 2020, págs. 146 y sig.

148 BOE núm. 299, de 14 de diciembre de 2007. También Real Decreto 752/2010, de 4 de junio, por el que se aprueba el primer programa de desarrollo rural sostenible para el período 2010-2014 en aplicación de la Ley 45/2007, de 13 de diciembre, para el desarrollo sostenible del medio rural (BOE núm. 142, de 11 de junio de 2020).

urbanístico a la disponibilidad de agua para abastecimiento y a una ordenación territorial previa, prestando una atención especial a los municipios que se encuentran localizados dentro del área delimitada por la Red Natura 2000 y, en general, a los municipios rurales de pequeño tamaño.

También se indica facilitar el acceso a la vivienda de los ciudadanos del medio rural, adaptando los regímenes de protección pública a las singularidades de dicho medio y concediendo una atención específica a los jóvenes, las mujeres y las personas con discapacidad.

De igual modo, fomentar la reutilización de viviendas ya existentes, la rehabilitación de viviendas y edificios, la preservación de la arquitectura rural tradicional, y la declaración de áreas de rehabilitación de los municipios rurales, a los efectos de las ayudas públicas que se determinen, con objeto de recuperar y conservar el patrimonio arquitectónico rural.

Así como desincentivar el urbanismo disperso, particularmente en las zonas rurales periurbanas.

La Ley Orgánica 1/2006, de 10 de abril, de reforma de la Ley Orgánica 5/1982, de 1 de julio, de Estatuto de Autonomía de la Comunidad Valenciana[149] pone el énfasis en la importancia del sector agraria, mediante la modificación de su artículo 18 estableciendo que desde el reconocimiento social y cultural del sector agrario valenciano y de su importante labor en la actividad productiva, en el mantenimiento del paisaje, del territorio, del medio ambiente, de la cultura, de las tradiciones y costumbres más definitorias de la identidad valenciana, la Generalitat adoptará las medidas políticas, fiscales, jurídicas y legislativas que garanticen los derechos de este sector, su desarrollo y protección, así como de los agricultores y ganaderos.

---

[149] BOE núm. 86, de 11 de abril de 2006.

Derivada de esta importancia de la agricultura, se aprobó la Ley 5/2018, de 6 de marzo, de la Huerta de València[150] cuyo objeto (artículo 1) es la preservación, recuperación y dinamización de la Huerta como espacio con reconocidos valores agrarios, ambientales, paisajísticos, arquitectónicos, históricos, culturales y antropológicos, que son determinantes para el progreso económico, la calidad de vida de la ciudadanía y la gestión sostenible del área metropolitana de València, promoviendo la rentabilidad y viabilidad económicas de la actividad agraria.

Esta norma se completa con el Decreto 219/2018, de 30 de noviembre, del Consell, por el que se aprueba el Plan de acción territorial de ordenación y dinamización de la Huerta de València[151] en el que se contempla la implantación en estas edificaciones de usos complementarios a la agricultura que contribuyan a la dinamización, conocimiento y uso público sostenible del paisaje de la Huerta tales como espacios gastronómicos, viviendas de uso turístico y alojamiento turístico rural, artesanía, mercadillos y puntos de venta, entre otros. En este título se regulan también las limitaciones de capacidad de estos usos y su contribución al mantenimiento de una actividad agraria rentable en la Huerta de València.

Se menciona la función social y pública de la Huerta de València, en su artículo 4, estableciendo que la actividad agraria y el patrimonio natural, cultural y paisajístico de la Huerta de València desempeña una función social relevante al favorecer el desarrollo del sector agrario, la soberanía alimentaria, el bienestar de las personas, el uso sostenible del territorio y la prevención del cambio climático.

---

150 BOE núm. 96, de 20 de abril de 2018. RAMÓN FERNÁNDEZ, F.: «La Huerta valenciana: propiedad, ordenación del territorio y protección», *Revista de Derecho Urbanístico y Medio Ambiente*, núm. 344, 2021, págs. 109 y sigs.

151 DOGV núm. 8448, de 20 de diciembre de 2018.

Por Decreto Ley 4/2025, de 4 de febrero, del Consell, de modificación de la Ley de la Ley 5/2018 y del Decreto 219/2019, se hace referencia a que se trata de asegurar que los servicios públicos se presten de la forma más eficiente y al menor coste posible, aprovechando las estructuras organizativas existentes sin que se produzcan solapamientos ni duplicidades en el ejercicio de competencias, en línea con los principios de racionalización del sector público. Se alude a la Ley 5/2019, de 28 de febrero, de estructuras agrarias de la Comunitat Valenciana[152] que es aplicable también a dicho ámbito. Se estima como necesario y urgente adoptar modificaciones normativas a fin de que puedan contribuir, directa o indirectamente, al control del gasto público y a la configuración de un sector público de la Generalitat eficaz y eficiente. Se pone de relieve una fundamental y es que el sector público debe ser sostenible en el tiempo y que debe garantizarse la eficiencia en la gestión de los recursos.

De esta forma se realiza la modificación del artículo 23.1[153] de la Ley 5/2018, y se indica que con el fin de revitalizar la Huerta de València y promover su uso público sostenible, el plan de acción territorial y los planes generales estructurales que ordenen este

---

152 BOE núm. 69, de 21 de marzo de 2019. Véase también: Ley 35/2011, de 4 de octubre, sobre titularidad compartida de las explotaciones agrarias (BOE núm. 240, de 5 de octubre de 2011).

153 En la redacción inicial del artículo 23.1 de la Ley 5/2018, se disponía lo siguiente: «Con el fin de revitalizar la Huerta de València y promover su uso público sostenible, el plan de acción territorial y los planes generales estructurales que ordenen este espacio permitirán la introducción de usos y actividades de carácter terciario que sean compatibles con los valores de la huerta y beneficien el ejercicio de la actividad agraria. La introducción de estos usos y actividades de carácter terciario deberán contar con informe favorable de la conselleria con competencias en materia de agricultura y desarrollo rural o del Consejo de la Huerta de València, previamente a incluirlo en los instrumentos de ordenación territorial o urbanística». Véase también: RAMÓN FERNÁNDEZ, F.: «Vivienda sostenible, inteligencia artificial y huertos urbanos: algunas reflexiones y propuestas», *Revista Aranzadi de Derecho Patrimonial*, núm. 66, 2025, págs. 1 y sigs.

espacio permitirán la introducción de usos y actividades de carácter terciario que sean compatibles con los valores de la huerta y beneficien el ejercicio de la actividad agraria. La introducción de estos usos y actividades de carácter terciario deberán contar con informe favorable de la Conselleria con competencias en materia de agricultura y desarrollo rural, previamente a incluirlo en los instrumentos de ordenación territorial o urbanística.

El apartado 3 de la disposición adicional primera de la Ley 5/2018, se modifica por el Decreto Ley 4/2025, y se indica que la aplicación de las determinaciones establecidas en los apartados 1 y 2 de esta disposición exigirá la realización de un programa de uso público sostenible en los espacios de huerta con carácter preceptivo. Este programa deberá ser informado de forma preceptiva y vinculante por la conselleria con competencias en materia de ordenación del territorio, urbanismo y paisaje, y contar con informe favorable de la Conselleria con competencias en agricultura y desarrollo rural, que garantice su compatibilidad con la actividad agraria. El presupuesto de este programa deberá ser equivalente al coste de ejecución del PVP que, como consecuencia de esta medida, deje de realizarse, descontando, en su caso, el coste de adquisición del suelo.

El Decreto Legislativo 1/2021, de 18 de junio, del Consell de aprobación del texto refundido de la Ley de ordenación del territorio, urbanismo y paisaje[154], en su artículo 3, desarrolla el concepto de desarrollo territorial y urbanístico sostenible de forma que garantiza la ordenación equilibrada del territorio, para distribuir de manera armónica las actividades residenciales y productivas

---

[154] DOGV núm. 9129, de 16 de julio de 2021. Modificado por Ley 6/2024, de 5 de diciembre, de simplificación administrativa (BOE núm. 1, de 1 de enero de 2025). Véase también: Decreto 68/2023, de 12 de mayo, del Consell, por el que se aprueba el Reglamento de vivienda de protección pública y régimen jurídico de patrimonio público de vivienda y suelo de la Generalitat (DOGV núm. 9596, de 16 de mayo de 2023).

de la población, así como los servicios y equipamientos, con los criterios de garantizar la salud y la calidad de vida de las personas, facilitando el acceso a una vivienda digna y de coste asequible, la prevención de riesgos, la conservación de los recursos naturales y la preservación de la flora y fauna natural y del paisaje.

Con esa finalidad, se satisfarán las demandas adecuadas y suficientes de suelo, de manera compatible con los anteriores objetivos, orientándolas de forma que se potencien asentamientos compactos, se justifique y motive racionalmente la ocupación de nuevos suelos, y se dé preferencia a la rehabilitación de edificios, la mejora de los espacios públicos urbanos y el reciclado de espacios ya urbanizados.

La Estrategia Territorial de la Comunitat Valenciana fijará criterios orientadores de desarrollo territorial que habrán de ser tenidos en cuenta por los instrumentos de planificación urbanística.

Uno de los objetos de los Planes de acción territorial, según el artículo 16, es coordinar la planificación urbanística municipal y la sectorial para el logro de sus objetivos de sostenibilidad.

También interesa mencionar la Ley 9/2023, de 3 de abril, de Agricultura Familiar y de Acceso a la Tierra en Castilla-La Mancha[155] cuyo uno de los fines, conforme al artículo 3, es estimular la formación de explotaciones agrarias familiares para asegurar su viabilidad y que constituyan la base permanente de la economía de sus titulares, propiciando al mismo tiempo un modelo que sea sostenible sobre la base de un equilibrio social, económico y ambiental. Y también la creación y desarrollo de zonas de protección agrarias y fomentar parques agrarios y huertos urbanos.

Se entienden como tales las áreas, según el artículo 4 de la Ley 9/2023, de cultivo que, ubicadas en ámbitos urbanos, además de producir alimentos para el consumo propio, tienen una finalidad social, educativa, de ocio, ambiental y participativa.

155 BOE núm. 121, de 22 de mayo de 2023.

Se contemplan distintas iniciativas ligadas al territorio en el artículo 19 de la Ley 9/2023, a través de la colaboración con las administraciones municipales y supramunicipales para establecer una transición ordenada entre el medio rural y el medio urbano, fomentando la implantación de parques agrarios y huertos urbanos.

Una de las finalidades del Banco de Tierras que se contempla en la Ley 9/2023 es, según el artículo 21, contribuir a la defensa de las explotaciones e infraestructuras agrarias, a la mejora de la sostenibilidad mediante la contención de las pérdidas de suelo y a la mejora del ciclo hidrológico.

El destino de las parcelas del Banco de Tierras se regula en el artículo 24 de la Ley 9/2023 indicando que se destinarán a cualquiera de las finalidades previstas en el artículo 21[156].

---

[156] Establece el citado precepto que el Banco de Tierras se destinará a alguna de las siguientes finalidades:

a) La puesta en valor de las parcelas agrarias abandonadas o en previsión de abandono.

b) La creación de nuevas explotaciones agrarias que contribuyan a fijar población en el medio rural.

c) Promover la incorporación de mujeres al sector agrario.

d) Promover la incorporación de personas jóvenes al sector agrario.

e) El acceso de las personas desempleadas mayores de 45 años o de larga duración al sector agrario.

f) Potenciar y garantizar, en su caso, una dimensión estructural adecuada de las explotaciones que coadyuve a su viabilidad económica y posibilite así la dedicación a la actividad agraria como principal actividad económica.

g) Recuperar y/o frenar la pérdida de superficie agraria útil.

h) Mejorar y ampliar la base territorial de las explotaciones.

i) Evitar que se produzcan en suelos con aptitud agrícola situaciones de abandono que puedan generar riesgo de incendios, plagas, enfermedades fitosanitarias y/o daños a las parcelas colindantes.

j) Contribuir a la mejora ambiental de la comarca, como elemento básico de la calidad de vida en el medio rural.

Las parcelas de titularidad pública se podrán adjudicar en propiedad, en régimen de concesión administrativa, de conformidad con lo dispuesto en la Ley 9/2020, de 6 de noviembre, de Patrimonio de la Junta de Comunidades de Castilla-La Mancha[157] o, podrán formalizarse contratos territoriales como instrumentos de gestión de los espacios productivos, conforme al Real Decreto 1336/2011, de 3 de octubre, por el que se regula el contrato territorial como instrumento para promover el desarrollo sostenible del medio rural.[158]

La disposición adicional segunda de la Ley 9/2023 se dedica a contemplar las transmisiones de huertos familiares y explotaciones agrarias. Se establece que el régimen jurídico para realizar las transmisiones del patrimonio originario del Instituto de Reforma y Desarrollo Agrario, procedentes de la transmisión o concesión de los huertos familiares y de las explotaciones agrarias familiares o comunitarias se regula por Ley 6/2021, de 5 de noviembre, de extinción de cámaras agrarias provinciales de Castilla-La Mancha y por la que se establece el régimen jurídico para realizar transmisiones de patrimonio procedentes del Instituto de Reforma y Desarrollo Agrario.[159]

Podemos también mencionar distintos anuncios y edictos relacionados con los Huertos en distintos municipios de Valencia, sin ánimo exhaustivo:

- Alaquàs. Edicto del Ayuntamiento de Alaquàs sobre información pública de la aprobación inicial de la ordenanza

k) Contribuir a la defensa de las explotaciones e infraestructuras agrarias, a la mejora de la sostenibilidad mediante la contención de las pérdidas de suelo y a la mejora del ciclo hidrológico.

157 BOE núm. 47, de 24 de febrero de 2021.

158 BOE núm. 239, de 4 de octubre de 2011.

159 BOE núm. 41, de 17 de febrero de 2022.

reguladora del procedimiento de adjudicación y régimen de uso de los huertos urbanos municipales.[160]

- Edicto del Ayuntamiento de Alaquàs sobre aprobación definitiva de la ordenanza municipal reguladora del procedimiento de adjudicación y régimen de uso de los huertos urbanos municipales.[161]
- Edicto del Ayuntamiento de Alaquàs sobre información pública de la aprobación inicial de la modificación puntual núm. 1 de la ordenanza municipal reguladora del procedimiento de adjudicación y régimen de uso de los huertos urbanos.[162]
- Edicto del Ayuntamiento de Alaquàs sobre aprobación definitiva de la modificación puntual núm. 1 de la ordenanza municipal reguladora del procedimiento de adjudicación y régimen de uso de los huertos urbanos municipales.[163]
- Edicto del Ayuntamiento de Alaquàs sobre aprobación provisional modificación artículo 5 Ordenanzas Fiscales. Huertos Urbanos.[164]
- Edicto del Ayuntamiento de Alaquàs sobre aprobación inicial de la modificación puntual núm. 2 de la ordenanza municipal reguladora del procedimiento de adjudicación y régimen de uso de los huertos urbanos municipales.[165]
- Edicto del Ayuntamiento de Alaquàs sobre aprobación definitiva Ordenanzas Fiscales. Huertos Urbanos.[166]

---

[160] BOPV núm. 87, de 13 de abril de 2013.

[161] BOPV núm. 173, de 23 de julio de 2013.

[162] BOPV núm. 114, de 15 de junio de 2016.

[163] BOPV núm. 152, de 8 de agosto de 2016.

[164] BOPV núm. 133, de 12 de julio de 2017.

[165] BOPV núm. 137, de 18 de julio de 2017.

[166] BOPV núm. 185, de 25 de septiembre de 2017.

- Edicto del Ayuntamiento de Alaquàs sobre aprobación definitiva de la modificación puntual núm. 2 de la Ordenanza Municipal Reguladora del procedimiento de adjudicación y régimen de uso de los huertos urbanos municipales.[167]
- Anuncio del Ayuntamiento de Alaquàs sobre aprobación inicial de la modificación puntual núm. 3 de la ordenanza municipal reguladora del procedimiento de adjudicación y régimen de uso de los huertos urbanos municipales.[168]
- Anuncio del Ayuntamiento de Alaquàs sobre aprobación definitiva de la modificación puntual número 3 de la ordenanza reguladora del proceso de adjudicación y régimen de uso de los huertos urbanos municipales.[169]
- Edicto del Ayuntamiento de Alaquàs sobre aprobación inicial de la modificación puntual número 4 de la ordenanza municipal reguladora del procedimiento de adjudicación y régimen de uso de los huertos urbanos municipales.[170]
- Edicto del Ayuntamiento de Alaquàs sobre aprobación definitiva de la modificación puntual núm. 4 de la ordenanza municipal reguladora del procedimiento de adjudicación y régimen de uso de los huertos urbanos municipales.[171]
- Edicto del Ayuntamiento de Alaquàs sobre delegación de la presidencia de la Comisión Especial de Huertos Urbanos.[172]
- Alberic. Edicto del Ayuntamiento de Alberic sobre aprobación inicial de las ordenanzas rural de Alberic y la ordenanza municipal reguladora del procedimiento de otor-

---

167 BOPV núm. 185, de 25 de septiembre de 2017.

168 BOPV núm. 113, de 13 de junio de 2018.

169 BOPV núm. 156, de 13 de agosto de 2018.

170 BOPV núm. 29, de 12 de febrero de 2020.

171 BOPV núm. 132, de 13 de julio de 2020.

172 BOPV núm. 203, de 22 de octubre de 2020.

gamiento de autorizaciones demaniales y del régimen jurídico de los huertos urbanos.[173]

- Anuncio del Ayuntamiento de Alberic sobre elevación a definitivo el acuerdo de aprobación inicial de la ordenanza municipal reguladora del procedimiento de otorgamiento de autorizaciones demaniales y del régimen jurídico de los huertos urbanos del término municipal de Alberic.[174]
- Anuncio del Ayuntamiento de Alberic sobre la aprobación definitiva de la ordenanza reguladora del procedimiento de otorgamiento de autorizaciones demaniales y del régimen jurídico de los huertos urbanos del municipio.[175]
- Alfafar. Anuncio del Ayuntamiento de Alfafar sobre aprobación inicial y exposición al público de la ordenanza municipal reguladora de la utilización de fincas rústicas para el cultivo agrario (huertos urbanos).[176]
- Anuncio del Ayuntamiento de Alfafar sobre aprobación definitiva y exposición al público de la ordenación municipal reguladora de la utilización de fincas rústicas para el cultivo agrario (huertos urbanos).[177]
- Anuncio del Ayuntamiento de Alfafar sobre aprobación inicial de la ordenanza municipal reguladora de la utilización de fincas rústicas para el cultivo agrario (huertos urbanos).[178]

---

173 BOPV núm. 103, de 2 de mayo de 2014.

174 BOPV núm. 146, de 21 de junio de 2014.

175 BOPV núm. 84, de 2 de mayo de 2024. Se puede consultar también el Anuncio del Ayuntamiento de Alberic sobre la aprobación inicial de la ordenanza reguladora de la concesión y régimen jurídico de huertos urbanos (BOPV núm. 27, de 7 de febrero de 2024).

176 BOPV núm. 271, de 14 de noviembre de 2013.

177 BOPV núm. 45, de 22 de febrero de 2014.

178 BOPV núm. 4, de 8 de enero de 2020.

- Edicto del Ayuntamiento de Alfafar sobre elevación a definitiva de la aprobación inicial de la Ordenanza municipal reguladora de la utilización de fincas rústicas para el cultivo agrario (huertos urbanos).[179]
- Edicto del Ayuntamiento de Alfafar sobre la aprobación inicial modificación puntual ordenanza municipal reguladora de la utilización de fincas para el cultivo agrícola (huertos urbanos).[180]
- Anuncio del Ayuntamiento de Alfafar sobre aprobación definitiva de la modificación puntual de la ordenanza municipal reguladora de la utilización de fincas para el cultivo agrícola (huertos urbanos).[181]
- Bétera. Edicto del Ayuntamiento de Bétera sobre aprobación inicial de la ordenanza municipal reguladora del uso de los huertos urbanos.[182]
- Edicto del Ayuntamiento de Bétera sobre aprobación definitiva de la ordenanza municipal reguladora del uso de los huertos urbanos.[183]
- Burjassot. Anuncio del Ayuntamiento de Burjassot sobre la aprobación inicial de la modificación del reglamento de uso y cesión de los huertos sociales.[184]

Catarroja. Edicto del Ayuntamiento de Catarroja sobre aprobación definitiva de la ordenanza reguladora de huertos urbanos.[185]

---

179 BOPV núm. 29, de 11 de marzo de 2020.

180 BOPV núm. 136, de 16 de julio de 2021.

181 BOPV núm. 201, de 18 de octubre de 2021.

182 BOPV núm. 36, de 20 de febrero de 2018.

183 BOPV núm. 78, de 24 de abril de 2018.

184 BOPV núm. 150, de 5 de agosto de 2024.

185 BOPV núm. 39, de 24 de febrero de 2017.

- Anuncio del Ayuntamiento de Catarroja sobre licitación de obras de ejecución de huertos urbanos.[186]
- Gandía. Edicto del Ayuntamiento de Gandía sobre modificación del texto regulador del precio público de huertos urbanos municipales.[187]
- La Pobla de Vallbona. Anuncio del Ayuntamiento de La Pobla de Vallbona sobre aprobación de la ordenanza municipal reguladora del uso de los huertos urbanos municipales.[188]
- Mislata. Edicto del Ayuntamiento de Mislata sobre aprobación definitiva ordenanza reguladora del uso de huertos urbanos.[189]
- Edicto del Ayuntamiento de Mislata sobre aprobación inicial de la ordenanza reguladora del uso de huertos urbanos familiares.[190]
- L´Eliana. Anuncio del Ayuntamiento de l´Eliana sobre la convocatoria del procedimiento para el sorteo de las autorizaciones de los huertos de ocio denominados «Huertos Sociales Mandor Canonge», parcelas 1 a 8.[191]
- Museros. Edicto del Ayuntamiento de Museros sobre aprobación inicial de la modificación del Reglamento de Uso de los Huertos Urbanos.[192]
- Anuncio del Ayuntamiento de Museros sobre la aprobación inicial de la modificación del reglamento regulador de los huertos urbanos.[193]

---

[186] BOPV núm. 41, de 27 de febrero de 2018.

[187] BOPV núm. 194, de 6 de octubre de 2021.

[188] BOPV núm. 303, de 22 de diciembre de 2014.

[189] BOPV núm. 225, de 22 de noviembre de 2016.

[190] BOPV núm. 161, de 22 de agosto de 2016.

[191] BOPV núm. 70, de 11 de abril de 2024.

[192] BOPV núm. 76, de 20 de abril de 2018.

[193] BOPV núm. 53, de 14 de marzo de 2024.

- Paiporta. Edicto del Ayuntamiento de Paiporta sobre ordenanza municipal reguladora del procedimiento de otorgamiento de autorizaciones demaniales y del régimen jurídico de los huertos urbanos del término municipal de Paiporta.[194]
- Edicto del Ayuntamiento de Paiporta sobre aprobación definitiva de ordenanza municipal reguladora del procedimiento de otorgamiento de autorizaciones demaniales y del régimen jurídico de los huertos urbanos del término municipal de Paiporta.[195]
- Quart de Poblet. Anuncio del Ayuntamiento de Quart de Poblet sobre la aprobación definitiva de la ordenanza reguladora del uso de los huertos urbanos municipales.[196]
- Real de Gandía. Anuncio del Ayuntamiento del Real de Gandía sobre la aprobación inicial de la ordenanza reguladora de los huertos urbanos municipales.[197]
- Anuncio del Ayuntamiento del Real de Gandía sobre la aprobación definitiva de la ordenanza municipal reguladora del funcionamiento de los huertos urbanos municipales.[198]
- Anuncio del Ayuntamiento del Real de Gandía sobre la aprobación definitiva de la ordenanza reguladora de los precios públicos de los huertos urbanos municipales.[199]

---

194 BOPV núm. 114, de 15 de mayo de 2013.

195 BOPV núm. 161, de 9 de julio de 2013.

196 BOPV núm. 75, de 18 de abril de 2024. Se puede también consultar el Anuncio del Ayuntamiento de Quart de Poblet sobre la aprobación inicial de la ordenanza reguladora del uso de los huertos urbanos municipales (BOPV núm. 33, de 15 de febrero de 2024).

197 BOPV núm. 158, de 16 de agosto de 2023.

198 BOPV núm. 199, de 16 de octubre de 2023.

199 BOPV núm. 136, de 14 de julio de 2023.

Anuncio del Ayuntamiento del Real de Gandía sobre la aprobación definitiva de la ordenanza municipal reguladora del funcionamiento de los huertos urbanos municipales.[200]

- Rocafort. Edicto del Ayuntamiento de Rocafort sobre aprobación inicial de la modificación de las normas reguladoras de los huertos urbanos.[201]
- Anuncio del Ayuntamiento de Rocafort sobre aprobación definitiva de la modificación de las normas reguladores de los huertos urbanos.[202]
- Sagunto. Edicto del Consell Local Agrari de Sagunt sobre aprobación inicial de la ordenanza municipal reguladora del procedimiento de otorgamiento de autorizaciones demaniales y del régimen jurídico de los huertos urbanos de este término municipal.[203]
- Edicto del Excelentísimo Ayuntamiento de Sagunto sobre publicación de la ordenanza municipal reguladora del procedimiento de otorgamiento de autorizaciones demaniales y del régimen jurídico de los huertos urbanos del término municipal de Sagunto.[204]

---

200 BOPV núm. 86, de 6 de mayo de 2024. Se puede también consultar el Anuncio del Ayuntamiento del Real de Gandía sobre la aprobación inicial de la ordenanza reguladora de los huertos urbanos municipales (BOPV núm. 45, de 4 de marzo de 2024); y el Anuncio del Ayuntamiento del Real de Gandía sobre la aprobación provisional de la modificación de la ordenanza fiscal reguladora del precio público para la utilización de los huertos sociales municipales (BOPV núm. 45, de 4 de marzo de 2024).

201 BOPV núm. 112, de 13 de junio de 2017.

202 BOPV núm. 161, de 22 de agosto de 2017.

203 BOPV núm. 294, de 11 de diciembre de 2010.

204 BOPV núm. 52, de 3 de marzo de 2011.

- Edicto del Excelentísimo Ayuntamiento de Sagunto sobre convenio de encomienda de gestión de la explotación de las parcelas de propiedad municipal denominadas «Huertos Urbanos» al Consell Agrari de Sagunto.[205]
- Edicto del Excelentísimo Ayuntamiento de Sagunto sobre la aprobación provisional de las ordenanzas fiscales reguladoras de la tasa por prestación de servicios en el cementerio municipal, de la tasa por prestación del servicio de mercados (interior) y del establecimiento del precio público para la prestación de los servicios de abastecimiento de agua y de mantenimiento de los elementos de uso común de los huertos urbanos de este ayuntamiento y aprobación provisional de la ordenanza fiscal reguladora del mismo.[206]
- Edicto del Excelentísimo Ayuntamiento de Sagunto sobre aprobación definitiva de la modificación de la ordenanza fiscal reguladora de la tasa por prestación de servicios en el cementerio municipal, de la tasa por prestación del servicio de mercados (interior) y del establecimiento del precio público para la prestación de los servicios de abastecimiento de agua y de mantenimiento de los elementos de uso común de los huertos urbanos de este ayuntamiento y aprobación de la ordenanza fiscal reguladora del mismo.[207]
- Anuncio del Excelentísimo Ayuntamiento de Sagunto sobre notificación colectiva de las liquidaciones anuales del precio público de los huertos urbanos del ejercicio 2013.[208]

---

205 BOPV núm. 155, de 2 de julio de 2011.

206 BOPV núm. 262, de 4 de noviembre de 2011.

207 BOPV núm. 306, de 26 de diciembre de 2011.

208 BOPV núm. 227, de 24 de septiembre de 2013.

- Anuncio del Excelentísimo Ayuntamiento de Sagunto sobre notificación colectiva de las liquidaciones anuales del precio público de los huertos urbanos del ejercicio de 2015.[209]
- Anuncio del Excelentísimo Ayuntamiento de Sagunto sobre notificación colectiva de las liquidaciones anuales del precio público de los huertos urbanos para el ejercicio 2016.[210]
- Anuncio del Excelentísimo Ayuntamiento de Sagunto sobre notificación colectiva de las liquidaciones anuales del precio público de los huertos urbanos del ejercicio 2017.[211]
- Anuncio del Excelentísimo Ayuntamiento de Sagunto sobre notificación colectiva de las liquidaciones del precio público por la prestación de los servicios de abastecimiento de agua para el riego y de mantenimiento de los elementos de uso común de los huertos urbanos ejercicio 2018.[212]
- Anuncio del Excelentísimo Ayuntamiento de Sagunto sobre notificación colectiva de las liquidaciones del precio público por la prestación de los servicios de abastecimiento de agua para el riego y de mantenimiento de los elementos de uso común de los huertos urbanos.[213]
- Anuncio del Excelentísimo Ayuntamiento de Sagunto sobre notificación colectiva de las liquidaciones del precio público por la prestación de los servicios de abastecimiento de agua para el riego y de mantenimiento de los elementos de uso común de los huertos urbanos para el ejercicio 2020.[214]

---

209 BOPV núm. 191, de 2 de octubre de 2015.

210 BOPV núm. 190, de 30 de septiembre de 2016.

211 BOPV núm. 188, de 18 de septiembre de 2017.

212 BOPV núm. 181, de 18 de septiembre de 2018.

213 BOPV núm. 179, de 17 de septiembre de 2019.

214 BOPV núm. 178, de 15 de septiembre de 2020.

- Edicto del Excelentísimo Ayuntamiento de Sagunto sobre notificación colectiva de las liquidaciones del precio público por la prestación de los servicios de abastecimiento de agua para el riego y de mantenimiento de los elementos de uso común de los huertos urbanos para el ejercicio 2021.[215]
- Edicto del Excelentísimo Ayuntamiento de Sagunto sobre notificación colectiva de las liquidaciones del precio público por la prestación de los servicios de abastecimiento de agua para el riego y de mantenimiento de los elementos de uso común de los huertos urbanos, ejercicio 2022.[216]
- Anuncio del Ayuntamiento de Sagunto sobre la exposición pública y notificación colectiva de las liquidaciones del precio público por la prestación de los servicios de abastecimiento de agua para el riego y de mantenimiento de los elementos de uso común de los huertos urbanos, ejercicio 2023.[217]
- Anuncio del Ayuntamiento de Sagunto sobre la exposición pública y notificación colectiva de las liquidaciones del precio público de los huertos urbanos correspondientes al ejercicio 2024.[218]
- València. Anuncio del Excelentísimo Ayuntamiento de Valencia relativo al procedimiento abierto para contratar la redacción del proyecto y ejecución de las obras para desarrollo de huertos urbanos en la Torre, Valencia (Sociópolis), incluidas en el ámbito del Real Decreto-Ley 13/2009, de 26 de octubre, por el que se crea el Fondo Estatal para el Empleo y la Sostenibilidad Local.[219]

---

215 BOPV núm. 183, de 21 de septiembre de 2021.

216 BOPV núm. 181, de 20 de septiembre de 2022.

217 BOPV núm. 183, de 20 de septiembre de 2023.

218 BOPV núm. 185, de 24 de septiembre de 2024.

219 BOE núm. 259, de 27 de octubre de 2009.

- Anuncio del Excelentísimo Ayuntamiento de Valencia sobre procedimiento abierto para contratar las obras de urbanización y adecuación de los huertos urbanos número 3, 4, 5, 6 y 7 en el barrio de la Torre.[220]
- Anuncio del Excelentísimo Ayuntamiento de Valencia relativo a la formalización del contrato de ejecución de las obras de urbanización y adecuación de los Huertos Urbanos, 3, 4, 5, 6 y 7 en el Barrio de la Torre.[221]
- Anuncio de la Excelentísima Diputación Provincial de Valencia sobre exposición al público de la aprobación de las bases de la convocatoria del Programa de Huertos Sociales Municipales 2015.[222]
- Anuncio del Excelentísimo Ayuntamiento de Valencia sobre aprobación inicial de la ordenanza reguladora del procedimiento de otorgamiento de autorizaciones para la gestión de los huertos urbanos.[223]
- Anuncio del Consell Agrari Municipal de Valencia sobre modificación del Pliego de Cláusulas Reguladores de las condiciones que han de servir de base a las autorizaciones de ocupación, uso temporal y gestión del ámbito de los Huertos Urbanos del Sector La Torre conocido como «Sociópolis».[224]
- Anuncio del Ayuntamiento de València sobre la convocatoria de subvenciones destinadas al concurso capital verde europea y huertos urbanos. Identificador BDNS: 756314.[225]

---

220 BOPV núm. 265, de 6 de noviembre de 2012.

221 BOPV núm. 281, de 26 de noviembre de 2013.

222 BOPV núm. 123, de 30 de junio de 2015.

223 BOPV núm. 238, de 14 de diciembre de 2017.

224 BOPV núm. 71, de 19 de julio de 2017.

225 BOPV núm. 93, de 15 de mayo de 2024.

Edicto del Organismo Autónomo Consell Agrari Municipal de Valencia sobre publicación del pliego de cláusulas reguladoras de las condiciones que han de servir de base a las autorizaciones de ocupación, uso temporal y gestión del ámbito de los huertos urbanos del Sector La Torre.[226]

- Xirivella. Anuncio del Ayuntamiento de Xirivella sobre publicación definitiva del Reglamento del Régimen Jurídico de los Huertos del término municipal.[227]

---

226 BOPV núm. 71, de 2 de mayo de 2012.

227 BOPV núm. 136, de 15 de julio de 2016.

3. Acciones encaminadas al cumplimiento de los Objetivos de Desarrollo Sostenible

3.1. LOS OBJETIVOS DE DESARROLLO SOSTENIBLE (ODS) APLICADOS A LA VIVIENDA

Los Objetivos de Desarrollo Sostenible (ODS) de la Agenda 2030 de las Naciones Unidas establecen un marco global para erradicar la pobreza, proteger el planeta y garantizar la prosperidad para todos. Dentro de estos objetivos, la vivienda juega un papel fundamental, ya que influye directamente en el bienestar de las personas y en la sostenibilidad del entorno[228].

Uno de los ODS más relevantes en relación con la vivienda es el ODS 11: «Ciudades y comunidades sostenibles», que busca garantizar el acceso a viviendas seguras, asequibles y adecuadas para todos. Este objetivo implica la reducción de asentamientos informales, la planificación urbana sostenible y la mejora de infraestructuras para hacerlas más inclusivas y resilientes.

También consideramos que hay otros ODS relacionados con la vivienda, como por ejemplo el ODS 1: «Fin de la pobreza», ODS 6: «Agua limpia y saneamiento», ODS 7: «Energía asequible y no contaminante» y ODS 13: «Acción por el clima».

---

228 NACIONES UNIDAS: *Objetivos de Desarrollo Sostenible*. Disponible en: https://www.un.org/sustainabledevelopment/es/objetivos-de-desarrollo-sostenible/ (Consultado el 4 de febrero de 2025).

Para alcanzar estos objetivos, es fundamental la colaboración entre gobiernos, sector privado y sociedad civil. Se requiere la implementación de políticas públicas que fomenten el acceso a viviendas asequibles, la mejora de infraestructuras urbanas y la adopción de tecnologías sostenibles. Solo a través de un enfoque integral y coordinado será posible garantizar que la vivienda cumpla un rol clave en la construcción de un futuro sostenible e inclusivo para todos.

3.2. EL OBJETIVO DE DESARROLLO SOSTENIBLE 11: CIUDADES Y COMUNIDADES SOSTENIBLES Y OTROS ODS RELACIONADOS

Es el ODS 11 el que hace referencia a la sostenibilidad en el ámbito de la ciudad. Pretende lograr que las ciudades y los asentamientos humanos sean inclusivos, seguros, resilientes y sostenibles.

La forma global de vida se produce a través de la ciudad. El aumento frenético de la población que ha llegado a alcanzar los 8000 millones de personas en el año 2022, siendo la mitad de esa cifra la que vive en zona urbana. Se prevé que en el año 2050 el 70% vivirá en una ciudad.

Las cifras de personas que viven en barrios marginales o en situación similar es muy alarmante, alcanzando los 1100 millones de personas, siendo esperable que se aumente esa cifra a 2000 millones más para el año 2050.

Las ciudades no siempre están en condiciones de acoger una urbanización ajustada a la población prevista. No resulta viable una construcción de tal rapidez que absorba la superpoblación. Ello propicia que se produzcan asentamientos en barrios marginales y un crecimiento urbano descontrolado determina un aumento de la contaminación atmosférica, y una reducción de espacios públicos abiertos.

La transformación de la ciudad pasa por la transformación de la vivienda con un diseño adecuado de las estrategias nacionales y locales, una reducción del riesgo de catástrofes, y una mejora de las técnicas constructivas y del desplazamiento y movilización mediante el transporte público[229].

---

229 Como señalan ZURRO GARCÍA, B. y RODRÍGUEZ SÁIZ, A.: «Comparación de soluciones de rehabilitación diferentes en edificios idénticos en materia de eficiencia energética», *VIII Jornadas de Doctorandos de la Universidad de Burgos*, CUESTA GÓMEZ, J. L. (Coord.), y PACHECO BONROSTRO, J. A. (Dir.), Universidad de Burgos, Burgos, 2022, pág. 136. Disponible en: https://libros.ubu.es/servpubu-acceso-abierto/catalog/view/38/22/29 (Consultado el 6 de febrero de 2025), «Siguiendo los Objetivos de Desarrollo Sostenible que establece la Organización de las Naciones Unidas (ONU) en 2015, el Sector de la Construcción se ha visto obligado, en cierta medida, a modificar sus métodos y criterios, apostando por el uso de energías procedentes de fuentes renovables y por la reducción de la demanda energética de los edificios, creando ciudades y comunidades más sostenibles y respetuosas con el medio ambiente. Por otra parte, con este tipo de prácticas, se potencia la producción y consumo de energías limpias, de bajo impacto ambiental y con una baja incidencia en la huella de carbono. En torno al 55% del parque edificatorio de España se construyó antes de 1980 y el 21% antes de 1960. Esto supone que más de cinco millones de edificios fueron construidos antes de la entrada en vigor de normativas con criterios mínimos de eficiencia energética. La problemática de estos inmuebles no se basa únicamente en su calificación energética, sino también en otros aspectos de carácter técnico como su estado de conservación y las condiciones de accesibilidad para personas con movilidad reducida. La necesidad de acometer políticas de rehabilitación de los edificios, obliga al Sector de la Construcción a derivar parte de sus esfuerzos no sólo a devolver a las construcciones su estado original, sino también a mejorar diferentes aspectos de los mismos. Entre las numerosas ventajas que permite la rehabilitación, destacan la reducción del consumo de energía y la emisión de gases de efecto invernadero, la mejora de las condiciones de habitabilidad y del confort interior para sus usuarios, la mejora de la estética, revalorización del inmueble e, incluso, la reducción de la pobreza energética o la generación de riqueza y empleo».

Ello se traduce en una necesidad de transformación enfocada al desarrollo sostenible mediante la gestión de los espacios de una forma adecuada. Factores como la desigualdad, o los niveles de consumo urbano de energía y de contaminación es un reto de la vivienda sostenible. Es la razón, una de las razones de la vivienda sostenible. La ciudad representa entre un 60% y un 80% del consumo energético, y el 75% de las emisiones de carbonos.

La vulnerabilidad de la ciudad ante el cambio climático es una realidad incontestable, y junto con los desastres naturales suponen un desafío que hay que hacer frente precisamente ante una concentración elevada poblacional. Una apuesta por favorecer una resiliencia ante estos retos puede ser decisiva para evitar pérdidas no solamente humanas, sino de recursos.

Una ciudad contaminada supone una vivienda contaminada. Esta afirmación que supone tan rígida, no está exenta de verdad. La contaminación ambiental en sus diversas formas alcanza a la ciudad pero también a los núcleos de población en sus distintas ubicaciones, una de ellas es la vivienda, que es la más habitual. Ello provoca un deterioro de la salud poblacional con las consecuencias de producir enfermedades y debilitamiento de los recursos. La vivienda sostenible puede contribuir a minimizar estos efectos.

El descontrol en el crecimiento de la ciudad no resulta positivo y afecta a todos los habitantes, no solamente se produce una desigualdad, sino que aumenta la contaminación con los efectos que hemos indicado anteriormente, afecta a la productividad de los trabajadores, y altera el estilo de vida al poderse producir un incremento de los desastres naturales. El aumento de barrios marginales, la congestión del tráfico de la ciudad, las emisiones de gases y la proliferación de suburbios son consecuencias de ese descontrol en el crecimiento de la ciudad, y es preciso un desarrollo urbano y una ordenación del territorio con una adecuada planificación.

La sostenibilidad ayuda a la construcción de la ciudad, con la finalidad de que los ciudadanos tengan una calidad de vida adecuada y se produzca una dinamización de los espacios, aumentando la prosperidad y estabilidad de la ciudad y ayudando a la conservación de los recursos.

La participación ciudadana se convierte en un instrumento excelente para el alcance del ODS 11, ya que antes de decantarnos por un espacio para habitar debemos plantearnos algunas cuestión de gran calado, como son la seguridad en el espacio, la calidad del aire, los espacios públicos de los que se dispone, y las condiciones en las que se va a desarrollar nuestra vida. Y ahí entra en juego la vivienda sostenible. Seguramente a la cuestión de si preferimos vivir en una vivienda sostenible que en una que no lo sea, la respuesta es plenamente positiva.

Uno de los obstáculos es el coste que se tiene que asumir. Sí que es verdad que hay un coste en una vivienda sostenible, pero los beneficios que se pueden obtener cubren con creces el esfuerzo económico. También hay que tener en cuenta que la concienciación por el medio ambiente tiene que implementarse de forma progresiva. Igual que tenemos conciencia para reciclar y separar los residuos, debemos concienciarnos de que la sostenibilidad aplicada a la vivienda, no debe ser una utopía, sino una realidad.

Según los datos proporcionados por Naciones Unidas[230], las zonas urbanas son las más numerosas, ya que albergan a casi la mitad de la población mundial. Y se prevé que se alcance el 70% en el año 2050. La marginalidad alcanza a 1.100 millones que viven en barrios marginales o en condiciones similares, y se contempla una posibilidad de 2000 millones más para los próximos 30 años.

---

230 NACIONES UNIDAS: *Informe de los Objetivos de Desarrollo Sostenible*, 2023, pág. 34. Disponible en: https://unstats.un.org/sdgs/report/2023/The-Sustainable-Development-Goals-Report-2023_Spanish.pdf?_gl=1*16xhdmc*_ga*ODIwMTQxNDgxLjE3MzU1NzQ0ODU.*_ga_TK9BQL5X7Z*MTczODk0Mzk5OC40LjEuMTczODk0NDAwMS4wLjAuMA.. (Consultado el 7 de febrero de 2025).

El acceso al transporte público es limitado, ya que solamente la mitad de la población urbana mundial tenía acceso al mismo.

Factores como un crecimiento urbano descontrolado, contaminación atmosférica y la escasez de espacios públicos abiertos siguen persistiendo.

Se ha duplicado el número de países con estrategias nacionales y locales de reducción del riesgo de catástrofes.

Este objetivo necesita aplicar políticas y prácticas de desarrollo urbano inclusivo, resiliente y sostenible que den prioridad al acceso a los servicios básicos, a la vivienda a precios asequibles, transporte eficiente y a los espacios verdes para toda la población.

Las zonas de Asia central y meridional, Asia oriental y sudoriental y África subsahariana abarcan el 85 % de los habitantes de barrios marginales.

Las ciudades se han ido expandiendo de forma más exponencial que sus tasas de crecimiento de la población, con una tasa promedio anual de consumo de suelo del 2.0%, en comparación con la tasa de crecimiento poblacional del 1.6%, entre los años 2000 y 2010, y del 1.5%, en comparación con el 1.2% respectivamente, entre los años 2010 y 2020, según los datos de 681 ciudades entre los años 1990 y 2020.

Los principales objetivos del ODS 11 son los siguientes, según indica Naciones Unidas teniendo como fechas prioritarias el año 2030:

1. Asegurar el acceso de todas las personas a viviendas y servicios básicos adecuados, seguros y asequibles, y mejorar los barrios marginales.

2. Proporcionar acceso a sistemas de transporte seguros, asequibles, accesibles y sostenibles para todos y mejorar la seguridad vial, mediante la ampliación del transporte público, prestando especial atención a las necesidades de las personas en situación de vulnerabilidad, las mujeres, los niños, las personas con discapacidad, y las personas de edad avanzada.

3. Aumentar la urbanización inclusiva y sostenible y la capacidad para la planificación y la gestión participativas, integradas y sostenibles de los asentamientos humanos en todos los países.
4. Redoblar los esfuerzos para proteger y salvaguardar el patrimonio cultural y natural del mundo.
5. Reducir significativamente el número de muertes causadas por los desastre, incluidos los relacionados con el agua, y de personas afectadas por ellos, y reducir considerablemente las pérdidas económicas directas provocadas por los desastres en comparación con el producto interno bruto mundial, haciendo especial hincapié en la protección de los pobres y las personas en situaciones de vulnerabilidad.
6. Reducción del impacto ambiental negativo *per cápita* de las ciudades, incluso prestando especial a la calidad del aire y la gestión de los desechos municipales y de otro tipo.
7. Proporcionar acceso universal a zonas verdes y espacios públicos seguros, inclusivos y accesibles, en particular para las mujeres y los niños, las personas de edad y las personas con discapacidad.
8. Apoyar los vínculos económicos, sociales y ambientales positivos entre las zonas urbanas, periurbanas y rurales fortaleciendo la planificación del desarrollo nacional y regional.
9. Aumentar considerablemente el número de ciudades y asentamientos humanos que adoptan e implementan políticas y planes integrados para promover la inclusión, el uso eficiente de los recursos, la mitigación del cambio climático y la adaptación a él y la resiliencia ante los desastres, y desarrollar y poner en práctica, en consonancia con el Marco de Sendai para la Reducción del Riesgo de Desastre 2015-2030, la gestión integral de los riesgos de desastre a todos los niveles.
10. Proporcionar apoyo a los países menos adelantados, incluso mediante asistencia financiera y técnica, para que

puedan construir edificios sostenibles y resilientes utilizando materiales locales.

Otros ODS relacionados podemos indicar los siguientes:

El ODS 1: «Fin de la pobreza», también está estrechamente relacionado con la vivienda, ya que una vivienda digna es un pilar fundamental para reducir la desigualdad y mejorar la calidad de vida de las personas en situación de vulnerabilidad. La falta de acceso a una vivienda adecuada perpetúa la pobreza y limita las oportunidades de desarrollo.

El ODS 6: «Agua limpia y saneamiento», subraya la importancia de garantizar servicios básicos en las viviendas, como el acceso a agua potable y saneamiento adecuado, lo que contribuye a la salud pública y reduce enfermedades asociadas a la falta de higiene.

Además, el ODS 7: «Energía asequible y no contaminante», promueve el acceso a fuentes de energía sostenible para los hogares, reduciendo la dependencia de combustibles fósiles y fomentando el uso de energías renovables como la solar y la eólica en los espacios residenciales.

El ODS 13: «Acción por el clima», resalta la necesidad de desarrollar viviendas sostenibles que minimicen su impacto ambiental y sean resilientes a los efectos del cambio climático, mediante materiales ecológicos, eficiencia energética y planificación territorial adecuada.

La Orden PCM/735/2021, de 9 de julio, por la que se aprueba la Estrategia Nacional de Infraestructura Verde y de la Conectividad y Restauración Ecológicas[231] hace alusión a los ODS de tal forma que la protección y conservación de la diversidad biológica y los ecosistemas, así como la promoción de infraestructuras verdes son aspectos clave de la Agenda 2039, y se relaciona con distintos ODS y las metas asociadas a los mismos:

---

231 BOE núm. 166, de 13 de julio de 2021.

- ODS 2: Hambre cero, seguridad alimentaria y agricultura sostenible.
- ODS 6: Agua limpia y saneamiento.
- ODS 9: Industria, innovación e infraestructura.
- ODS 11: Ciudades y comunidades sostenibles.
- ODS 13: Acción por el clima.
- ODS 15: Vida de ecosistemas terrestres.

Deja claro la norma la relación existente entre el bienestar humano y el capital natural, y la necesidad de asegurar una perspectiva integral que tenga en cuenta la dimensión social, económica y medioambiental del desarrollo sostenible.

La infraestructura verde resulta de importancia porque es una herramienta que aporta beneficios ecológicos, económicos y sociales mediante soluciones naturales, y puede ayudar a comprender el valor de los beneficios que la naturaleza proporciona a la sociedad humana y a movilizar inversiones para sostenerlos y reforzarlos.

También contribuye a evitar la dependencia de infraestructuras cuya construcción es costosa, y puede contribuir de manera significativa a la aplicación efectiva de todas las políticas cuando algunos o todos los objetivos deseados pueden conseguirse, parcial o totalmente, mediante soluciones basadas en la naturaleza.

La infraestructura verde se caracteriza por la multifuncionalidad, ya que tiene capacidad para desempeñar múltiples funciones ambientales (conservación de la biodiversidad o adaptación al cambio climático), sociales, y económicas en un mismo ámbito territorial. Resulta un instrumento esencial para la planificación sostenible del territorio, además de ser una herramienta dinámica que se deberá actualizar periódicamente en función de la información y conocimientos más actualizados.

3.2.1. Desigualdad, pobreza y contaminación

La vivienda influye de forma directa en la calidad de vida de las personas. Además también influye en su salud y bienestar. Vivir en condiciones infrahumanas, o en infraviviendas produce una serie de secuelas no solamente en el ámbito social, sino también personal de las personas que viven en una condiciones de insalubridad, o en unas condiciones que no permitan una vida saludable. Los hacinamientos en las viviendas por falta de acceso a la misma también son una triste realidad. No todas las personas pueden acceder a una vivienda en condiciones de habitabilidad.

Sin embargo, factores como la desigualdad, la pobreza y la contaminación han generado una crisis habitacional en muchas partes del mundo. No siempre las personas viven en un lugar adecuado, en un lugar salubre y en un lugar que se le pueda denominar vivienda.

La interconexión entre estos elementos refleja las dificultades que enfrentan millones de personas para acceder a viviendas dignas y saludables. Este problema, desgraciadamente, no se ha logrado solucionar, a pesar de los numerosos intentos legislativos para que el acceso a una vivienda no sea una utopía. La especulación inmobiliaria sigue existiendo así como los grandes tenedores que disponen de viviendas sin habitar, así como la existencia de viviendas cerradas por diversas circunstancias, que producen unas consecuencias de desgaste de los edificios, por la falta de mantenimiento de las mismas, además de situaciones de insalubridad por no ocuparse de las mismas ninguna persona. Se produce, evidentemente, una paradoja de que hay personas que buscan una vivienda, y hay viviendas que no hay personas en ellas. Casos de herencias complicadas, o simplemente, la dejadez de la propiedad conlleva a situaciones absolutamente inverosímiles.

La desigualdad económica es uno de los principales factores que determinan el acceso a una vivienda adecuada. En muchas sociedades, la distribución inequitativa de los ingresos y recursos hace que solo una minoría pueda costear viviendas de calidad, mientras que las poblaciones de bajos ingresos quedan relegadas a zonas con infraestructura deficiente y servicios limitados[232]. La especulación inmobiliaria y la gentrificación agravan esta situación, desplazando a comunidades vulnerables hacia periferias urbanas con menor acceso a oportunidades laborales y educativas.

Otro de los aspectos a destacar es la situación de pobreza y las dificultades para acceder a la vivienda, en unas condiciones adecuadas.

La pobreza extrema impide que muchas familias puedan acceder a viviendas seguras y adecuadas. En muchas ciudades, los asentamientos informales y favelas son la única opción para millones de personas que carecen de ingresos suficientes para alquilar o comprar una vivienda formal. Estos espacios suelen caracterizarse por hacinamiento, falta de servicios básicos como agua potable, saneamiento y electricidad, y una vulnerabilidad elevada ante desastres naturales.

Además, las condiciones de vivienda precarias tienen un impacto directo en la salud física y mental de las personas. La falta de ventilación, la humedad y la presencia de materiales tóxicos contribuyen a la propagación de enfermedades respiratorias y dermatológicas. La inseguridad habitacional también genera estrés y ansiedad, afectando el bienestar emocional de quienes viven en condiciones inadecuadas.

La contaminación ambiental es otro factor que afecta de manera desproporcionada a las comunidades más vulnerables. Muchas viviendas de bajos recursos están ubicadas en zonas con

---

[232] GALERA RUIZ, M.: «La mujer en riesgo de exclusión social y la vivienda», *Vivienda sostenible y mujeres en riesgo de exclusión social*, VICEIRA ORTEGA, P., GALERA RUIZ, M. (Coord.), QUESADA PÁEZ, A. (Dir.), Aranzadi, Cizur Menor, 2024, págs. 235 y sigs.; GARCÍA ESCOBAR, G. A.: «Mecanismos mercantiles de protección de la vivienda: especial referencia a la mujer emprendedora», *Vivienda sostenible y mujeres en riesgo de exclusión social*, VICEIRA ORTEGA, P., GALERA RUIZ, M. (Coord.), QUESADA PÁEZ, A. (Dir.), Aranzadi, Cizur Menor, 2024, págs. 103 y sigs.

altos niveles de contaminación del aire, agua y suelo debido a la proximidad de industrias, vertederos de basura y carreteras de alto tráfico. La exposición prolongada a estos contaminantes tiene consecuencias graves para la salud, incluyendo enfermedades respiratorias, cardiovasculares y problemas de desarrollo infantil.

Además, la falta de infraestructura adecuada agrava la problemática. En muchas comunidades marginadas, la carencia de sistemas eficientes de recolección de residuos y alcantarillado provoca la acumulación de desechos y aguas residuales, generando focos de infección y degradación ambiental. El cambio climático también impacta de manera desigual, ya que las viviendas más precarias son las más afectadas por inundaciones, olas de calor y otros fenómenos extremos.

Para abordar estas problemáticas, es fundamental implementar políticas públicas que promuevan el acceso a viviendas dignas y sostenibles. Algunas medidas clave incluyen:

Inversión en vivienda social: La construcción de viviendas accesibles y de calidad para poblaciones vulnerables puede reducir significativamente la desigualdad habitacional.

Regulación del mercado inmobiliario: Controlar la especulación y garantizar precios justos para la compra y alquiler de viviendas es fundamental para evitar desplazamientos forzados.

Mejora de la infraestructura en comunidades marginadas: Dotar de servicios básicos a los asentamientos informales puede mejorar la calidad de vida de sus habitantes.

Políticas ambientales: Implementar regulaciones más estrictas para reducir la contaminación en zonas urbanas y periurbanas es clave para proteger la salud de la población.

Desarrollo de viviendas sostenibles: Promover tecnologías y materiales ecológicos en la construcción de viviendas puede reducir el impacto ambiental y mejorar las condiciones de habitabilidad.

3.2.2. La marginalidad en la estructura urbana y las emisiones

La marginalidad urbana es un fenómeno que ha sido objeto de estudio desde distintas disciplinas, abordando sus implicaciones sociales, económicas y ambientales. En este contexto, el impacto de la marginalidad en la estructura urbana y su relación con las emisiones contaminantes es un tema crucial para comprender los desafíos del desarrollo sostenible en las ciudades. La segregación socioespacial, la falta de infraestructura adecuada y la escasa planificación urbana contribuyen a que los sectores más vulnerables de la población sufran mayores afectaciones ambientales y generen, en muchos casos, un impacto desproporcionado en términos de emisiones.

La marginalidad urbana se refiere a la exclusión de ciertos sectores de la población del acceso equitativo a los servicios y oportunidades que ofrecen las ciudades. Este fenómeno se manifiesta en la distribución desigual de la infraestructura, la vivienda y el transporte, creando patrones de segregación que perpetúan la desigualdad social. Las áreas marginales suelen caracterizarse por una densidad habitacional elevada, un acceso limitado a servicios básicos como agua potable y saneamiento, y una falta de integración con el resto de la ciudad.

Desde una perspectiva estructural, la marginalidad urbana es el resultado de políticas de urbanización que han priorizado el crecimiento desordenado sin considerar la inclusión social. Esto ha llevado a la proliferación de asentamientos informales y cinturones de pobreza en las periferias de las ciudades, donde la falta de infraestructura adecuada genera múltiples problemáticas, entre ellas un aumento en la generación de emisiones contaminantes.

Las emisiones contaminantes en zonas marginales pueden derivarse de diversas fuentes, entre las que destacan:

Uso ineficiente de la energía: La falta de acceso a fuentes de energía limpias y eficientes lleva a muchas comunidades a depender de combustibles sólidos como leña y carbón para la cocción de alimentos y la calefacción, lo que genera altos niveles de contaminación del aire.

Movilidad deficiente: La ausencia de un transporte público adecuado obliga a los residentes de áreas marginales a depender de vehículos motorizados informales y altamente contaminantes, como mototaxis o buses de segunda mano con tecnologías obsoletas.

Gestión inadecuada de residuos: La carencia de sistemas eficientes de recolección y tratamiento de desechos sólidos provoca la quema indiscriminada de basura, una práctica común en asentamientos informales que libera gases tóxicos y contribuye al cambio climático.

Falta de áreas verdes: La escasez de espacios naturales en zonas marginales disminuye la capacidad de absorción de contaminantes y la regulación térmica, incrementando los efectos negativos de las emisiones.

El impacto ambiental de la marginalidad urbana es significativo, ya que las emisiones provenientes de estas áreas no solo afectan a sus habitantes, sino que también repercuten en la calidad del aire y la salud pública de toda la ciudad. La exposición prolongada a contaminantes atmosféricos aumenta la incidencia de enfermedades respiratorias y cardiovasculares, afectando especialmente a niños y ancianos. Además, la mala calidad del aire puede generar efectos a largo plazo en la productividad económica de las ciudades, debido a un incremento en los costos de salud y una reducción en la calidad de vida.

Desde el punto de vista social, la marginalidad urbana refuerza la exclusión y dificulta la movilidad social. La falta de acceso a infraestructura y servicios adecuados impide que estas comunidades mejoren sus condiciones de vida, perpetuando el ciclo de pobreza y desigualdad.

Para abordar los efectos negativos de la marginalidad en la estructura urbana y las emisiones, es necesario implementar estrategias integrales que incluyan:

Mejoramiento de la infraestructura urbana: Invertir en servicios básicos como electricidad, agua potable y transporte público en las zonas más vulnerables puede reducir significativamente las emisiones contaminantes.

Promoción de energías limpias: Fomentar el uso de fuentes de energía renovables y tecnologías más eficientes en los hogares marginales disminuiría la dependencia de combustibles contaminantes.

Planificación urbana sostenible: Integrar a las comunidades marginales en el diseño de ciudades más inclusivas, con acceso equitativo a espacios verdes y equipamiento urbano, puede mejorar la calidad de vida y reducir el impacto ambiental.

Educación y concienciación ambiental: Implementar programas de sensibilización sobre el manejo de residuos, el uso de energías limpias y la movilidad sostenible puede generar cambios positivos en los hábitos de las comunidades.

3.3. CAMBIO CLIMÁTICO Y VIVIENDA: ACCIONES PARA LOGRAR LA SOSTENIBILIDAD

El cambio climático es uno de los mayores desafíos a los que se enfrenta la humanidad en el siglo XXI. Las consecuencias del aumento de la temperatura global, como el incremento de fenómenos meteorológicos extremos, el derretimiento de los glaciares y la pérdida de biodiversidad, están afectando profundamente a todos los sectores de la sociedad. Uno de los principales responsables de las emisiones de gases de efecto invernadero es el sector de la construcción y la vivienda, que contribuye significativamente a las emisiones de dióxido de carbono (CO_2) y consume grandes cantidades.

En este contexto, la sostenibilidad en la vivienda se ha convertido en una prioridad global[233]. El concepto de "vivienda sostenible" no solo se refiere a la eficiencia energética y el uso de materiales ecológicos, sino también a la integración de solu-

---

[233] ORDUÑA GAÑÁN, M. A.: *Barrios y sostenibilidad. La aplicación de criterios sociales, medioambientales y económicos en el diseño y evaluación de procesos de regeneración urbana sostenible en ciudades europeas*, Universidad de Valladolid, Valladolid, 2016, pág. 5 Disponible en: https://uvadoc.uva.es/bitstream/handle/10324/16800/Tesis998-160420.PDF?sequence=1&isAllowed=y (Consultado el 4 de febrero de 2025), indica que: «La presión que ejercen las ciudades sobre el medio ambiente es claramente insostenible, tanto en lo referente al consumo de recursos y energía, como en la producción de residuos.
La huella ecológica, indicador del impacto ambiental generado por la acción humana, ha constatado el exceso de esta presión humana sobre la biocapacidad2 del planeta. Según los datos para el año 2000, se necesitaría un 30% más de planeta, para absorber la presión de los habitantes en el mundo. La huella ecológica media por habitante en España, se situó en el año 2005 en 6,4 hectáreas globales, 2,6 veces superior a la biocapacidad disponible. Esto significa que se necesitarían casi tres Españas para mantener el nivel de vida de la sociedad actual, en especial la de la población que vive en las ciudades españolas.
De hecho, el modelo urbano de las últimas décadas en el ámbito español, y también en el europeo, es un modelo de ciudad extensiva, que implica un excesivo consumo de suelo,
una baja densidad residencial, que requiere un alto consumo de energía y recursos, dependiente de grandes infraestructuras viarias. Unas periferias, por otra parte, carentes de vida social, monofuncionales, culturalmente parcas y visualmente simples. Un modelo insostenible en tanto que requiere un elevado consumo de suelo y otros recursos como, por ejemplo; agua y energía; como en cuanto a producción de residuos contaminantes (entre ellos, los mencionados gases de efecto invernadero). Este modelo de ciudad es insostenible desde el punto de vista ecológico, pero además es ineficaz y caro, no cumple satisfactoriamente la función social que hace de las ciudades lo que son. Ante esta situación, se plantea desde este trabajo de investigación, la actuación sobre la ciudad existente y la interrupción del proceso de expansión de la ciudad sobre nuevo suelo.

ciones que reduzcan el impacto ambiental de la construcción y promuevan un modelo de desarrollo más respetuoso con el medio ambiente. Este enfoque es esencial para mitigar el cambio climático y adaptar nuestras comunidades a las nuevas realidades.

Actuar por una ciudad más sostenible es reducir drásticamente la expansión del suelo urbanizable y procurar una ciudad compacta, que minimice el uso de recursos y energía.
Pero que, a la vez, haga posible que todos los ciudadanos cuenten con un entorno habitable digno, inclusivo -y no excluyente-, en el que los habitantes puedan llevar a cabo múltiples actividades sin ser forzados a depender del uso del coche, en el que se tenga acceso a una vivienda digna, etc. La regeneración sostenible de barrios apunta, precisamente, en esta dirección. Intervenir en la ciudad existente, en los barrios con problemas, es una alternativa más eficaz que la construcción sobre nuevo suelo de fragmentos inconexos de ciudad. La actuación sobre áreas vulnerables, degradadas u obsoletas urbanas, constituye además una oportunidad de mejora de la calidad de vida de los ciudadanos; pero también, de desarrollo económico (fomento del empleo verde, por ejemplo) y social (mejora de la habitabilidad y bienestar), al mismo tiempo que contribuye a la sostenibilidad.
El objetivo de un urbanismo más sostenible es hacer compatible una buena calidad de vida urbana con un menor impacto nocivo de las ciudades en la sostenibilidad global. La recuperación de tejidos urbanos degradados, en los que se mejore el funcionamiento de sus ciclos urbanos mediante pautas ecológicas (agua, energía, materiales) pero que, además, procure la permanencia de la población residente, refuerce su capacidad de actuación en su entorno, promueva una mixticidad del tejido del barrio (no sólo residencial, sino también de ocio, trabajo, producción), mejore la calidad de vida de los residentes (condiciones de habitabilidad de las viviendas), la accesibilidad a los equipamientos, apueste por un espacio público de calidad, etc.; consigue una transformación integral en la que la sostenibilidad trasciende lo medioambiental, para traducirse en un empoderamiento de los agentes sociales, las empresas y la ciudadanía que comparte el cambio de paradigma y lo traslada también a su comportamiento y modo de vida personal, provocando una metamorfosis hacia pautas, políticas y culturas de eco-efectividad».

El consumo energético en las viviendas tiene un impacto directo sobre las emisiones, ya que gran parte de la energía utilizada proviene de fuentes no renovables. Además, la construcción y la demolición de edificios generan grandes cantidades de residuos, que contribuyen a la contaminación del suelo, el aire y el agua.

Las políticas públicas desempeñan un papel crucial en la promoción de la sostenibilidad en la vivienda. Estas políticas deben incentivar la construcción de viviendas eficientes desde el punto de vista energético, la renovación de edificios existentes para que sean más sostenibles, y la inclusión de criterios ecológicos en los proyectos urbanos. Entre las acciones

Aunque la transición hacia viviendas más sostenibles ofrece importantes beneficios para el medio ambiente y la calidad de vida de las personas, también presenta desafíos.

A pesar de estos desafíos, las oportunidades para lograr una vivienda más sostenible son enormes. A medida que las tecnologías verdes se vuelvan más accesibles y asequibles, y que las políticas públicas signifiquen incentivando la sostenibilidad, la transición hacia viviendas que respeten el medio ambiente y enfrenten el cambio climático será una realidad cada vez más alcanzable.

El Plan Nacional Integrado de Energía y Clima (PNIEC) 2021-2030[234] señala una estrategia a largo plazo en la renovación de edificios teniendo en cuenta que

En mayo de 2018, la Directiva (UE) 2018/844 del Parlamento Europeo y del Consejo de 30 de mayo de 2018, por la que se modifica la Directiva 2010/31/UE relativa a la eficiencia energética de los edificios y la Directiva 2012/27/UE relativa a la eficiencia

---

234 MINISTERIO PARA LA TRANSICIÓN ECOLÓGICA Y EL RETO DEMOGRÁFICO: *Plan Nacional Integrado de Energía y Clima (PNIEC) 2021-2023*, 2020. Disponible en: https://www.miteco.gob.es/content/dam/miteco/images/es/pnieccompleto_tcm30-508410.pdf (Consultado el 2 de febrero de 2025).

energética[235] introduce un nuevo artículo 2.bis en la Directiva 2010/31/UE relativo a la estrategia a largo plazo para apoyar la renovación de los parques nacionales de edificios residenciales y no residenciales, tanto públicos como privados. Ahora se ha establecido el nuevo objetivo de transformarlos en parques inmobiliarios con alta eficiencia energética y descarbonizados antes de 2050, facilitando la transformación económicamente rentable de los edificios existentes en edificios de consumo de energía casi nulo.

Los objetivos en materia de rehabilitación energética de edificios son los siguientes:

a) Mejora de la eficiencia energética (envolvente térmica) a lo largo de la década de un total de 1.200.000 viviendas.

b) Mejora de la eficiencia energética (renovación de instalaciones térmicas de calefacción y agua caliente sanitaria -ACS-) de 300.000 viviendas/año de media.

La Estrategia Nacional contra la Pobreza Energética[236] aprobada en 2019, y siguiendo lo indicado en el artículo 1 del Real Decreto-ley 5/2018, de 5 de octubre, de medidas urgentes para la transición energética y la protección de los consumidores[237], y se configura como el instrumento que permite abordar el fenómeno de la pobreza energética desde una perspectiva integral y a medio y largo plazo.

Se indica una definición de pobreza energética, que se relacionada con la de consumidor en situación de vulnerabilidad. Se

---

[235] DOUE L 156/75, de 19 de junio de 2018.

[236] MINISTERIO PARA LA TRANSICIÓN ECOLÓGICA: *Estrategia nacional contra la pobreza energética 2019-2024*. Disponible en: https://www.miteco.gob.es/content/dam/miteco/es/ministerio/planes-estrategias/estrategia-pobreza-energetica/estrategianacionalcontralapobrezaenergetica_tcm30-502982.pdf (Consultado el 12 de febrero de 2025).

[237] BOE núm. 242, de 6 de octubre de 2018. Véase también: FERNÁNDEZ GUTIÉRREZ, L. I.: «Un edificio para combatir la pobreza energética», *+ Calidad*, núm. 24, 2021, págs. 20 y sigs.

realizó un diagnóstico inicial y se caracteriza el problema a través del diseño de indicadores oficiales de medición coincidentes con los que utiliza el Observatorio Europeo contra la Pobreza Energética (EPOV). Estos indicadores clave son los siguientes:

1. Gasto desproporcionado: porcentaje de hogares cuyo gasto energético en relación con sus ingresos es más del doble que la media nacional.

2. Pobreza energética escondida (HEP): porcentaje de hogares cuyo gasto energético absoluto es inferior a la mitad de la media nacional.

3. Incapacidad para mantener la vivienda a una temperatura adecuada.

4. Retraso en el pago de las facturas de los suministros de la vivienda.

La lucha contra la pobreza energética es un problema de gran envergadura y uno de los instrumentos para luchar contra la misma son los sistemas de autoconsumo. Así, se indica en la Estrategia que las actuaciones de la administración relativas a la promoción de parques de vivienda pública, el acceso a la vivienda o las actuaciones de los servicios sociales, deben tener en cuenta el potencial del autoconsumo para reducir la factura de la electricidad y la dependencia energética de las familias y los colectivos vulnerables. Asimismo, las medidas de promoción del autoconsumo deben ir dirigidas a que sean accesibles para el conjunto de la sociedad y en particular de los consumidores vulnerables quienes se ven excluidos del autoconsumo en condiciones de mercado sin medidas específicas.

Se contemplan una serie de medidas y una de las que podemos destacar es la relativa a la eficiencia energética en edificios existentes del sector residencial.

Esta medida pretende la reducción del consumo de energía de los edificios existentes residenciales de uso vivienda mediante actuaciones de rehabilitación energética.

La rehabilitación deberá permitir la mejora de la calificación energética del edificio. Ello se corresponde con la Estrategia a largo plazo de renovación de los edificios, que diseñó el Ministerio de Transportes y Movilidad Sostenible (MITMA) y del Plan estatal de vivienda, que constituye la herramienta básica para el fomento de la regeneración y renovación urbana y rural y que se ha venido llevando a cabo en colaboración con las Comunidades Autónomas.

El PNIEC considera que la certificación de al eficiencia energética de los edificios que fue regulada por el Real Decreto 235/2013, de 5 de abril, por el que se aprueba el procedimiento básico para la certificación de la eficiencia energética de los edificios[238] (actualmente derogado por el Real Decreto 390/2021, de 1 de junio, por el que se aprueba el procedimiento básico para la certificación de la eficiencia energética de los edificios)[239] constituye una herramienta muy útil para los promotores de actuaciones de rehabilitación a la hora de realizar nuevas inversiones en edificios existentes, sea cual sea su uso. No obstante, y en la medida en que la mejora de la calificación energética del edificio podrá obtenerse mediante actuaciones sobre la envolvente térmica de los mismos o sobre las instalaciones térmicas de calefacción y/o climatización y de ACS, este Plan prioriza las inversiones sobre la envolvente térmica (fachadas, cubiertas y cerramientos) respecto a las mejoras en las instalaciones térmicas, considerando que la reducción de la demanda térmica debe abordarse en primer lugar para evitar el sobredimensionamiento de los equipos de calefacción y/o climatización que deben satisfacer dicha demanda.

Real Decreto 691/2021, de 3 de agosto, por el que se regulan las subvenciones a otorgar a actuaciones de rehabilitación energética en edificios existentes, en ejecución del Programa de rehabilitación energética para edificios existentes en municipios de reto demográfico (Programa PREE 5000), incluido en el Programa de regenera-

---

[238] BOE núm. 89, de 13 de abril de 2013.

[239] BOE núm. 131, de 2 de junio de 2021.

ción y reto demográfico del Plan de rehabilitación y regeneración urbana del Plan de Recuperación, Transformación y Resiliencia, así como su concesión directa a las comunidades autónomas.[240]

El objetivo del PREE 5000 es dar un impulso a la sostenibilidad de la edificación existente en municipios de reto demográfico mediante actuaciones que van desde cambios en la envolvente térmica, a la sustitución de instalaciones de generación térmica con combustibles de origen fósil por generación térmica basada en fuentes renovables como la biomasa, la geotermia, la solar térmica, la bomba de calor, o la generación eléctrica renovable para el autoconsumo y la incorporación de tecnologías de regulación y control, así como la mejora en la eficiencia energética en la iluminación.

Además, el Programa pretende promover las actuaciones realizadas por comunidades de energías renovables o comunidades ciudadanas de energía, tal como recogen las últimas directivas de energías renovables y de mercado interior de la energía.

El programa de ayudas para la rehabilitación energética de edificios existentes se inició en el año 2013, y es una experiencia de éxito porque más del 85% de los fondos canalizados a proyectos de rehabilitación energética lo han sido para actuaciones de mejora de la eficiencia energética de la envolvente térmica. Este programa se favorece por la existencia de oficinas de rehabilitación en determinados territorios que identifiquen proyectos y presten asesoramiento técnico a las comunidades de propietarios para la elaboración de las propuestas, a las que se destinarán ayudas públicas a fondo perdido y financiación en la parte no cubierta por la subvención.

La base del apoyo público será el certificado de eficiencia energética del edificio, que debe contener una descripción de las características energéticas del mismo como punto de partida para realizar un diagnóstico energético. Este certificado

---

240 BOE núm. 185, de 4 de agosto de 2021.

contendrá información sobre todos los elementos susceptibles de intervención desde un punto de vista energético (envolvente térmica, instalaciones térmicas de calefacción, climatización y producción de agua caliente sanitaria, iluminación y sistemas de control y gestión), además de información sobre las condiciones normales de funcionamiento y ocupación, las condiciones de confort térmico y la calidad de aire interior, entre otras.

El propio certificado deberá incluir recomendaciones para la mejora de los niveles óptimos o rentables de la eficiencia energética del edificio o de una parte de éste y puede incluir una estimación de los plazos de recuperación de la inversión durante su vida útil.

La Ley 16/2017, de 1 de agosto, del cambio climático de la Comunidad Autónoma de Cataluña[241] se indican, en el artículo 1, como principios de actuación los de debida evaluación, cálculo objetivo y eficacia.

Estos principios se aplicarán en distintos ámbitos, entre ellos el de la vivienda.

El artículo 27 de la Ley 16/2017 regula el urbanismo y vivienda, indicando una serie de medidas para lograr un cambio de modelo urbanístico que priorice la rehabilitación del parque de viviendas y los edificios de consumo energético casi nulo y a reducir la vulnerabilidad y las emisiones de gases de efecto invernadero, y concretamente deben ir encaminadas a:

a) La adaptación de la normativa urbanística y energética para que las nuevas áreas residenciales sean lo máximo de autosuficientes energéticamente y se diseñen de acuerdo con la siguiente jerarquía de criterios: reducir la demanda energética, ser eficientes en el diseño de los sistemas que cubren la demanda energética, aprovechar los recursos energéticos locales, promover el uso de materiales de

241 BOE núm. 234, de 28 de septiembre de 2017.

construcción de bajo impacto ambiental y compensar las emisiones de dióxido de carbono derivado del impacto energético de los edificios con parques de generación a partir de fuentes renovables.

b) El fomento del uso de energía procedente de fuentes renovables en el sector de la edificación, priorizando las que no generan un trasvase hacia otros contaminantes con impactos locales.

c) La adaptación de la normativa urbanística y ambiental para que tanto las figuras de nuevos planeamientos urbanísticos y sus modificaciones y revisiones como el planeamiento territorial incorporen un análisis cuantitativo y una valoración descriptiva del impacto sobre las emisiones de gases de efecto invernadero y los impactos del cambio climático sobre el nuevo planeamiento, así como medidas para mitigarlo y adaptarse a él. Este análisis debe incluir las emisiones vinculadas a la movilidad generada, los consumos energéticos del ciclo del agua y de los residuos, y los consumos energéticos de los usos residenciales y terciarios.

d) La selección y clasificación de espacios ya urbanizados u ocupados por infraestructuras y servicios con potencialidades para situar o compartir superficies para captar energías renovables.

El ejecutivo y las administraciones locales deben promover:

a) El uso, por parte de los profesionales del diseño, proyección y construcción de zonas residenciales, de fuentes de energía renovable para la calefacción, la refrigeración y el agua caliente sanitaria, y de soluciones constructivas, tanto estructurales como de cierres altamente eficientes energéticamente.

b) La construcción con criterios bioclimáticos con el objetivo de que en 2020 los nuevos edificios construidos sean de consumo energético casi nulo.

c) El impulso de políticas activas que fomenten la rehabilitación energética del parque de viviendas y la mejora del ahorro y la eficiencia energéticos. La Estrategia catalana para la renovación energética de los edificios debe priorizar la accesibilidad y la eficiencia energética de edificios y viviendas con aprovechamiento de energía renovable, y debe cubrir la necesidad de actuación sobre un mínimo de cincuenta mil viviendas anuales.

d) La toma en consideración, por parte de los municipios, en su planeamiento urbanístico, de las recomendaciones de la Organización Mundial de la Salud sobre la superficie de verde urbano por habitante.

e) La reserva de puntos de carga de vehículos eléctricos en los centros de trabajo y edificios públicos.

f) El desarrollo de modelos compactos de ocupación del territorio y unos usos más eficientes e intensivos de los terrenos urbanizados en los ordenamientos territorial y urbanístico.

g) La garantía, en los nuevos desarrollos urbanísticos, de la provisión energética con fuentes de energía cien por cien renovables, ya sea por conexión a la red de consumo ya sea facilitando el autoconsumo o, si procede, construyendo redes cerradas.

Se regula el denominado fondo climático, en el artículo 51. Se trata de un fondo de carácter público, sin personalidad jurídica, adscrito al departamento competente en materia de cambio climático, y que tiene como objetivo convertirse en un instrumento necesario para la ejecución de políticas y acciones de mitigación y adaptación al cambio climático.

El Fondo Climático puede impulsar las siguientes actuaciones, entre otras:

a) El fomento de las energías renovables y de la eficiencia energética.

b) La descentralización de redes y el autoconsumo energético.

c) Las viviendas energéticamente eficientes.

La Ley 7/2021, de 20 de mayo, de cambio climático y transición energética[242] indica que las medidas de eficiencia energética y la Estrategia a largo plazo para la rehabilitación de edificios se recoge que deberán ser coherentes con los objetivos de eficiencia, de gestión de la demanda y de renovables establecidos en los sucesivos Planes Integrados de Energía y Clima. Con la finalidad de conseguir edificios más eficientes se fomenta el uso de materiales con la menor huella de carbono posible, mejoras en la accesibilidad de los edificios, incentivos para la introducción de energías renovables en la rehabilitación de viviendas, facilitando instalaciones fotovoltaicas de autoconsumo en las comunidades de propiedad horizontal y sistemas de calefacción y refrigeración de cero emisiones[243].

De esta forma, el artículo 8 de la Ley 7/2021 regula la eficiencia energética y rehabilitación de edificios. Se indica que el ejecutivo promoverá y facilitará el uso eficiente de la energía, la gestión de la demanda y el uso de energía procedente de fuentes renovables en el ámbito de la edificación, sin perjuicio de las competencias que correspondan a las Comunidades Au-

---

242 BOE núm. 121, de 21 de mayo de 2021. Véase también: Real Decreto 91/2025, de 11 de febrero, por el que se establece el mecanismo de gobernanza en materia de energía, cambio climático y calidad del aire (BOE núm. 46, de 22 de febrero de 2025).

243 Véase: PIÑA RAMÍREZ, C., SANTIAGO RASILLA, V., VIDALES BARRIGUETE, R., VIDALES BARRIGUETE, A. y AGUILERA BENITO, P.: «Case study of energy demand in near-zero energy houses and houses under the passivhaus standard», *EDIFÍCATE 2023: II National and I International Congress of Advanced Schools Buildings Engineering and Technical Architecture,* SANTIAGO ZARAGOZA, J. M., GUTIÉRREZ CARILLO, M. L., MARTÍNEZ ROJAS, M. y SUÁREZ VARGAS, E. (Coord.), Universidad de Granada, Granada, 2024, págs. 149 y sigs. Disponible en: https://editorial.ugr.es/ebook/131321/free_download/ (Consultado el 5 de febrero de 2025).

tónomas, con especial referencia a los edificios habitados por personas en situaciones de vulnerabilidad.

Los materiales de construcción utilizados tanto en la construcción como en la rehabilitación de edificios deberán tener la menor huella de carbono posible a fin de disminuir las emisiones totales en el conjunto de la actuación o del edificio.

Las directrices y criterios de rehabilitación energética garantizarán en todo caso el mantenimiento y, cuando proceda, la mejora de las condiciones de accesibilidad y usabilidad de los edificios e instalaciones, fomentándose la posibilidad de aunar ambos tipos de actuaciones rehabilitadoras en programas únicos o, al menos, alineados.

Se fomentará por parte del Gobierno la renovación y rehabilitación de los edificios existentes, tanto públicos como privados, para alcanzar los efectos señalados en el presente precepto y, en especial, la alta eficiencia energética y descarbonización a 2050.

Se encomienda al Gobierno para elaborar, en un plazo inferior a seis meses desde que entró en vigor la Ley 7/2021, un Plan de Rehabilitación de Viviendas y Renovación urbana con el objetivo de mejorar el parque edificado, independientemente de su titularidad, a efectos de cumplimentar los indicadores de eficiencia energética establecidos en el PNIEC y garantizar la integración de dichas actuaciones con el resto de los objetivos de mejora establecidos en la Agenda Urbana Española. Este Plan deberá seguir los criterios y objetivos recogidos en la estrategia a largo plazo para la rehabilitación energética en el sector de la edificación en España (ERESEE).

Las Administraciones Públicas podrán establecer incentivos que favorezcan la consecución de los objetivos previstos en este artículo, con especial atención a la introducción de las energías renovables en la rehabilitación de viviendas fomentando el autoconsumo, las instalaciones de pequeña potencia, la calefacción y la refrigeración cero emisiones.

Las medidas referidas en los apartados anteriores, la reglamentación técnica sobre energía y la Estrategia a largo plazo para la rehabilitación de edificios serán coherentes con los objetivos establecidos en los sucesivos Planes Integrados de Energía y Clima.

El título V de la Ley 7/2021 recoge las medidas de adaptación frente a los impactos del cambio climático. Como indica la Ley 7/2021, el cambio climático ya es una realidad y sus impactos se muestran con una amplitud y profundidad crecientes en nuestro país. Sectores que son claves en la economía del país dependen de forma muy estrecha del clima. Pero también otros sectores esenciales para nuestro bienestar, como es la salud humana, la biodiversidad o la vivienda. Las acciones de adaptación efectivas reducen la exposición y la vulnerabilidad de los sistemas sociales, económicos y ambientales frente al cambio del clima y también pueden mejorar su capacidad para recuperarse y reestablecerse tras una perturbación asociada al clima. La adaptación genera beneficios económicos y sociales que la hacen necesaria.

La Ley Foral 4/2022, de 22 de marzo, de Cambio Climático y Transición Energética[244] indica que el Plan Energético establece la planificación energética y la integración y coordinación con otras planificaciones sectoriales como industria, transporte, vivienda, medio ambiente o planificación del territorio. El Plan Energético de Navarra Horizonte 2030 marca las líneas principales sobre la transición hacia un nuevo modelo energético basado en el desarrollo de las energías renovables, la generación y la gestión energética, la gestión de sus infraestructuras energéticas y la eficiencia energética en todos los sectores, estableciendo medidas de fomento y ayudas públicas, así como el impulso de la investigación e innovación, y de la formación y sensibilización

El carácter transversal del cambio climático determina que la acción de las administraciones públicas deba desarrollarse mediante

---

244 BOE núm. 93, de 19 de abril de 2022.

otros títulos competenciales de la Comunidad Foral que aluden a materias que pueden verse afectadas. Áreas y ámbitos como la agricultura, la ganadería, los recursos hídricos, la energía, la vivienda, el urbanismo, la movilidad, la salud, el turismo, los sectores industriales, las infraestructuras, la gestión forestal o la protección civil se verán afectados de un modo u otro. Asimismo, el desarrollo de las políticas sectoriales en cada uno de estos ámbitos tiene impacto sobre la intensificación o mitigación del cambio climático.

La ordenación del territorio, el urbanismo y la vivienda tienen relación directa tanto con la adaptación al cambio climático como con la mitigación de emisiones de gases de efecto invernadero. Los desarrollos urbanos deben implantarse y renovarse con visión climática atendiendo a orientaciones, alturas, presencia de infraestructura verde, etcétera. Y los edificios deben ser más eficientes energéticamente, mitigando sus emisiones.

El artículo 33 contempla la energía fotovoltaica indicando que para asegurar su ordenada implantación sobre el territorio y garantizar la conservación de los valores naturales más relevantes el Gobierno de Navarra establecerá reglamentariamente, en el plazo máximo de un año, los criterios objetivos ambientales, urbanísticos, de producción agrícola y cualquier otro, en el que se detallen los suelos autorizables y prohibidos en los que pueda o no plantearse la ejecución de una instalación de energía fotovoltaica. En los suelos en los que no sea autorizable la instalación solo se permitirán aquellas que no se incluyan ni en el anexo I ni en el anexo II de la Ley 21/2013, de 9 de diciembre, de evaluación ambiental[245].

Se acompañará de un mapa que refleje las distintas categorías de suelo establecidas.

---

[245] BOE núm. 296, de 11 de diciembre de 2013. Modificada por Real Decreto 445/2023, de 13 de junio, por el que se modifican los anexos I, II y III de la Ley 21/2013 (BOE núm. 141, de 14 de junio de 2023).

En las nuevas construcciones de viviendas protegidas, la instalación de energía procedente de fuentes renovables será obligatoria en las condiciones y porcentajes que se establezcan mediante desarrollo reglamentario, así como sus excepciones.

Podrán ubicarse instalaciones de producción de energía fotovoltaica en infraestructuras existentes, sean de interés general o no, cuando sean compatibles o complementarias a estas.

El artículo 34 de la Ley Foral 4/2022, contempla la dendroenergía, del tal forma que el Gobierno de Navarra impulsará la instalación y explotación de instalaciones de generación, regulación y almacenamiento de energía renovable térmica de utilización conjunta en bloques de viviendas por biomasa forestal de origen local, fomentando la participación económica de las entidades locales de ámbito rural y de las empresas del entorno, y el autoconsumo de biomasa.

Las autorizaciones para el desarrollo de instalaciones térmicas de biomasa y el suministro de biomasa forestal serán simplificadas según se desarrolle reglamentariamente.

La instalación de la dendroenergía en edificios se contemplará en la regulación de condiciones de edificación establecidas en las ordenanzas urbanísticas.

Los suministros de biomasa de los edificios de uso residencial y servicios deberán disponer de un certificado que garantice que toda la materia prima que consumen ha sido obtenida y elaborada a una distancia menor de 150 kilómetros del punto de consumo o, alternativamente, el consumo energético de su transporte sea inferior al 20 % de su valor energético. El departamento con competencia en materia de medio ambiente desarrollará el procedimiento de emisión de certificado para la biomasa de origen de Navarra.

Serán aceptados para uso energético o como residuos forestales aquellos procedentes de la gestión forestal sostenible, la preventiva de incendios forestales, de la gestión adaptativa de los montes al cambio climático, incluyendo la reducción de carga de combustible en los montes, y la reducción de la densidad de pies en la masa forestal.

Los sistemas térmicos de los edificios de uso residencial y terciario se contemplan en el artículo 38 de la Ley Foral 4/2022. Se establece que el Gobierno de Navarra establecerá los mecanismos necesarios para que a partir del 30 de junio de 2027 no se instalen sistemas térmicos abastecidos con combustibles fósiles en los edificios de uso residencial y terciario de nueva construcción.

A partir del 30 de junio de 2027 queda prohibido el suministro de gasóleo a los edificios residenciales y terciarios ubicados en las entidades de población donde existe infraestructura de distribución de gas natural canalizado. El Gobierno de Navarra establecerá el necesario sistema de ayudas para que los propietarios y propietarias puedan proceder al cambio de fuente de energía para climatización.

A partir del 30 de junio de 2027 todos los edificios de nueva construcción o que sean objeto de rehabilitación integral o cambio de uso, deberán instalar sistemas de calefacción o agua sanitaria caliente con base en energías renovables para cubrir al menos el 50 % de su demanda conjunta.

Todas las calderas de los edificios de uso residencial de vivienda colectiva deberán tener un rendimiento mínimo a carga total del 80 % en 2025 y 85 % en 2030 sobre el Poder Calorífico Superior.

Se prohíbe el mantenimiento en posición de apertura continua de las puertas de acceso a locales de uso terciario que dispongan de climatización artificial.

La climatización de espacios abiertos únicamente será permitida si el consumo energético total de la actividad en la que se integran se realiza mediante autoconsumo o la contratación de energía renovable certificada.

A partir del 1 de enero de 2023, los edificios de uso residencial que dispongan de una instalación centralizada de producción de calefacción, agua caliente sanitaria o refrigeración, deberán disponer de:

a) Contador de calorías a la salida de la sala de calderas.

b) En el caso de que tengan una instalación solar térmica, contador de calorías que registre la aportación de los colectores solares térmicos.

Los sistemas fotovoltaicos se establecen en el artículo 39 de la Ley Foral 3/2022 de tal forma que los edificios de uso residencial, industrial, comercial y dotacional de más de 500 m² de cubierta medidos en proyección horizontal de nueva construcción, los que sean objeto de rehabilitación integral o cambio de uso, o los que reformen su cubierta, deberán instalar sistemas fotovoltaicos individuales o de uso compartido en al menos el 35 % de su superficie de ocupación en planta en las orientaciones sur, sureste y suroeste.

En caso de que la preservación del patrimonio arquitectónico o cultural de las edificaciones dificulte lo dispuesto en el apartado anterior, las obligaciones citadas se considerarán satisfechas mediante el cumplimiento de las previsiones recogidas en el apartado quinto del presente artículo.

Al menos el 20 % de las plazas de aparcamiento en superficie vinculadas a los edificios de uso dotacional, comercial, terciario e industrial de nueva construcción, deberán cubrirse con placas de generación solar fotovoltaica.

En edificios existentes con al menos el 50 % de la superficie de ocupación en planta construida para uso dotacional, comercial o industrial:

a) De más de 4.000 m² de superficie construida o de cubierta conjunta, de todos los edificios o instalaciones de un mismo emplazamiento, deberán instalarse antes de 2030, placas fotovoltaicas en las orientaciones sur, sureste y suroeste para cubrir como mínimo el 35 % de su consumo anual de electricidad y el 35 % de su superficie de ocupación en planta, siempre que la disponibilidad de cubiertas o fachadas lo permitan.

b) De más de 2.000 m^2 de superficie construida o de cubierta conjunta, de todos los edificios o instalaciones de un mismo emplazamiento, deberán instalarse antes de 2040, placas fotovoltaicas en las orientaciones sur, sureste y suroeste para cubrir como mínimo el 40 % de su consumo anual de electricidad y el 35 % de su superficie de ocupación en planta, siempre que la disponibilidad de cubiertas o fachadas lo permitan.

Las obligaciones establecidas en el presente artículo se considerarán satisfechas cuando la propiedad de los edificios o en su caso, sus proveedores de servicios energéticos:

a) Participe en proyectos de producción energética renovable equivalentes en términos de producción energética y reducción de emisiones, a la cobertura exigida en este artículo, que sean promovidos y gestionados por las administraciones públicas de Navarra, la Agencia de transición energética de Navarra, o por comunidades energéticas locales.

b) Produzca el 35 % de su consumo anual de electricidad con otras tecnologías renovables vinculadas a sus instalaciones.

La instalación de la energía solar en edificios se integrará obligatoriamente en la regulación de condiciones estéticas establecidas en las ordenanzas urbanísticas.

Se atiende en el artículo 40 de la Ley Foral 4/2022 a la eficiencia energética en la edificación.

Antes del 1 de enero de 2025 todos los edificios de Navarra de uso residencial y terciario deberán tener el certificado de calificación energética registrado en el Registro público de certificados de Navarra. Para ello el departamento competente en materia de certificación energética destinará una línea de ayudas para la realización de los certificados durante los años 2022, 2023 y 2024.

El Gobierno de Navarra establecerá reglamentariamente la información adicional que deban incorporar los certificados de eficiencia energética de las nuevas edificaciones y de las edificaciones existentes, cuando, de acuerdo con la legislación básica estatal, estos sean exigibles.

Antes del 1 de enero de 2025 el Gobierno de Navarra establecerá los medios para que a partir del 1 de enero de 2030 los edificios de vivienda colectiva de Navarra tengan la calificación energética clase B o superior.

Antes del 1 de enero de 2025 el Gobierno de Navarra aprobará un Plan de rehabilitación de la vivienda de Navarra para alcanzar el objetivo previsto en el apartado anterior. Dicho plan estará alineado con la estrategia a largo plazo para el ERESEE 2020 y el PNIEC 2021-2030.

El Gobierno de Navarra establecerá incentivos para aumentar la eficiencia y los sistemas energéticos renovables en todos los edificios de Navarra, ya sean para la rehabilitación o para la nueva construcción.

A partir del 1 de enero de 2025 todos los edificios de nueva construcción deberán incorporar autoconsumo eléctrico proporcional a su superficie de cubierta, orientación y consumo previsible con el objetivo de alcanzar la máxima cobertura posible mediante autoconsumo renovable. Las condiciones y porcentajes de instalación de energía procedente de fuentes renovables serán coherentes y complementarias con las establecidas en el Código Técnico de la Edificación y se determinarán reglamentariamente por el departamento competente en materia de energía en el plazo de dos años.

Las líneas de actuación de transición energética y mitigación del cambio climático en el sector primario se indican en el artículo 53 de la Ley Foral 4/2022 entre las que se menciona el fomentar el uso de la madera principalmente en edificios, viviendas y mobiliario público, así como el uso de biomasa forestal como fuente energética.

La integración de las energías renovables en las explotaciones agrícolas y ganaderas se establece en el artículo 55 de la

Ley Foral 4/2022, que, por lo que se refiere a la vivienda, se indica que en aquellas instalaciones o edificaciones en las que esté integrada la vivienda habitual del titular, el consumo anual deberá ser superior a 4.000 kWh para garantizar que provenga de fuentes de autoconsumo.

La Ley 6/2022, de 5 de diciembre, del Cambio Climático y la Transición Ecológica de la Comunitat Valenciana[246] considera como una de las áreas estratégicas para la adaptación la vivienda.

El programa de mitigación de emisiones de gases de efecto invernadero que se regula en el artículo 13 de la Ley 6/2022 dispone que tiene por objeto establecer las acciones necesarias para alcanzar los objetivos globales de reducción de emisiones establecidos en esta ley, así como la coordinación, seguimiento e impulso de las políticas, planes y actuaciones que contribuyan a dicha reducción y la transición hacia un nuevo modelo energético. Siendo una de las áreas estratégicas para la mitigación de emisiones la edificación y vivienda.

Las medidas de fomento se recogen en el artículo 32 de la Ley 6/2022 de tal forma que las administraciones públicas de la Comunitat Valenciana impulsarán la reducción de emisiones en el proceso constructivo de las edificaciones y el uso de materiales de construcción de bajo impacto ambiental, preferentemente de origen local. En este sentido, se promoverá el cálculo de la huella de carbono en los proyectos de nuevas edificaciones.

Así mismo, facilitarán e incentivarán la rehabilitación de los edificios existentes y la construcción de nuevos edificios con una calificación energética superior a la que exija la normativa vigente. La conselleria competente en materia de cambio climático, en colaboración con el departamento competente en materia de vivienda, elaborará una guía de mejores prácticas.

---

246 BOE núm. 43, de 20 de febrero de 2023.

Las administraciones públicas de la Comunitat Valenciana fomentarán la obtención de certificaciones de construcción sostenible que evalúen, para la construcción, uso y desmantelamiento de los edificios, la reducción de emisiones de gases de efecto invernadero, la eficiencia energética, el ahorro de agua y la disminución de los residuos, en conformidad con normas, estándares o sistemas de certificación reconocidos a nivel nacional o internacional.

Las administraciones públicas establecerán programas de subvenciones, de ayudas y políticas fiscales destinadas a alcanzar eficiencia energética en la rehabilitación de viviendas, con especial atención a los colectivos más vulnerables. Así mismo, se podrán establecer estrategias de financiación basadas en mecanismos de recuperación de las inversiones realizadas a partir del ahorro energético.

Las administraciones públicas de la Comunitat Valenciana fomentarán el uso de materiales de construcción y rehabilitación teniendo en cuenta el análisis de su ciclo de vida y su huella de carbono, en conformidad con normas, estándares o sistemas de certificación reconocidos a nivel nacional o internacional.

El Consell, en el ámbito de sus competencias, podrá modificar los instrumentos fiscales relativos a la vivienda, los residuos y las actividades económicas, entre otros, para incentivar en el sector privado actuaciones de mitigación del cambio climático, de adaptación al mismo y el fomento de la generación distribuida. Así mismo, el Consell fomentará y asesorará para que las entidades locales también adapten sus instrumentos fiscales en la misma línea.

La regeneración urbana pasa por la prioridad de la rehabilitación del parque de viviendas, tal y como indica el artículo 37 de la Ley 6/2022, las medidas que se adopten en materia de planeamiento urbanístico en con el Decreto Legislativo 1/2021, en el diseño y ejecución de proyectos de urbanización de nuevas áreas urbanas o en la regeneración de espacios urbanos degradados, deben ir encaminadas a un cambio de modelo urbanístico que priorice la rehabilitación del parque de viviendas y los edificios de consumo energético casi nulo y a reducir la vulnerabilidad y las emisiones de gases de efecto invernadero, y concretamente deben ir encaminadas a:

a) La adaptación de la normativa urbanística y energética para que las nuevas áreas residenciales sean el máximo de autosuficientes energéticamente y se diseñen de acuerdo con la siguiente jerarquía de criterios: reducir la demanda energética, ser eficientes en el diseño de los sistemas que cubran la demanda energética, aprovechar los recursos energéticos locales, promover el uso de materiales de construcción de bajo impacto ambiental y compensar las emisiones de dióxido de carbono derivado del impacto energético de los edificios con parques de generación a partir de fuentes renovables.

b) El fomento del uso de energía procedente de fuentes renovables en el sector de la edificación.

c) La adaptación de la normativa urbanística y ambiental para que tanto las figuras de nuevos planeamientos urbanísticos, sus modificaciones y revisiones que estén sujetas a evaluación ambiental estratégica ordinaria como el planeamiento territorial incorporen, dentro del estudio ambiental estratégico, un análisis cuantitativo y una valoración descriptiva del impacto sobre las emisiones de gases de efecto invernadero y los impactos del cambio climático sobre el nuevo planeamiento, así como las medidas para mitigarlo y adaptarse; todo ello en los términos previstos en el artículo 25.1 de la Ley 6/2022. Los proyectos de urbanización que ejecuten las previsiones del planeamiento incluirán un análisis de las emisiones vinculadas a la movilidad generada, los consumos energéticos del ciclo del agua y de los residuos, y los consumos energéticos de los usos residenciales y terciarios.

Las administraciones públicas valencianas deben promover:

a) El uso, por parte de los profesionales del diseño, proyección y construcción de zonas residenciales, de fuentes de energía renovable para la calefacción, la refrigeración y el agua caliente sanitaria, y de soluciones constructivas, tanto estructurales como de cierres altamente eficientes energéticamente.

b) La construcción con criterios bioclimáticos, con el objetivo de atender las condiciones de su entorno y que no se genere la necesidad de consumo energético. Se tendrán en cuenta cuestiones como la orientación, la capacidad del edificio, el estudio del programa y el uso de materiales con inercia térmica.

c) El impulso de políticas activas que fomenten la rehabilitación energética del parque de viviendas y la mejora del ahorro y la eficiencia energéticos. Las medidas para la renovación energética de los edificios deben priorizar la accesibilidad y la eficiencia energética de edificios y viviendas con aprovechamiento de energía renovable.

El artículo 55 de la Ley 6/2022 contempla el aprovechamiento de los grandes aparcamientos en superficie y de cubiertas.

Los espacios destinados en las plazas de estacionamiento de todos los nuevos aparcamientos de titularidad privada en suelo urbano situados en superficie que ocupen un área total superior a 1.000 metros cuadrados se han de cubrir con placas de generación solar fotovoltaica destinadas al autoconsumo de las instalaciones asociadas al aparcamiento.

En las instalaciones de titularidad privada con aparcamiento en superficie en suelo urbano que ocupe un área total de 1.500 metros cuadrados o más, y disponga de una potencia contratada de 50 kW o más, se ha de incorporar generación solar fotovoltaica para autoconsumo, bien en el espacio de aparcamiento, bien en la cubierta de las instalaciones.

Se debe cubrir con placas solares de generación fotovoltaica los espacios destinados a las plazas de estacionamiento de todos los aparcamientos de titularidad pública en suelo urbano situados en superficie que ocupen un área total superior a 1.000 metros cuadrados.

Las administraciones públicas valencianas pueden establecer obligaciones de incorporación de generación renovable en aparcamientos situados en suelo no urbano.

Sin perjuicio de lo establecido en la normativa básica estatal, se debe incorporar generación solar fotovoltaica para las cubiertas de las siguientes edificaciones:

a) Edificios residenciales plurifamiliares y viviendas unifamiliares.

b) Construcciones de uso dotacional, industrial o terciario, de titularidad pública o privada, con una superficie en planta superior a 250 metros cuadrados. Esta disposición se ha de aplicar en edificaciones, edificios o viviendas unifamiliares de nueva construcción y en los que sean objeto de una reforma integral o cambio de uso. Se establece la posibilidad de instalar estos sistemas en ubicaciones alternativas como fachadas en la misma parcela. Quedan exceptuadas aquellas edificaciones, edificios o viviendas con cubierta de fibrocemento y en aquellos casos en los que las sombras proyectadas hagan inviable la instalación, lo cual se debe justificar mediante un estudio técnico.

El Consell, en el marco de los instrumentos de colaboración existentes, fomentará que las entidades locales, en el ámbito de sus competencias en materia de fiscalidad y en sintonía con lo establecido en el artículo 18.5, incentiven en el sector privado actuaciones que contribuyan a hacer efectivas las políticas de mitigación y adaptación al cambio climático, según indica el artículo 110 de la Ley 6/2022.

Estas podrán ser algunas de las siguientes:

a) El fomento de las energías renovables y de la generación distribuida.

b) La descentralización de redes, comunidades energéticas locales y el autoconsumo energético.

c) Las viviendas energéticamente eficientes.

El artículo 145 de la Ley 6/2022 contempla el fondo para la transición ecológica, que es un fondo de carácter público, sin personalidad jurídica, adscrito a la conselleria competente en materia de cambio climático, cuyo objetivo es convertirse en un instrumento necesario para la ejecución de políticas y acciones de mitigación y adaptación al cambio climático, así como para la inversión en investigación e innovación en nuevas tecnologías para la reducción de emisiones de gases de efecto invernadero.

El Fondo para la Transición Ecológica puede impulsar las siguientes actuaciones, entre otras:

a) Las acciones necesarias para el cumplimiento de la estrategia de transición justa en la Comunitat Valenciana.

b) El fomento de las energías renovables y de la eficiencia energética.

c) La descentralización de redes y el autoconsumo energético.

d) Las viviendas energéticamente eficientes.

La Ley 6/2022, de 27 de diciembre, de cambio climático y transición energética de Canarias[247], y el Decreto-ley 5/2024, de 24 de junio, por el que se modifica la Ley 6/2022.[248]

El capítulo I aborda la ordenación del territorio, urbanismo y vivienda, haciendo palpable el principio de transversalidad de la ley en estas materias, lo que se manifiesta, entre otras obligaciones, en la de incorporar la perspectiva climática en los instrumentos de ordenación ambiental, de ordenación de los recursos naturales, territorial y urbanística.

Se define la pobreza energética como la incapacidad de un hogar familiar de abonar servicios de la energía suficiente para

---

247 BOE núm. 30, de 4 de febrero de 2023.

248 BOE núm. 275, de 14 de noviembre de 2024.

la satisfacción de sus necesidades domésticas y/o cuando se ve obligado a destinar una parte excesiva de sus ingresos a pagar la factura energética de su vivienda. Supone una combinación de ingresos bajos de las personas integrantes de las familias y de otras unidades de convivencia, precio de la energía doméstica en aumento y deficientes niveles de eficiencia energética de las viviendas (artículo 4 de la Ley 6/2022).

El artículo 20 contempla la perspectiva climática en los instrumentos de ordenación ambiental, de los recursos naturales, territorial, urbanística y sectorial.

En los procedimientos de aprobación de los instrumentos de ordenación ambiental, de ordenación de los recursos naturales, territorial, urbanística y sectorial que promuevan o aprueben las Administraciones públicas de Canarias en esta materia, se deberá incorporar la perspectiva climática, especialmente en la evaluación ambiental estratégica, de conformidad con lo dispuesto en la presente ley, en el Plan Integrado de Energía y Clima de Canarias (PIECan) y el Plan Canario de Adaptación Climática (PCAC).

Asimismo, deberán contener un diagnóstico territorial, ambiental y económico, con especial referencia a los recursos naturales, a la población, con atención particular a la igualdad de género y el bienestar de las familias, el planeamiento vigente y la situación socioeconómica.

Los instrumentos de ordenación ambiental, de los recursos naturales, territorial y urbanística de ámbito municipal o superior, así como los sectoriales sometidos preceptivamente al procedimiento de evaluación ambiental estratégica, deberán tener en cuenta los aspectos relacionados con los efectos del cambio climático y las causas que lo motivan, en especial el aumento de densidades urbanas, conservación de masas forestales, conservación de suelos y limitación de crecimientos urbanos.

A tal efecto, las memorias de dichos instrumentos deberán relacionar y justificar las medidas adoptadas con arreglo al párrafo anterior.

Las administraciones públicas de Canarias competentes:

a) Impulsarán la incorporación de principios bioclimáticos y de eficiencia energética en el diseño urbano y arquitectónico, la densidad urbanística adecuada, la minimización de la artificialización del suelo, el aumento de zonas permeables e infraestructuras verdes y la concentración de la población en áreas dotadas de todos los servicios de modo que se minimicen los desplazamientos, y se cuente con una red eficaz y de bajas emisiones de transporte público.

b) Favorecerán la consideración, en la redacción y actualización del planeamiento urbanístico, de los impactos asociados al cambio climático, tales como las inundaciones, las lluvias puntuales y escorrentías por cauces naturales intervenidos por el hombre, el ascenso del nivel del mar, las olas de calor y la pérdida de biodiversidad.

c) Velarán por que las dependencias y los servicios de las administraciones públicas, especialmente los de carácter educativo, sanitario, social, cultural y deportivo, sean fácilmente accesibles desde las redes de transporte público.

Las Administraciones públicas de Canarias promoverán políticas que reorienten las actividades de construcción y edificación hacia la consecución de los objetivos de eficiencia energética en el sector. Entre estas políticas, deberán impulsar, según indica el artículo 22 de la Ley 6/2022:

a) La introducción de criterios bioclimáticos en el diseño, la proyección y la construcción de las nuevas edificaciones.

b) La incentivación de soluciones constructivas de alta eficiencia energética.

c) La previsión de puntos de recarga de vehículos eléctricos en las nuevas edificaciones suficientes para la dotación de aparcamientos, así como su introducción en las existentes.

En concreto, la Administración de la Comunidad Autónoma de Canarias deberá:

a) Promover la consecución de la máxima certificación energética posible en su parque público de viviendas que será, al menos, certificación B.

b) Colaborar con los propietarios de viviendas sometidas a algún régimen público de protección para hacer efectivo el cumplimiento de los objetivos previstos en esta Ley 6/2022.

c) Contemplar las medidas señaladas en el presente artículo 22 de la Ley 6/2022 en los correspondientes planes de vivienda.

Las Administraciones públicas Canarias deberán crear incentivos para alcanzar la máxima eficiencia energética posible de edificaciones de promoción o titularidad pública o privada.

La eficiencia energética y rehabilitación de edificios según el artículo 38 de la Ley 6/2022, establece que el Gobierno de Canarias promoverá y facilitará el uso eficiente de la energía, la gestión de la demanda y el uso de energía procedente de fuentes renovables en el ámbito de la edificación.

A los efectos de lo previsto en este artículo 38 de la Ley 6/2022, se considerarán medidas de eficiencia energética las conducentes a instalar y/o renovar equipos y sistemas digitales que faciliten la gestión de la demanda y/o oferta de energía, contribuyan a disminuir desplazamientos y/o a facilitar la accesibilidad y la movilidad.

El Gobierno de Canarias apoyará la introducción de las energías renovables en la rehabilitación de viviendas fomentando el autoconsumo, las instalaciones de pequeña potencia, la calefacción y refrigeración cero emisiones mediante:

a) La simplificación de los procedimientos administrativos.

b) El establecimiento de incentivos para que los propietarios con pisos en régimen de alquiler instalen autoconsumo en sus viviendas.

c) La regulación de los derechos de los consumidores a convertirse en autoconsumidores, a vender la energía a valor de mercado y a la instalación de sistemas de almacenamiento.

d) Establecimiento de medidas ejemplarizantes desde la Administración en materia de autoconsumo.

El Gobierno de Canarias establecerá un sistema de información que permita el acceso a datos reales de consumo, a fin de favorecer la concurrencia competitiva y los modelos de negocio que permitan el máximo desarrollo de soluciones de ahorro y eficiencia energética.

El artículo 53 de la Ley 6/2022 referente a las infraestructuras de carga de vehículos con emisiones contaminantes directas nulas.

Las administraciones públicas de Canarias:

a) Planificarán de manera coordinada e implementarán, para el cumplimiento de los objetivos fijados en esta ley:

   1.º Una red adecuada y suficiente de puntos de recarga para vehículos eléctricos en las vías públicas, que deberá estar operativa en el plazo máximo de cinco años.

   2.º Una red de puntos de repostaje de combustibles alternativos de origen no fósil, cuya combustión no produzca la emisión de gases de efectos invernadero.

b) Fomentarán el establecimiento de puntos de recarga eléctrica en las comunidades de propiedad horizontal, viviendas unifamiliares con garaje y estacionamientos privados de empresas así como toda clase de entidades privadas.

Para garantizar la capacidad suficiente para satisfacer la demanda adicional derivada de la transición hacia los vehículos eléctricos, el departamento competente en materia de energía del Gobierno de Canarias deberá incluir las previsiones necesarias al efecto en su propia planificación energética.

Todos los edificios de nueva construcción de titularidad de las Administraciones públicas canarias contarán con puntos de recarga de vehículos eléctricos en todas las plazas de aparcamiento destinadas a vehículos oficiales propios de esa administración. En el resto de las plazas se dotarán según la normativa sectorial.

La Ley 1/2024, de 8 de febrero, de Transición Energética y Cambio Climático de la Comunidad Autónoma del País Vasco[249] menciona el fomento del uso sostenible de la madera, principalmente en viviendas y mobiliario público, así como el uso de biomasa forestal como fuente energética.

El artículo 39 de la Ley 1/2024 establece que las administraciones públicas vascas impulsarán políticas activas que fomenten la rehabilitación energética del parque de viviendas. Con este fin:

a) Rehabilitarán su parque público de viviendas en régimen de alquiler, buscando la mejora del ahorro y la eficiencia energéticos, de manera que se alcance la máxima certificación de eficiencia energética posible.

b) Colaborarán con las personas propietarias de vivienda pública, a través de los mecanismos disponibles, para hacer efectivo el cumplimiento de esta ley.

Las administraciones públicas vascas promoverán medidas para mitigar el impacto de las necesidades de inversión y de los elevados incrementos en el coste de la energía, como ayudas para la eficiencia energética en las viviendas y calefacción a los colectivos vulnerables.

El artículo 59 de la Ley 1/2024 respecto a la fiscalidad en materia de transición energética y cambio climático deberá tener, entre otros, los siguientes objetivos:

a) El fomento de las energías renovables.

b) La descentralización de redes y el autoconsumo energético.

---

249 BOE núm. 63, de 12 de marzo de 2024.

c) Los edificios y viviendas energéticamente eficientes.

3.4. LAS CIUDADES DEL FUTURO. LA EFICIENCIA DE LOS RECURSOS

Las ciudades del futuro representan un paradigma emergente que está tomando forma con rapidez, a medida que las crecientes preocupaciones sobre el medio ambiente, el agotamiento de los recursos naturales y el aumento de la población mundial nos empujan hacia una reconfiguración completa de la forma en que Entendemos y experimentamos los entornos urbanos. Con el avance de las tecnologías, el diseño sostenible y los nuevos enfoques de gestión de recursos, las ciudades del mañana buscan no solo ser más inteligentes, sino también mucho más eficientes en el uso de los recursos. Este artículo explora cómo las ciudades del futuro pueden convertirse en centros de eficiencia, utilizando los recursos de manera responsable y optimizando el impacto.

El crecimiento de la población urbana es una de las características más definitorias de las últimas décadas. Según las proyecciones de la ONU, en 2050 más del 68% de la población mundial vivirá en ciudades. Este fenómeno plantea un desafío titánico en términos de gestión de recursos y sostenibilidad. Las ciudades, que consumen grandes cantidades de energía y recursos naturales, también enfrentan la presión de reducir s.

Hoy en día, las grandes metrópolis son responsables de la mayor parte de las emisiones de gases de efecto invernadero, y su infraestructura envejece mientras las necesidades de los ciudadanos crecen. La eficiencia de los recursos se convierte, por lo tanto, en una prioridad crítica para garantizar que las ciudades puedan seguir siendo habitables y funcionales sin sobrecargar los ecosistemas y los sistemas de provisión de recursos.

El uso generalizado de paneles solares en techos, la instalación de turbinas eólicas urbanas y la implementación de sistemas de energía geotérmica en áreas específicas de las ciudades contribuirán a una mayor autosuficiencia energética. Además, las redes inteligentes de energía, conocidas como «smart grids», permitirán una distribución más eficiente de la electricidad y la integración de fuentes renovables en el sistema energético.

Los edificios serán diseñados con tecnologías de energía que optimizan el consumo de electricidad, agua y gas, utilizando materiales aislantes avanzados, sistemas automatizados de iluminación y climatización, y electrodomésticos de

El agua es otro recurso crítico que las ciudades del futuro deberán gestionar de manera eficiente. Las fuentes de agua dulce están disminuyendo en muchas regiones del mundo, y la urbanización ha incrementado la demanda de este recurso esencial. Las ciudades del mañana emplearán tecnologías avanzadas para gestionar el agua de manera eficiente y minimizar el desperdicio.

El reciclaje del agua será una práctica común en las ciudades del futuro, donde las aguas residuales serán tratadas y reutilizadas para riego, procesos industriales e incluso para uso doméstico en algunos casos. Los sistemas de captación de aguas pluviales serán integrados en los diseños urbanos.

Además, las ciudades inteligentes emplearán sensores y tecnologías de monitoreo en tiempo real para detectar fugas en las redes de distribución de agua, optimizando así su conservación. En algunas zonas, los sistemas de agua potable estarán completamente descarbonizados y se aprovecharán fuentes de agua desalinizada.

Los vehículos eléctricos, tanto de uso privado como de transporte público, serán la norma en lugar de los coches impulsados por combustibles fósiles. Las infraestructuras urbanas se rediseñarán para fomentar la movilidad activa, como caminar y andar en bicicleta, mediante la creación de redes de carriles exclusivos y zonas peatonales más amplias.

El uso de la inteligencia artificial y los sistemas de datos en tiempo real permitirá gestionar el tráfico de manera más eficiente, reduciendo los atascos y optimizando los trayectos.

La planificación urbana y la arquitectura en las ciudades del futuro no solo estarán centradas en la estética, sino en la funcionalidad ecológica y la eficiencia de los recursos. Los edificios serán más eficientes en el uso de la energía, el agua y los materiales, y estarán diseñados para minimizar su impacto ambiental.

El uso de materiales reciclados y sostenibles en la construcción será común, y se fomentará el uso de tecnologías como la energía solar fotovoltaica integrada en fachadas o tejados. Las ciudades del futuro también emplearán principios de "arquitectura verde", con jardines verticales, y parques urbanos que contribuyen al bienestar de los habitantes y ayudan a mitigar el efecto.

Además, las construcciones estarán diseñadas para ser resilientes ante los efectos del cambio climático, como inundaciones u olas de calor. Las infraestructuras de drenaje serán más eficientes y los edificios estarán equipados con sistemas que aprovechan los recursos naturales, como la ventilación cruzada, para reducir la necesidad de aire acondicionado.

A medida que las ciudades crecen y se expanden, la demanda de alimentos también aumenta. Sin embargo, el modelo agrícola tradicional de producción en masa no es sostenible debido a su impacto ambiental, su alto consumo de recursos y la dependencia de métodos industriales. Las ciudades del futuro buscarán integrar la agricultura urbana para producir alimentos localmente, reduciendo la huella de carbono.

La agricultura vertical será una de las tecnologías clave en este contexto, permitiendo cultivar alimentos de manera eficiente en entornos urbanos reducidos. Los huertos urbanos y las granjas verticales podrán producir una variedad de cultivos de forma más sostenible y de menor costo. Además, las ciudades fomentarán la agroecología y las prácticas agrícolas regenerativas que respetan los ciclos naturales y promueven los huertos urbanos.

La economía circular será otro pilar fundamental en las ciudades del futuro. El modelo tradicional de «tomar-hacer-desechar» se reemplazará por uno en el que los materiales y recursos sean reutilizados, reciclados o regenerados. Los residuos serán vistos como recursos valiosos y las ciudades implementarán sistemas de reciclaje avanzados para reducir la cantidad de basura que llega.

El reciclaje de materiales como plásticos, metales y vidrio será más eficiente y automatizado, y se promoverá el compostaje para tratar los residuos orgánicos. Además, las tecnologías de procesamiento y reciclaje de residuos electrónicos estarán ampliamente disponibles para evitar que los dispositivos electrónicos obsoletos se conviertan en un inconveniente.

El papel de la tecnología en la eficiencia de los recursos será fundamental para las ciudades del futuro. Las tecnologías emergentes, como la inteligencia artificial, el Internet de las Cosas (IoT) y el blockchain, contribuirán a gestionar los recursos del hombre.

Las ciudades del futuro estarán equipadas con sensores inteligentes que recopilarán datos sobre el uso de energía, agua, transporte y otros recursos. Estos datos se utilizarán para tomar decisiones en tiempo real sobre cómo distribuir los recursos de manera más eficiente.

Los sistemas de gestión de residuos y de energía serán totalmente integrados, y los ciudadanos podrán monitorear su propio consumo y hacer ajustes para reducir su impacto ambiental. La transparencia y la colaboración serán esenciales, con plataformas digitales que permitirán a los habitantes participar activamente en la gestión de los recursos. Así, hay que tener en cuenta lo indicado en la Ley 7/2022, de 8 de abril, de residuos y suelos contaminados para una economía circular.[250]

La Ley 12/2023, anteriormente mencionada, hace referencia a la eficiencia de los recursos. De esta forma, se indica que la vivienda es un ámbito clave en relación con las medidas de eficiencia y ahorro de energía.

Los objetivos de esta norma son los siguientes, según establece la Ley 12/2023:

- Establecer una regulación básica de los derechos y deberes de los ciudadanos en relación con la vivienda, así como de los asociados a la propiedad de vivienda, aplicable a todo el territorio nacional.
- Facilitar el acceso a una vivienda digna y adecuada a las personas que tienen dificultades para acceder a una vivienda en condiciones de mercado, prestando especial atención a jóvenes y colectivos vulnerables y favoreciendo la existencia de una oferta a precios asequibles y adaptada a las realidades de los ámbitos urbanos y rurales.
- Dotar de instrumentos efectivos para asegurar la funcionalidad, la seguridad, la accesibilidad universal y la habitabilidad de las viviendas, garantizando así la dignidad y la salud de las personas que las habitan.
- Definir los aspectos fundamentales de la planificación y programación estatales en materia de vivienda, con objeto de favorecer el ejercicio del derecho constitucional en todo el territorio.
- Regular el régimen jurídico básico de los parques públicos de vivienda, asegurando su desarrollo, protección y eficiencia para atender a aquellos sectores de la población con mayores dificultades de acceso.

---

250 BOE núm. 85, de 9 de abril de 2022.

- Favorecer el desarrollo de tipologías de vivienda adecuadas a las diferentes formas de convivencia y de habitación, favoreciendo la adaptación a las dinámicas y actuales exigencias de los hogares.
- Mejorar la protección en las operaciones de compra y arrendamiento de vivienda, introduciendo unos mínimos de información necesaria para dar seguridad y garantías en el proceso.

Hay que tener en cuenta que el objetivo común de las distintas administraciones públicas para dotar a la ciudadanía de una vivienda digna y adecuada hace necesario establecer los mecanismos y órganos de colaboración y cooperación para garantizar su participación y eficiencia en la consecución de la garantía constitucional, sin renunciar al ámbito competencial correspondiente. Particularmente, el Estado se dota de los planes estatales en materia de vivienda y de los diferentes programas en materia de rehabilitación, regeneración y renovación urbana y rural, cuyo contenido no se encuentra únicamente circunscrito a las ayudas públicas, sino que establece un conjunto de objetivos, líneas de acción, medidas y programas que, sobre un ámbito temporal plurianual, deben marcar periódicamente la política del Estado en estas materias.

En estos planes serán prioritarias, entre otras actuaciones estatales, aquellas que fomenten la utilización adecuada y la ocupación racional y eficiente del patrimonio residencial; la conservación, el mantenimiento y la rehabilitación de las viviendas que constituyan residencia habitual y que tengan por objeto el cumplimiento de los requisitos de habitabilidad previstos en la ley así como las que contribuyan a mejorar la eficiencia energética, promuevan la utilización de energías renovables y la accesibilidad universal del parque edificado, favoreciendo en todo caso un incremento de la oferta de vivienda asequible de las máximas prestaciones, que van más allá del cumplimiento de los requisitos de los edificios de consumo de energía casi nulo (EECN), en el contexto de lo previsto en el Componente 2 «Implementación de la Agenda Urbana española: Plan de rehabilitación y regeneración urbana» del Plan de Recuperación, Transformación y Resiliencia de España, siendo prioritarias las actuaciones vinculadas con la creación, ampliación y gestión de los parques públicos de vivienda; la construcción y rehabilitación de viviendas sometidas a algún régimen de protección pública, así como aquellas que promuevan la aplicación de tipologías edificatorias que respondan a las necesidades propias de las distintas etapas de la vida de las personas y los hogares, así como a las actuales necesidades sociales y composición de las unidades de convivencia.

Entre los fines de las políticas públicas de vivienda, según el artículo 2, se encuentra el impulsar la rehabilitación y mejora de las viviendas existentes, tanto en el parque privado como en los públicos, a través de programas y medidas en materia de sostenibilidad, eficiencia energética y utilización de energías renovables, habitabilidad, accesibilidad universal, conservación, mejora de la seguridad de utilización y digitalización, favoreciendo enfoques integrales y contemplando de forma específica las características de la vivienda en el medio rural; y lograr la máxima eficiencia en la gestión de los recursos disponibles para favorecer el acceso a una vivienda digna y adecuada, fomentando, en su caso, las fórmulas de colaboración público-privada.

Según el artículo 3 de la Ley 12/2023, se define la vivienda digna y adecuada por una serie de características, como es la vivienda que, por razón de su tamaño, ubicación, condiciones de habitabilidad, accesibilidad universal, eficiencia energética y utilización de energías renovables y demás características de la misma, y con acceso a las redes de suministros básicos, responde a las necesidades de residencia de la persona o unidad de convivencia en condiciones asequibles conforme al esfuerzo financiero, constituyendo su domicilio, morada u hogar en el que poder vivir dignamente, con salvaguarda de su intimidad, y disfrutar de las relaciones familiares o sociales, favoreciendo el pleno desarrollo y la inclusión social de las personas.

En el ámbito de la actuación por parte de las Administraciones públicas, se deben desarrollar actuaciones encaminadas a promover la mejora de las condiciones de habitabilidad, de accesibilidad o de eficiencia energética de los edificios de viviendas, de titularidad pública y privada.

La inversión en política de vivienda, según dispone el artículo 33 de la Ley 12/2023, se destinará a los siguientes destinos: a) Ayudas al alquiler de vivienda dirigidas a las personas arrendatarias; b) Promoción de vivienda en alquiler social o asequible; c) Promoción de vivienda sujeta a algún tipo de protección pública; d) Programas de intermediación en el alquiler, y e) Ayudas a la rehabilitación edificatoria, diferenciando específicamente las que mejoren la eficiencia energética y promuevan la utilización de las energías renovables y la accesibilidad.

Conclusiones

Nos encontramos ante un mundo con recursos limitados y el desafío medioambiental es una realidad.

La sostenibilidad debe tener un enfoque en el ámbito de la vivienda especialmente relevante con la finalidad de que en el futuro no se produzca un agotamiento de los recursos o que estén en manos de los que dispongan recursos económicos.

Es preciso la adopción de buenas prácticas sostenibles para mejorar la calidad de la vida y también realizar un fortalecimiento de la economía de un país. Ello se consigue a través de una colaboración tripartita entre el ejecutivo, el mundo empresarial y la ciudadanía, con la finalidad de que la sostenibilidad se implemente y sea favorable para las generaciones del futuro.

Nos encontramos ante un reto de una gran magnitud que requiere un compromiso proactivo por parte de todos. La necesidad de mantenimiento de un equilibrio entre distintos factores como es el económico, ambiental y social se erige como fundamental. Ello pasa por también una cultura y una formación para la conservación y preservación de los recursos naturales para evitar el agotamiento de los mismos.

En el ámbito de la vivienda, la sostenibilidad tiene un enfoque que abarca diversos aspectos y dimensiones, no solamente en el diseño de la vivienda, los materiales que se utilizan, la eficiencia energética, la utilización de los recursos naturales como el agua, o la gestión de los residuos.

La vivienda sostenible no se debe concebir solamente como la vivienda del futuro, sino también como la vivienda del presente. La vivienda sostenible ayuda a la preservación de los recursos, también ayuda a la mejora de la calidad de vida y produce un ahorro energético sustancial. La construcción sostenible es un futuro que debe adaptarse a los recursos y se trata de respetar el entorno.

En muchas ocasiones, se presenta la vivienda sostenible como una vivienda "de moda" o una vivienda "en tendencia" propia de las minorías y de personas con altos recursos económicos ya que la construcción requiere de unos requisitos específicos.

Junto a ello, el cambio climático resulta decisivo para apostar por una construcción que aboga por un futuro verde, económico y habitable.

La vivienda sostenible se abre a un futuro muy prometedor. Hogares más accesibles, más eficientes, más saludables y en sintonía con el medio ambiente la hace una construcción que se erige como un modelo adecuado, a pesar de una inversión a largo plazo, por lo que es deseable no solamente que se legisle de forma específica sobre este tipo de construcción, sino que se articulen ayudas para poder acceder a una vivienda sostenible.

No se dispone de una legislación específica de vivienda sostenible, tal y como hemos observado, sino que en la normativa analizada se va refiriendo a la sostenibilidad en el ámbito urbanístico, y a los requisitos y características que una vivienda debe contemplar para ser sostenible. Desde aspectos energéticos, hasta la aplicación de la gestión de los residuos, a los materiales de construcción, y al diseño de la propia vivienda. Sería deseable una ley específica que regule la vivienda sostenible teniendo en cuenta todos los aspectos que hemos indicado en el presente estudio.

La vivienda sostenible y la preservación del planeta están relacionadas, como hemos visto, ya no es un objeto de lujo sino una necesidad medioambiental, y así debe ser considerada.

La innovación tecnológica actual puede ser un buen instrumento para abaratar los costes, al igual que la inteligencia artificial puede ayudar a mejorar la construcción y a diseñar viviendas autosuficientes en el que el consumo de recursos se minimice.

Técnicas como las impresión en 3D (tres dimensiones) puede ser una excelente herramienta para la vivienda ecológica, así como el uso de nanotecnología para lograr materiales más residentes y eficientes para una mayor durabilidad de la vivienda.

La denominada vivienda pasiva es un término que se ha relacionado con viviendas de alto standing. Sin embargo, nos encontramos con una vivienda que tiene que ser cada vez más habitual ya que nos encontramos ante la mejor representación de lo que se denomina arquitectura sostenible. Es importante conocer este tipo de vivienda ya que ayuda a minimizar el impacto ambiental, mejora considerablemente el confort, además de representar un ahorro energético considerable. A través de la denominada conciencia ambiental y la necesidad de ahorro energético esta construcción se impone como una de las más demandadas en el futuro de la arquitectura.

El perfil de una persona que se inclina por una vivienda sostenible es muy concreto. Hasta hace unos años y debido a los altos costes, el perfil se centraba en el poder adquisitivo de la persona. No obstante, en la actualidad, ese perfil ha cambiado y se enfoca hacia una persona comprometida con el medio ambiente, una persona que está acostumbrada al reciclaje y a las energías renovables, y que se preocupa por el cambio climático y la necesidad de adaptación del hábitat.

Una mejora de la calidad de vida a través de la vivienda es posible y necesario ya que no solamente se centra en el habitante, sino también en el espacio que le rodea. El ahorro energético resulta primordial y necesario para la sostenibilidad.

Uno de los problemas más acuciantes de la vivienda es precisamente la propia vivienda, el espacio a habitar. Se vincula también la desigualdad, la pobreza y la contaminación en el ámbito de la vivienda. La falta de recursos determina una infravivienda, un espacio no apto para vivir, y se produce una desigualdad precisamente por esa falta de recursos económico. Se ha reflexionado mucho sobre este hándicap que no se ha solucionado a pesar de la regulación en materia de vivienda, y que se ha abierto, además, una brecha generacional muy importante que hace años no se daba con tanta crudeza. Resulta muy difícil acceder a una vivienda en determinadas franjas de edad. La discriminación por razón de edad es evidente, las personas más jóvenes siguen sin poder acceder a un espacio para vivir por falta de recursos económicos. Este edadismo consecuencia de no estar en sintonía los ingresos económicos con el precio de acceso a una vivienda, sea en propiedad o alquiler, provoca unos problemas de difícil solución, a ello unido la falta de espacio para la construcción, y el alto precio de determinadas zonas de la ciudad en las que no hay un equilibrio entre la oferta y la demanda.

Estas circunstancias van también en detrimento de la vivienda sostenible. Si no se puede acceder a una vivienda, más difícil aún es acceder a una vivienda sostenible. Es por ello que se precisa realizar una colaboración entre el gobierno, y el sector privado para mejorar el acceso a la vivienda, y también a la vivienda sostenible. La vivienda sostenible mejora la calidad de vida y se establece como una vivienda que puede integrarse en una sociedad que tiene como fin la justicia y la inclusión.

Otro de los factores que dificultan la vivienda sostenible es la propia degradación del medio ambiente en la ciudad. La pobreza energética, la marginalidad urbano genera emisiones contaminantes, además de la segregación de los espacios y la falta de infraestructuras. Asentamientos periféricos, la vulnerabilidad de determinados colectivos hacen más difícil la sostenibilidad en la vivienda. La necesidad de políticas urbanas que sean inclusivas, modelos sostenibles urbanos pueden reducir esa desigualdad y minimizar el impacto en el medio ambiente. La ciudad sostenible es posible y la vivienda sostenible debe formar parte de ella.

Hemos aludido a la inclusión y parece que es un concepto no relacionado con la sostenibilidad habitacional, pero ello no es cierto. La vivienda sostenible va mucho más allá de su respeto por el medio ambiente, la vivienda sostenible es una vivienda accesible, y equitativa, no discriminatoria e inclusiva. La vivienda sostenible no debe ser un privilegio de unas pocas personas, debe ser la vivienda que se debe construir en el futuro para mejorar el medio natural y evitar el agotamiento de los recursos.

Se relaciona, por tanto, con la lucha contra el cambio climático. La vivienda sostenible tiene como uno de sus propósitos la transformación de la vivienda, por una vivienda más ecológica, con la finalidad de mitigar los efectos del cambio climático, con una reducción de la huella de carbono y con una mejora de la calidad de vida. Además, una vivienda sostenible es una vivienda más saludable, ya que la construcción favorece una mejora en la calidad del aire, menos contaminación en la vivienda y, por lo tanto, favorece una mejora en determinadas patologías como las alérgicas y respiratorias de los habitantes.

Las energías renovables suponen un desafío en el ámbito de la construcción, viviendas más sostenibles es posible con un adecuado cuerpo legislativo y con unas ayudas que favorezcan la construcción. La necesidad de que se superen barreras económicas que imposibilitan una construcción de calidad debe ser uno de los ejes prioritarios en las políticas de vivienda. También la necesidad de un cambio en la planificación y ordenación del territorio es importante a la hora del diseño de las viviendas sostenibles. No se trata de construir de forma masiva, sino de construir mejor y con una mejora de la calidad de los materiales.

Nos encontramos también ante una superpoblación y ello conlleva una construcción que se orienta a albergar a numerosos habitantes, pero uno de los desafíos del futuro son las ciudades inteligentes, y esa ciudad inteligente es necesario que sea sostenible, con materiales no contaminantes, seguros y respetuosos con el medio natural. El futuro constructivo de los espacios se une a la sostenibilidad, donde la innovación se presenta como un reto de una gran importancia.

Bibliografía

ALAAELDEAN TORKY, E. y NDANU KIAMBA, L.: «Effect of Façade Design on Visual and Thermal Comfort in a Passivhaus Laboratory Building», *Planning Post Carbon Cities: 35th PLEA Conference on Passive and Low Energy Architecture, A Coruña, 1st-3rd September 2020: Proceeding,* RODRÍGUEZ ÁLVAREZ, J. y SOARES GONÇALVES, J. C. (Ed.), vol. 2, Universidade da Coruña, A Coruña, 2020, págs. 1209-1214. Disponible en: https://ruc.udc.es/dspace/handle/2183/26695 (Consultado el 6 de febrero de 2025).

ALARCIA, G., SANTOS, J. y MENÉNDEZ, J.: «Resultados de un proyecto colaborativo en materia de construcción eficiente: Manual E3CN», *Smart Communities: 9° Congreso Europeo sobre Eficiencia Energética y Sostenibilidad en Arquitectura y Urbanismo-2° Congreso Internacional de Construcción Avanzada,* Universidad del País Vasco, San Sebastián, 2018, págs. 137-146.

ÁLAVA TRIVIÑO, M. E.: «Implementación del estándar Passivhaus en Ecuador enfocado a las tipologías de vivienda», *Experiencia: 10 años formando expertos en sostenibilidad y gestión para una arquitectura responsable,* BALIBREA CÁRCELES, J. (Dir.), Universidad de Navarra, Ediciones Universidad de Navarra, Pamplona, 2023, págs. 186-187.

ÁLVAREZ LUJÁN, B. L., y ZULUETA CUEVA, C. E.: «Marketing y la demanda de viviendas sostenibles en Perú», *Revista de ciencias sociales,* vol. 27, núm. 1, 2021, págs. 368-384. Disponible en: https://dialnet.unirioja.es/descarga/articulo/7817705.pdf (Consultado el 31 de enero de 2025).

ÁLVAREZ PÉREZ, C. H.: *Optimización mecánica y funcional de un material compuesto, constituido por fibras de madera aglomeradas con cemento, para su empleo como material auto portante,* Universidad de Oviedo, Oviedo, 2017.

ALLEGUE REQUEIJO, B.: «Las cooperativas de viviendas: adaptación de su objeto social hacia las nuevas necesidades del siglo XXI», *La economía social, pilar de un nuevo modelo de desarrollo económico sostenible,* Centro Internacional de Investigación e Información sobre la Economía Pública, Social y Cooperativa, CIRIEC, 2011.

ANTA GIL, A., GÓMEZ PARADA, A., MONCHO DIÉGUEZ, A. y RÍO GONZÁLEZ, E.: «Deseño e construción dun pozo canadense dentro dun sistema de casa pasiva», *Avances en ciencias de la tierra,* núm. 12, 2022, págs. 15-21.

Disponible en: https://ephyslab.uvigo.es/wp-content/uploads/2022/12/ACT_vol_12_STEMBach_2022.pdf (Consultado el 4 de febrero de 2025).

ARCHANCO MANCHO, I.: «Dos casas de turismo rural, con estructura CLT, bajo el estándar passivhaus en Ibero, Navarra», *Boletín de información técnica de AITIM*, núm. 301, 2016, págs. 12-19.

ARIAS ROYO, A., FIGUEROA LÓPEZ, A., OREGI ISASI, X. y RODRÍGUEZ VIDAL, I.: «Analysis of overheating risk in Passivhaus dwellings during warm season and the night natural ventilation strategies to mitigate it», *Disruption: 11° Congreso Europeo sobre Eficiencia Energética y Sostenibilidad en Arquitectura y Urbanismo – 4° Congreso Internacional de Construcción Avanzada: On line 1-2 Diciembre 2020*, Universidad del País Vasco, San Sebastián, 2020, págs. 119-132. Disponible en: https://ekoizpen-zientifikoa.ehu.eus/documentos/648b52b4b367423619da0cf7?lang=de (Consultado el 6 de febrero de 2025).

ARQUITECTURA SOSTENIBLE: «Todo sobre la nueva Ley de Calidad de la Arquitectura», 2022. Disponible en: https://arquitectura-sostenible.es/todo-sobre-nueva-ley-calidad-arquitectura/ (Consultado el 30 de enero de 2025).

ARSLAN, D. y STEVENSON, F.: «Embodied Carbon: A Brettstapel Passivhaus in the UK», *Planning Post Carbon Cities: 35th PLEA Conference on Passive and Low Energy Architecture, A Coruña, 1st-3rd September 2020: Proceeding*, RODRÍGUEZ ÁLVAREZ, J. y SOARES GONÇALVES, J. C. (Ed.), vol. 1, Universidade da Coruña, A Coruña, 2020, págs. 139-144. Disponible en: https://ruc.udc.es/dspace/handle/2183/26695 (Consultado el 6 de febrero de 2025).ALAA

AULÍ, E.: *Guía para obtener una vivienda sostenible: las claves de la armonía ecológica, social y económica en su hogar*, CEAC, Barcelona, 2005.

AULÍ MELLADO, E. y FERNÁNDEZ, J.: «Casa pasiva, energía activa», *Integral: Vive mejor en un mundo mejor*, núm. 353, 2009, pág. 22.

BARRIOS RODRÍGUEZ, J., PÉREZ, I. y OREGI ISASI, X.: «Análisis y comparación sobre los sellos sostenibles adquiridos en la Torre Iberdrola y en las Torres de Bolueta», *Transition: 10° Congreso Europeo sobre Eficiencia Energética y Sostenibilidad en Arquitectura y Urbanismo- 3° Congreso Internacional de Construcción Avanzada*, Universidad del País Vasco, San Sebastián, 2019, págs. 129-142. Disponible en: https://ekoizpen-zientifikoa.ehu.eus/documentos/648b52b2b367423619da0b1d (Consultado el 5 de febrero de 2025).

BAUTISTA GORDILLO, J. D. y LOAIZA ELIZALDE, N. F.: *Análisis beneficio costo entre la construcción de viviendas sostenibles y viviendas tradicionales con base de la sostenibilidad ambiental en el municipio de Soacha*, Universidad Distrital Francisco José de Caldas, Bogotá, 2021. Disponible en:

https://repository.udistrital.edu.co/items/19d06df1-8222-44ba-8a57-7ee7b5d1e157 (Consultado el 31 de enero de 2025).

BEAUDU, L. y CONFORTI, F.: «Panel M. T.C. Experimentación sobre un sistema constructivo para viviendas rurales en Boyacá, Colombia», *Nodo: Arquitectura. Ciudad. Medio Ambiente,* vol. 12, núm. 23, 2017, págs. 38-48. Disponible en: https://dialnet.unirioja.es/descarga/articulo/8690871.pdf (Consultado el 31 de enero de 2025).

BEDOYA MONTOYA, C. M.: «Construcción de vivienda sostenible con bloques de suelo cemento: del residuo al material», *Revista de arquitectura,* vol. 20, núm. 1, 2018, págs. 62-70.

BENÍTEZ JIMÉNEZ, V.: «Bruselas ha adoptado desde el año 2015 la construcción y rehabilitación pública basándose en el estándar Passivhaus, anticipándose a las exigencias de la UE para el año 2020», *CONTART 2016, la convención de la edificación,* Universidad de Granada, Editorial Universidad de Granada, 2016, págs. 395-404.

BENITO PLAZA, P.: «Vivienda en Meco, Madrid, certificada Passivhaus», *DPArquitectura: detalles y proyectos de arquitectura,* núm. 45, 2024, págs. 67-85.

BILBAO LARRONDO, L.: «La vivienda en Bilbao 1958-1978: la influencia del pensamiento de Eduardo Torroja», *Jornadas internacionales de investigación en construcción: vivienda: pasado, presente y futuro: resúmenes y actas,* Instituto de Ciencias de la Construcción Eduardo Torroja, Madrid, pág. 70. Disponible en: https://digital.csic.es/bitstream/10261/94782/1/Abstracts and Proceedings %20JORNADAS%202013.pdf (Consultado el 1 de febrero de 2025).

BLAF ARCHITECTEN: «Productor de energía solar: Vivienda pasiva en Asse», *Detail: revista de arquitectura y detalles constructivos,* núm. 2, 2011, pág. 129.

BOLAO, X.: «Casas modulares: vivienda sostenible», *CIC: publicación mensual sobre arquitectura y construcción,* núm. 401, 2004, págs. 108-113.

BORJA POZO, R. E. y ANGUMBA AGUILAR, P. J.: «Metodología BIM para el diseño hidrosanitario sustentable en viviendas vernáculas», *Polo del Conocimiento: Revista científico-profesional,* vol. 6, núm. 2, 2021, págs. 809-823. Disponible en: https://dialnet.unirioja.es/descarga/articulo/9548873.pdf (Consultado el 31 de enero de 2025).

BUNYESC, J.: «La primera vivienda pasiva en España: Casa Arboretum», *Detail: revista de arquitectura y detalles constructivos,* núm. 7, 2010, pág. 737.

CABALLERO MONTES, J. L., ÁLVAREZ RAMÍREZ, R. y RASILLA, M.: «Intervención solidaria de estudiantes antes de posgrado en zonas afectadas por eventos naturales mediante el diseño de viviendas sostenibles», *Las fronteras del conocimiento: perspectivas y aplicaciones en la era digital*, BERMÚDEZ VÁZQUEZ, M., CHAVES MONTERO, A. y OTERO SANTAMARÍA, J. (Coord.), Dykinson, Madrid, 2024, págs. 359-381. Disponible en: https://www.dykinson.com/libros/las-fronteras-del-conocimiento-perspectivas-y-aplicaciones-en-la-era-digital/9788411709347/ (Consultado el 30 de enero de 2025).

CALDERÓN-FOLCH STUDIO: «Vivienda unifamiliar de bajo consumo en Cabrils. Cabrils, Barcelona. España», *On diseño*, núm. 400, 2020. Disponible en: https://www.ondiseno.com/proyecto.php?id=2859 (Consultado el 6 de febrero de 2025).

CALDERÓN MARTÍNEZ, P., FOLCH FERNÁNDEZ, M. y SARSANEDAS, P.: «Zero Energy RM Passive House», *On diseño*, núm. 369, 2017. Disponible en: https://www.ondiseno.com/proyecto.php?id=2481 (Consultado el 4 de febrero de 2025).

CAMELO RINCÓN, M. S. y CAMPO ROBLEDO, J.: «Análisis de la política de vivienda en Bogotá: un enfoque desde la oferta y la demanda», *Revista Finanzas y Política Económica*, vol. 8, núm. 1, 2016, págs. 105-122. Disponible en: https://dialnet.unirioja.es/descarga/articulo/5420612.pdf (Consultado el 31 de enero de 2025).

CAMPO RUANO, P., DE LAPUERTA MONTOYA, J. M., GARCÍA-GERMÁN, J., MENÉNDEZ AMIGO, J., MENDOZA ALONSO, V. y CÁMARA RUIZ, I.: «Technical and constructive energy strategies of the first Passivhaus Plus school in Spain», *Informes de la construcción*, vol. 75, núm. 570, 2023, págs. 1-9. Disponible en: https://informesdelaconstruccion.revistas.csic.es/index.php/informesdelaconstruccion/article/view/6542 (Consultado el 4 de febrero de 2025).

CARRASCO EADE, J. y KOKOGIANNAKIS, G.: «Factibilidad de estándares PassivHaus y diseño alternativo en zonas térmicas de Chile-Determinación de requerimientos energéticos mediante simulación dinámica», *Hábitat Sustentable*, vol. 2, núm. 1, 2012, págs. 59-71. Disponible en: https://dialnet.unirioja.es/descarga/articulo/5224381.pdf (Consultado el 2 de febrero de 2025).

CARRILLO MESSA, D.: «OrgànicCub: casa pasiva y ecológica», *Ecohabitar: bioconstrucción, consumo ético, permacultura y vida sostenible*, núm. 64, 2019, págs. 27-30.

CARRILLO LEÓN, W. J. y ALCOCER, S. M.: «Revisión de criterios de sostenibilidad en muros de concreto para viviendas sismorresistentes», *Ingeniería, investigación y tecnología*, vol. 13, núm. 4, 2012, págs. 479-487. Disponible en: https://www.scielo.org.mx/scielo.php?script=sci_arttext&pid=S1405-77432012000400011 (Consultado el 1 de febrero de 2025).

CASTELLÁ, J. y FERRER, J. R.: «Ventilación de alta eficiencia en una casa pasiva: reducción de hasta el 40% en el consumo», *Energía de hoy.com*, núm. 8, 2014, págs. 48-53.

CEPAL: *El Foro de los Países de América Latina y el Caribe sobre el Desarrollo Sostenible y el Seguimiento Regional de la Agenda 2030.* Disponible en: https://www.cepal.org/es/pagina/foro-paises-america-latina-caribe-desarrollo-sostenible-seguimiento-regional-la-agenda-2030 (Consultado el 28 de febrero de 2025).

CLAVERO, B., STYLE, O., FULCARÀ, V. y OLANO, L.: «Recuperación de una vivienda modernista con el estándar Passivhaus», *Cercha: revista de los aparejadores y arquitectos técnicos*, núm. 141, 2019, págs. 70-74. Disponible en: https://www.cgate.es/cercha/pdf/141.pdf (Consultado el 5 de febrero de 2025).

CLOTET, J. y LORENTE, C.: «Basa de la Mora, primera edificación certificada Passivhaus con aerotermia», *El Instalador*, núm. 591, 2021, págs. 62-65. Disponible en: https://www.interempresas.net/Flipbooks/IN/591/ (Consultado el 5 de febrero de 2025).

Consejo Europeo de Gotemburgo, 15 y 16 de junio de 2001. Disponible en: https://www.consilium.europa.eu/media/20977/00200-r1es1.pdf (Consultado el 10 de febrero de 2025).

CONSTRUIBLE. ES. TODO SOBRE CONSTRUCCIÓN SOSTENIBLE, «La Legislación valenciana de vivienda y sostenibilidad es un referente nacional encaminado a consumir menos materiales, agua y energía en la edificación», 2006. Disponible en: https://www.construible.es/2006/10/30/la-legislacion-valenciana-de-vivienda-y-sostenibilidad (Consultado el 30 de enero de 2025).

CORTÉS SANTACOLOMA, L. P., RODRÍGUEZ, L. F. y SALDAÑA DUQUE, R.: «Una aproximación a procesos transdisciplinares desde el proyecto de vivienda sostenible, en el Centro de la Construcción-Regional Valle», *Revista Vía Innova*, vol. 2, núm. 1, 2015, págs. 77-79. Disponible en: https://dialnet.unirioja.es/descarga/articulo/8742357.pdf (Consultado el 31 de enero de 2025).

CRESPO RUIZ DE GAUNA, J.: «Casa Pasiva en el Anillo Verde de Vitoria», *Estrategia para la construcción inteligente y sostenible*, Universidad del País Vasco, San Sebastián, 2017, págs. 47-52. Disponible en: https://addi.ehu.es/bitstream/handle/10810/25697/UCPDF176683.pdf?sequence=1&isAllowed=y (Consultado el 3 de febrero de 2025).

Declaración de Davos, 2018. Disponible en: https://davosdeclaration2018.ch/wp-content/uploads/sites/2/2023/06/2022-05-27-082324-declaracion-de-davos-2018-def-es.pdf (Consultado el 22 de febrero de 2025).

DÍAZ-PINÉS MATEO, F., JOVÉ SANDOVAL, F., MUÑOZ DE LA CALLE, D. y PAHÍNO RODRÍGUEZ, L. A.: «Prototipo de vivienda sostenible construida con muros de bloque de tierra comprimida: (y una reflexión sobre la tectónica)», *Construcción con tierra, tecnología y arquitectura: congresos de Arquitectura de Tierra en Cuenca de Campos 2020/11*, JOVÉ SANDOVAL, F. y SAINZ GUERRA, J. L. (Coord.), Cátedra Juan de Villanueva, Valladolid, 2011, págs. 255-266. Disponible en: https://www5.uva.es/grupotierra/publicaciones/digital/libro2011/2011_9788469481073_p255-266_diaz.pdf (Consultado el 1 de febrero de 2025).

DÍAZ VILELA, S., FERNÁNDEZ, M. A. y GIL PEREIRAS, A.: «Estudo teórico e deseño dunha construción bioclimática: O marco de referencia», *Avances en ciencias de la tierra*, núm. 12, 2022, págs. 1-8. Disponible en: https://ephyslab.uvigo.es/wp-content/uploads/2022/12/ACT_vol_12_STEMBach_2022.pdf (Consultado el 5 de febrero de 2025).

DUQUE CHASCO, J. A. y ALESANCO, V.: «Artículo técnico: Análisis de puentes térmicos de fachada autoportante de ladrillos caravista, STRUCTURA, para edificios ECCN y Passivhaus», *ConArquitectura: arquitectura con arcilla cocida*, núm. 76, 2020, págs. 74-79.

ECHEANDÍA GARCÍA, I.: «La arquitectura sostenible al servicio de la educación: Carmelitas Sagrado Corazón un "passivschool"», *Revista Forum de Sostenibilidad*, núm. 8, 2017-2018, págs. 67-80. Disponible en: https://www.ehu.eus/cdsea/web/wp-content/uploads/2017/03/Revista-Forum-8.pdf (Consultado el 4 de febrero de 2025).

ENRIC, E.: «Así debe ser una vivienda sostenible. Aprova apoya la inversión en construir edificios de consumo "casi nulo"», *Levante. El mercantil valenciano*, 11 de marzo de 2024. Disponible en: https://www.levante-emv.com/economia/2024/03/11/aprova-vivienda-sostenible-98519281.html (Consultado el 30 de enero de 2025).

EPELDE MERINO, M.: «Espacios educativos para sentir la eficiencia energética y la salubridad. Tres ejemplos en Gipuzkoa», *Cultura y Sostenibilidad: 7* th *European Conference on Energy Efficiency and Sustainability in Architecture and Planning*, HERNÁNDEZ MINGUILLÓN, R. J., ARAÚJO CORRAL, V. y LOI, R. (Ed.), Universidad del País Vasco, San Sebastián, 2016, págs. 59-65. Disponible en: https://addi.ehu.es/bitstream/handle/10810/26009/UCPDF164306.pdf?sequence=1&isAllowed=y (Consultado el 4 de febrero de 2025).

ERVITI MACHAN, R.: «Arquitectura [sostenible] en un entorno complicado. Deconstructing Passivhaus», *Experiencia: 10 años formando expertos en soste-*

nibilidad y gestión para una arquitectura responsable, BALIBREA CÁRCELES, J. (Dir.), Ediciones Universidad de Navarra, Pamplona, 2023, págs. 94-95.

ESPINOZA ORTEGA, H. S.: *Vivienda híbrida aislada con sistema v2h (vehicle to home)*, Universidad de Cádiz, Cádiz, 2023. Disponible en: https://www.educacion.gob.es/teseo/imprimirFicheroTesis.do?idFichero=Lxl0RqSp2Ik%3D (Consultado el 31 de enero de 2025).

FERNÁNDEZ SALVADOR, V.: «Simulación energética de una vivienda de consumo casi nulo», *DYNA energía y sostenibilidad*, vol. 1, núm. 1, 2012. Disponible en: https://www.dyna-management.com/Documentos/pdfsES%5C1012%5C6899DYNAINDEX.pdf (Consultado el 1 de febrero de 2025).

FERNÁNDEZ GUTIÉRREZ, L. I.: «Un edificio para combatir la pobreza energética», + *Calidad*, núm. 24, 2021, págs. 20-23.

FERRER, J. R. y CASTELLÁ, J.: «Ventilación de muy alta eficiencia energética en una casas pasiva», *El Instalador*, núm. 503, 2013, págs. 58-63.

FERRÓN VILCHEZ, V.: «Sostenibilidad, objetivos de desarrollo sostenible y economía circular en la construcción de viviendas», *Vivienda sostenible y mujeres en riesgo de exclusión social*, VICEIRA ORTEGA, P., GALERA RUIZ, M. (Coord.), QUESADA PÁEZ, A. (Dir.), Aranzadi, Cizur Menor, 2024, págs. 51-62.

FIGUEROA LÓPEZ, A., ARIAS ROYO, A., OREGI ISASI, X. y RODRÍGUEZ VIDAL, I.: «Analysis of overheating risk in Passivhaus dwellings during warm season. Focalizing in shadow systems strategies to mitigate it», *Disruption: 11º Congreso Europeo sobre Eficiencia Energética y Sostenibilidad en Arquitectura y Urbanismo – 4º Congreso Internacional de Construcción Avanzada: On line 1-2 Diciembre 2020*, Universidad del País Vasco, San Sebastián, 2020, págs. 133-150. Disponible en: https://ekoizpen-zientifikoa.ehu.eus/documentos/648b52b4b367423619da0cf7?lang=de (Consultado el 6 de febrero de 2025).

FREITAS LEA, O.: «Proposta de escola de primaria con criterios sostibles. Comparatva do rendemento enerxétco da proposta na Coruña e Barcelona e verificación do estándar passivhaus», *I Premio WE SEA-UDC 2022 a traballos fin de grao e mestrado en sustentabilidade e economía circular*, Universidade da Coruña, A Coruña, 2023, págs. 99-120. Disponible en: https://ruc.udc.es/dspace/bitstream/handle/2183/34502/DiazMendez_JoseFrancisco_2023_I_Premio_we_sea_udc_2022.pdf?sequence=3&isAllowed=y (Consultado el 5 de febrero de 2025).

GALERA RUIZ, M.: «La mujer en riesgo de exclusión social y la vivienda», *Vivienda sostenible y mujeres en riesgo de exclusión social*, VICEIRA ORTEGA,

P., GALERA RUIZ, M. (Coord.), QUESADA PÁEZ, A. (Dir.), Aranzadi, Cizur Menor, 2024, págs. 235-259.

GARCÍA ESCOBAR, G. A.: «Mecanismos mercantiles de protección de la vivienda: especial referencia a la mujer emprendedora», *Vivienda sostenible y mujeres en riesgo de exclusión social*, VICEIRA ORTEGA, P., GALERA RUIZ, M. (Coord.), QUESADA PÁEZ, A. (Dir.), Aranzadi, Cizur Menor, 2024, págs. 103-122.

GARCÍA LOZANO, C.: *Energía y emisiones en el sector residencial riojano: Modelos y escenarios*, Universidad de La Rioja, Logroño, 2021. Disponible en: https://dialnet.unirioja.es/descarga/tesis/293495.pdf (Consultado el 5 de febrero de 2025).

GENERALITAT VALENCIANA: *Guía básica de criterios de sostenibilidad en las promociones de viviendas con protección pública*, s/f. Disponible en: https://habitatge.gva.es/documents/20558636/90492751/473-3307-GuiaBasica+Sostenibilidad.pdf/5e353255-31f8-4adc-95d0-9d0703a4ea74?t=1400678621587&download=true (Consultado el 4 de febrero de 2025).

GOBIERNO DE ESPAÑA: *Plan de Acción de la Estrategia de Ahorro y Eficiencia Energética (2011-2020)*. Disponible en: https://www.idae.es/uploads/documentos/documentos_11905_PAEE_2011_2020._A2011_A_a1e6383b.pdf (Consultado el 10 de febrero de 2025).

GÓMEZ CALDERÓN, D. J. y DUQUE GALLEGO, C.: «Panorama de la construcción de vivienda sostenible e incluyente en Colombia», *Revista Análisis Jurídico-Político*, vol. 2, núm. 4, 2020, págs. 127-153. Disponible en: https://dialnet.unirioja.es/descarga/articulo/8696953.pdf (Consultado el 31 de enero de 2025).

GÓMEZ JIMÉNEZ, M. L.: «De la reflexión a partir de proyectos y eventos en vivienda sostenible y adaptada: apunte de los congresos SHUR 2015 y Greencities 2014», *WPS Review International on Sustainable Housing and Urban Renewal: RI-SHUR*, núm. 2, 2015, págs. 3-5.

GONZÁLEZ DUQUE, I. y ZAMORA, A.: «Casa Entreencinas: el contralaminado entra en el mundo de las casas pasivas», *Boletín de información técnica de AITIM*, núm. 281, 2013, págs. 12-18.

GONZÁLEZ PRIETO, D., GONZÁLEZ RODRÍGUEZ, J., ZAMORA, A., GONZÁLEZ DUQUE, I., MAYOR CASAS, A., PUEBLA GARCÍA, B. y PRIETO GONZÁLEZ, M. M.: «Techno-economic feasibility of collective housing buildings of nearly zero energy located in the central Asturian coalfield», 6Th *European Conference on energy efficiency and sustainability in architecture and planning*, Universidad del País Vasco, San Sebastián, 2015, págs. 75-83. Disponible en: https://addi.ehu.es/bitstream/

handle/10810/15567/UCPDF151824.pdf?sequence=1&isAllowed=y (Consultado el 3 de febrero de 2025).

GHOREISHI, K.: *Biodomótica: optimización de la arquitectura pasiva mediante el uso de las tecnologías de control inteligente y automatización*, Universidad de Málaga, Málaga, 2022. Disponible en: https://riuma.uma.es/xmlui/bitstream/handle/10630/26031/TD_GHOREISHI_KARIMI_Sayed_Kusha.pdf?sequence=1&isAllowed=y (Consultado el 4 de febrero de 2025).

GÓMEZ IBORRA, I., FRADEJAS AGUILLO, N., GOROSABEL FERNÁNDEZ, I. y TSVETKOVA, Y.: «Bio Alai, el desarrollo de un local sostenible de consumo casi cero de 632m² shop for an ecologic supermarket in Vitoria-Gasteiz», *Transition: 10º Congreso Europeo sobre Eficiencia Energética y Sostenibilidad en Arquitectura y Urbanismo- 3º Congreso Internacional de Construcción Avanzada*, Universidad del País Vasco, San Sebastián, 2019, págs. 191-208. Disponible en: https://ekoizpen-zientifikoa.ehu.eus/documentos/648b52b2b367423619da0b1d (Consultado el 5 de febrero de 2025).

GÓMEZ GUTIÉRREZ, A.: «Primer proyecto de vivienda social para la EMVS de Madrid bajo el estándar Passivhaus», *El Instalador*, núm. 590, 2020, págs. 60-63. Disponible en: https://www.interempresas.net/Flipbooks/IN/590/html5forpc.html (Consultado el 5 de febrero de 2025).

GÓMEZ TORRES, S. y STEVENSON, F.: «Embodied Energy and Carbon Assess in Passivhaus–a UK Case Study», *Planning Post Carbon Cities: 35th PLEA Conference on Passive and Low Energy Architecture, A Coruña, 1st-3rd September 2020: Proceeding*, RODRÍGUEZ ÁLVAREZ, J. y SOARES GONÇALVES, J. C. (Ed.), vol. 1, Universidade da Coruña, A Coruña, 2020, págs. 457-462. Disponible en: https://ruc.udc.es/dspace/handle/2183/26695 (Consultado el 6 de febrero de 2025).

GONZÁLEZ DÍAZ, I.: «CTE2013, CTE2019 y estándar Passivhaus. ¿Cuáles son las diferencias energéticas?», *El Instalador*, núm. 583, 2020, págs. 46-50. Disponible en: https://www.interempresas.net/FlipBooks/IN/583/html5forpc.html (Consultado el 6 de febrero de 2025).

GRAU, L.: «Arquitectura sostenible y energías renovables: 23 viviendas sostenibles de protección oficial», *Instalaciones y técnicas del confort*, núm. 172, 2005, págs. 36-40.

GUILLÉN LAMBEA, S.: *Residential nzeb in southern europe: analysis and optimization of the parameters related to air ventilation systems to reduce air conditioning energy demand*, Universidad de Zaragoza, Zaragoza, 2017. Disponible en: https://zaguan.unizar.es/record/63067/files/TESIS-2017-086.pdf (Consultado el 4 de febrero de 2025).

GUILLÉN LAMBEA, S.: «Implantación de Passivhaus en climas extremos. Aragón: polvo, niebla, viento y sol», *CONTART 2018: la convención de la edificación,* MARTÍN GARÍN, A. (Coord.), Colegio Oficial de Aparejadores y Arquitectos Técnicos de Zaragoza, Zaragoza, 2018, págs. 299-309.

GURIDI GARCÍA, R., TARTÁS RUIZ, C. y GUARDIOLA ARNANZ, J.: «Sistematización y versatilidad: el ejemplo Inviso/Guardiola», *Jornadas internacionales de investigación en construcción: vivienda: pasado, presente y futuro: resúmenes y actas,* Instituto de Ciencias de la Construcción Eduardo Torroja, Madrid, pág. 73. Disponible en: https://digital.csic.es/bitstream/10261/94782/1/Abstracts and Proceedings %20JORNADAS%202013.pdf (Consultado el 1 de febrero de 2025).

GUTIÉRREZ CUEVAS, B.: «Por una construcción de edificios y viviendas energéticamente eficientes», *Cemento Hormigón,* núm. 999, 2020.

GUTIÉRREZ CUEVAS, B., SÁNCHEZ QUESADA, E. y GONZÁLEZ MARTÍN, J. M.: «Proceso constructivo de rehabilitación bajo el estándar Passivhaus en un edificio protegido: (estructural)», *Rehabend 2016. Euro-American Congress. Construction pathology, rehabilitation technology and heritage management: (6th Rehabend Congress),* Universidad de Cantabria, Santander, 2016, págs. 1779-1788. Disponible en: https://www.rehabend.unican.es/2020/wp-content/uploads/sites/2/2019/04/Libro Rehabend2016.pdf (Consultado el 4 de febrero de 2025).

HATT, T., SAELZER, G., HEMPEL MAACK, C. y GERBER, A.: «Alto confort interior con mínimo consumo energético a partir de la implementación del estándar "Passivhaus" en Chile», *Revista de la Construcción,* vol. 11, núm. 2, 2012, págs. 123-124. Disponible en: https://www.scielo.cl/scielo.php?script=sci arttext&pid=S0718-915X2012000200011 (Consultado el 2 de febrero de 2025).

HERNÁNDEZ LÓPEZ, H. E.: *Variables técnicas y económicas asociadas al acondicionamiento térmico de viviendas: una mirada centrada en el desempeño de la vivienda social chilena,* Universidad Politécnica de Madrid, Madrid, 2020. Disponible en: https://oa.upm.es/64631/1/HECTOR ENRIQUE HERNANDEZ LOPEZ.pdf (Consultado el 3 de febrero de 2025).

HERRERA GONZÁLEZ, D. y ARIAS VALENCIA, S.: «El perfil del comprador frente a una vivienda sostenible: estudio descriptivo», *Revista de arquitectura,* vol. 25, núm. 2, 2023, págs. 36-46. Disponible en: https://dialnet.unirioja.es/descarga/articulo/8906940.pdf (Consultado el 30 de enero de 2025).

HERNÁNDEZ MINGUILLÓN, R. J.: «Arquitectura para la transición estándar Passivhaus», *DPArquitectura: detalles y proyectos de arquitectura,* núm. 27, 2019, págs. 10-12.

HIDALGO BETANZOS, J. M.: *Adaptation of single family houses to the nzeb objective in cool temperate climates of Spain: optimisation of the energy demand and the termal comfort by full-scale measurements and simulation assess,* Universidad del País Vasco, San Sebastián, 2017. Disponible en https://addi.ehu.es/bitstream/handle/10810/30647/TESIS_HIDALGO_BETANZOS_JUAN%20MARIA.pdf?sequence=1&isAllowed=y (Consultado el 3 de febrero de 2025).

INERLACE HUB: «Ley de Desarrollo Urbano Sostenible», 2023. Disponible en: https://interlace-hub.com/es/ley-de-desarrollo-urbano-sostenible (Consultado el 30 de enero de 2025).

IGLESIAS MALDONADO, P.: «Introducción a la vivienda sostenible. O vivienda sostenible para el moderno Prometeo», *AxA: Una revista de Arte y Arquitectura,* núm. 2, 2010, págs. 4-26. Disponible en: https://revistas.uax.es/index.php/axa/article/download/1043/864 (Consultado el 2 de febrero de 2025).

JORRETO DÍAZ, M.: «Casa pasiva sobre el Miño», *Casa en Galicia,* PAZ AGRAS, L. (Coord.), Diseño Editorial, Buenos Aires, 2016, págs. 44-51.

JOVÉ SANDOVAL, F.: «Prototipo de Vivienda Sostenible de Desarrollo Progresivo construida con muros de bloque de tierra comprimida», *Hábitat social, digno, sostenible y seguro en Manta, Manabí, Ecuador,* SAINZ GUERRA, J. L. y CAMINO SOLÓRZANO, A. M. (Coord.), Universidad de Valladolid, Valladolid, 2014, págs. 179-187. Disponible en: https://www5.uva.es/grupotierra/aecid/publicaciones/2013/6c.pdf (Consultado el 31 de enero de 2025).

JIMÉNEZ EXPÓSITO, R. A.: *Estrategia de intervención para proyectos de viviendas sostenibles de interés social en el ámbito de la cooperación internacional al desarrollo. Caso de estudio: la vivienda sostenible de interés social de hábitat para la humanidad El Salvador,* Universidad de Sevilla, Sevilla, 2024. Disponible en: https://idus.us.es/server/api/core/bitstreams/c7d2bd86-658a-410a-bab0-c02749c6dc4b/content (Consultado el 30 de enero de 2025).

LACOMBA, M.: «Casa pasiva km 0 en Mallorca», *Ecohabitar: bioconstrucción, consumo ético, permacultura y vida sostenible,* núm. 79, 2023, págs. 28-32.

LIU, C. y SHARPLES, S.: «Analysing Energy Savings and Overheating Risks of Retrofitting Chinese Suburban Dwellings to the Passivhaus EnerPHit Standard», *Planning Post Carbon Cities: 35th PLEA Conference on Passive and Low Energy Architecture, A Coruña, 1st-3rd September 2020: Proceedings,* RODRÍGUEZ ÁLVAREZ, J. y SOARES GONÇALVES, J. C. (Ed.), vol. 3, Universidade da Coruña, A Coruña, 2020, págs. 1757-1762. Disponible en: https://ruc.udc.es/dspace/handle/2183/26695 (Consultado el 6 de febrero de 2025).

LIU, C., SHARPLES, S. y MOHAMMADPOURKARBASI, H.: «Analysing Energy Savings and Overheating Risks of Retrofitting Chinese Suburban Dwellings to the Passivhaus EnerPHit Standard», *Planning Post Carbon Cities: 35th PLEA Conference on Passive and Low Energy Architecture, A Coruña, 1st-3rd September 2020: Proceeding*, RODRÍGUEZ ÁLVAREZ, J. y SOARES GONÇALVES, J. C. (Ed.), vol. 3, Universidade da Coruña, A Coruña, 2020, págs. 1841-1842. Disponible en: https://ruc.udc.es/dspace/handle/2183/26695 (Consultado el 6 de febrero de 2025).

LÓPEZ, B.: «Viviendas ... ¿sostenibles?», *El Hall: Boletín informativo del Colegio de Arquitectos de La Rioja*, núm. 93, 2006, págs. 4-5.

LÓPEZ, E. y RIVERA, M.: «Casa pasiva en Arteaga. Gauteguiz Arteaga, Bizkaia. España», *On diseño*, núm. 416, 2023. Disponible en: https://www.ondiseno.com/proyecto.php?id=3064 (Consultado el 4 de febrero de 2025).

LÓPEZ MERINO, A.: «Viviendas pasivas», *Aa: Revista del Colegio de Arquitectos de Valladolid*, núm. 4, 2015, págs. 30-34.

LORENZO, D., LOZANO MARTÍNEZ-LUENGAS, A. G., ZAMORA, A. y DUQUE, I. G.: «Solución con madera termotratada: Cinco años de exposición en la casa pasiva Entreencinas (Asturias)», *Boletín de información técnica de AITIM*, núm. 308, 2017, págs. 44-47.

LOZANO MARTÍNEZ-LUENGAS, A. G., DEL COZ DÍAZ, J. J., ALONSO MARTÍNEZ, M. y MARTÍN RODRÍGUEZ, A.: «Hacia una construcción más eficiente: passivhaus + bioconstrucción», *Jornadas internacionales de investigación en construcción: vivienda: pasado, presente y futuro: resúmenes y actas*, Instituto de Ciencias de la Construcción Eduardo Torroja, Madrid, 2013, pág. 133. Disponible en: https://digital.csic.es/bitstream/10261/94782/1/Abstracts and Proceedings %20JORNADAS%202013.pdf (Consultado el 3 de febrero de 2025).

MARÍN SALGADO, F. W.: «Evaluación del rendimiento de calefacción o refrescamiento producido por los elementos constructivos y microclima de una vivienda pasiva: una forma de integrar el rendimiento del confort térmico pasivo a su administración del ciclo de vida de un edificio», *Revista invi*, vol. 27, núm. 75, 2012, págs. 171-197. Disponible en: https://www.scielo.cl/scielo.php?script=sci arttext&pid=S0718-83582012000200006 (Consultado el 3 de febrero de 2025).

MARTÍN, P. y PÉREZ RAMOS, P.: «Proyecto piloto de vivienda sostenible en Barcelona», *Ecohabitar: bioconstrucción, consumo ético, permacultura y vida sostenible*, núm. 64, 2019, págs. 22-26.

MARTÍNEZ, M., SANZ ADÁN, F., MARDONES, R., FRAILE GARCÍA, E., FERREIRO, J. y SANTAMARÍA PEÑA, J.: «Diseño de viviendas sostenibles energéticamente: análisis comparativo», *Contribución de la ingeniería gráfica a la sociedad: congreso internacional de Ingeniería Gráfica (INGEGRAF)*, Universidad de Zaragoza, Zaragoza, págs. 29-36. Disponible en: https://zaguan.unizar.es/record/58431/files/BOOK-2017-004.pdf (Consultado el 31 de enero de 2025).

MARTÍNEZ RODRÍGUEZ, A., ASCIONE, S. C. y FERRERAS SANCHO, S.: «Casa pasiva S´Agaró: S´Agaró, Girona», *ConArquitectura: arquitectura con arcilla cocida*, núm. 82, 2022, págs. 98-99.

MARTÍNEZ SANTA-MARÍA, L., DÍAZ, N. y VOGT, A.: «Artículo Técnico: Pasiva positiva: los componentes de la arcilla cocida en un edificio de consumo casi nulo passivhaus-premium en régimen de autoconsumo», *ConArquitectura: arquitectura con arcilla cocida*, núm. 75, 2020, págs. 44-47.

MENDOZA, M. A., PIÑAS MOYA, M. J., HORN, M. y GÓMEZ LEÓN, M. M.M.: «Conductividad térmica de compuestos tipo sándwich usados en la industria de la construcción», *TECNIA*, vol. 31, núm. Extra 1, 2021, págs. 42-50. Disponible en: https://revistas.uni.edu.pe//index.php/tecnia/article/view/1198 (Consultado el 31 de enero de 2025).

MINISTERIO DE TRANSPORTES Y MOVIBILIDAD SOSTENIBLE: *Agenda Urbana Española*, 2019. Disponible en: https://publicaciones.transportes.gob.es/agenda-urbana-espanola-2019 (Consultado el 22 de febrero de 2025).

MINISTERIO DE VIVIENDA Y AGENDA URBANA: *Edificación Sostenible*. Disponible en: https://www.mivau.gob.es/arquitectura-edificacion/edificacion-sostenible (Consultado el 4 de febrero de 2025).

MINISTERIO PARA LA TRANSICIÓN ECOLÓGICA: *Estrategia nacional contra la pobreza energética 2019-2024*. Disponible en: https://www.miteco.gob.es/content/dam/miteco/es/ministerio/planes-estrategias/estrategia-pobreza-energetica/estrategianacionalcontralapobrezaenergetica_tcm30-502982.pdf (Consultado el 12 de febrero de 2025).

MINISTERIO PARA LA TRANSICIÓN ECOLÓGICA Y EL RETO DEMOGRÁFICO: *Plan Nacional Integrado de Energía y Clima (PNIEC) 2021-2023*, 2020. Disponible en: https://www.miteco.gob.es/content/dam/miteco/images/es/pnieccompleto_tcm30-508410.pdf (Consultado el 2 de febrero de 2025).

MONGE PÉREZ, A.: «Hacia un parque social de viviendas sostenible», *Actas de los Seminarios de Apoyo a la Investigación hibridación y transculturalidad en los modos de habitación contemporánea*, Universidad de Sevilla, Sevilla, 2009, págs. 481-490. Disponible en: https://idus.us.es/server/api/core/bitstreams/d5aaaeb0-bc45-4a04-bac8-0a107ec364a0/content (Consultado el 3 de febrero de 2025).

MORAÑO RODRÍGUEZ, A. J.: «Hormigón estructural térmico. Economía circular», *Cemento Hormigón*, núm. 976, 2016, págs. 38-45.

MORENO TRUJILLO, E.: «La vulnerabilidad como criterio de atribución del derecho de uso de la vivienda familiar», *Vivienda sostenible y mujeres en riesgo de exclusión social*, VICEIRA ORTEGA, P., GALERA RUIZ, M. (Coord.), QUESADA PÁEZ, A. (Dir.), Aranzadi, Cizur Menor, 2024, págs. 179-210.

MORENO GUTIÉRREZ, J. A. y USSA G., J. E.: «Valoración Económica de Pasivos Ambientales Estudio de Caso: Pasivos Generados por el Campo Petrolero Cicuci-Boquete, Mompós, Colombia», *Colombia forestal*, vol. 11, núm. 1, 2008, págs. 93-112. Disponible en: https://revistas.udistrital.edu.co/index.php/colfor/article/view/3022 (Consultado el 4 de febrero de 2025).

MURRAY, M. A. y COLCLOUGH, S.: «Industria Loci': The Energy of Place Achieving Energy Optimisation within Mixed Use Developments utilising Passivhaus Design Strategies in Urban Des», *Planning Post Carbon Cities: 35th PLEA Conference on Passive and Low Energy Architecture, A Coruña, 1st-3rd September 2020: Proceedings*, vol. 1, Universidade da Coruña, A Coruña, 2020, págs. 211-216. Disponible en: https://ruc.udc.es/dspace/handle/2183/26695 (Consultado el 6 de febrero de 2025).

NACIONES UNIDAS: *Informe de la Conferencia de Naciones Unidas sobre el Medio Humano*, 1972. Disponible en: https://docs.un.org/es/A/CONF.48/14/Rev.1 (Consultado el 28 de febrero de 2025).

NACIONES UNIDAS: *Conferencia de las Naciones Unidas sobre los Asentamientos Humanos*, Estambul (Turquía), 1996. Disponible en: http://habitat.aq.upm.es/aghab/adeclestambul.html (Consultado el 28 de febrero de 2025).

NACIONES UNIDAS: Protocolo de Kyoto de la Convención Marco de las Naciones Unidas sobre el cambio climático, de 1998. Disponible en: https://unfccc.int/resource/docs/convkp/kpspan.pdf (Consultado el 10 de febrero de 2025).

NACIONES UNIDAS: *Acuerdo de París*, 2015. Disponible en: https://unfccc.int/sites/default/files/spanish_paris_agreement.pdf (Consultado el 22 de febrero de 2025).

NACIONES UNIDAS: *Declaración de Quito sobre Ciudades y Asentamientos Humanos Sostenibles para todos en el marco de la Conferencia de Naciones Unidas sobre Vivienda y Desarrollo urbano sostenible (Hábitat III), que se celebró en 2016, para la adopción de la Nueva Agenda Urbana.* Disponible en: https://habitat3.org/wp-content/uploads/NUA-Spanish.pdf (Consultado el 22 de febrero de 2025).

NACIONES UNIDAS: *Objetivos de Desarrollo Sostenible.* Disponible en: https://www.un.org/sustainabledevelopment/es/objetivos-de-desarrollo-sostenible/ (Consultado el 4 de febrero de 2025).

NACIONES UNIDAS: *Informe de los Objetivos de Desarrollo Sostenible,* 2023, pág. 34. Disponible en: https://unstats.un.org/sdgs/report/2023/The-Sustainable-Development-Goals-Report-2023_Spanish.pdf?_gl=1*16xhdmc*_ga*ODIwMTQxNDgxLjE3MzU1NzQ0ODU.*_ga_TK9BQL5X7Z*MTczODk0Mzk5OC40LjEuMTczODk0NDAwMS4wLjAuMA.. (Consultado el 7 de febrero de 2025).

NAVARRO LÓPEZ, E. M.: *Dissipativity and passivity-related properties in non-linear discrete-time systems,* Universitat Politècnica de Catalunya, Barcelona, 2003. Disponible en: https://upcommons.upc.edu/bitstream/handle/2117/93253/01CONTENTS.pdf?sequence=1&isAllowed=y (Consultado el 4 de febrero de 2025).

NAVARRO PÉREZ, J. C., LOMBARDÍA TRIGO, P. y GARRUDO ÁLAMO, J.: «Vivienda Passivhaus: Villamayor, Salamanca», *ConArquitectura: arquitectura con arcilla cocida,* núm. 80, 2021, págs. 82-86.

OLAYA-GARCÍA, B., NAVIA ESPINOZA, S. E., y MACERA CERUTTI, O. M.: «Marco metodológico para transitar hacia una vivienda ecotecnológica básica», *Vivienda y comunidades sustentables,* núm. 13, 2023, págs. 177-198. Disponible en: https://revistavivienda.cuaad.udg.mx/index.php/rv/article/view/237 (Consultado el 30 de enero de 2025).

OLAYA-GARCÍA, B., DELGADO RAMOS, G. C., OLIVIERI, F., DE LARA MARTÍNEZ, F. y MASERA CERUTTI, O. R.: «Vivienda ecotecnológica básica para zonas rurales: una revisión de literatura», *Academia XXII: revista semestral de investigación,* vol. 13, núm. 26, 2022, págs. 114-153. Disponible en: https://revistas.unam.mx/index.php/aca/article/view/84149 (Consultado el 31 de enero de 2025).

ORDUÑA GAÑÁN, M. A.: *Barrios y sostenibilidad. La aplicación de criterios sociales, medioambientales y económicos en el diseño y evaluación de procesos de regeneración urbana sostenible en ciudades europeas,* Universidad de Valladolid, Valladolid, 2016. Disponible en: https://uvadoc.uva.es/bitstream/handle/10324/16800/Tesis998-160420.PDF?sequence=1&isAllowed=y (Consultado el 4 de febrero de 2025).

OROZCO GONZÁLEZ, M.: «Crisis matrimonial, mujer y vivienda», *Vivienda sostenible y mujeres en riesgo de exclusión social,* VICEIRA ORTEGA, P., GALERA RUIZ, M. (Coord.), QUESADA PÁEZ, A. (Dir.), Aranzadi, Cizur Menor, 2024, págs. 211-234.

OROZCO PARDO, G.: «Derecho de familias y vivienda familiar», *Vivienda sostenible y mujeres en riesgo de exclusión social,* VICEIRA ORTEGA, P., GALERA RUIZ, M. (Coord.), QUESADA PÁEZ, A. (Dir.), Aranzadi, Cizur Menor, 2024, págs. 123-156.

ORTÍZ, H. y QUIZAMÁN, E.: «Viviendas pasivas a favor del medio ambiente», *Revista Arquitectura,* vol. 3, núm. 5, 2018, págs. 15-24. Disponible en: https://revistas.uni.edu.ni/index.php/Arquitectura/article/view/233 (Consultado el 3 de febrero de 2025).

ORTÍZ DE APODAKA, C.: «Passivhaus en altura en Bolueta-Bilbao: Proyecto de 361 VPO, sociales y tasadas en dos bloques (28 y 21 alturas sobre rasante). Cumple estándares passivhaus», *CONTART 2018: la convención de la edificación,* MARTÍN GARÍN, A. (Coord.), Colegio Oficial de Aparejadores y Arquitectos Técnicos de Zaragoza, Zaragoza, 2018, págs. 331-339.

PADILLA GARZA, J. A.: «Optimización energética y ambiental del proyecto de vivienda sostenibles ECOCASA, México», *Experiencia: 10 años formando expertos en sostenibilidad y gestión para una arquitectura responsable,* BALIBREA CÁRCELES, J. (Dir.), Ediciones Universidad de Navarra, Pamplona, 2023, págs. 180-161.

PASSIVHAUS CONSULTORES: «El estándar Passivhaus: una hoja de ruta fiable hacia el edificio de consumo casi nulo, también para los componentes cerámicos», *ConArquitectura: arquitectura con arcilla cocida,* núm. 61, 2017, págs. 87-92.

PERÁN QUESADA, S.: «Soluciones habitacionales en el marco del derecho a la asistencia social integral de la mujer víctima de violencia de género», *Vivienda sostenible y mujeres en riesgo de exclusión social,* VICEIRA ORTEGA, P., GALERA RUIZ, M. (Coord.), QUESADA PÁEZ, A. (Dir.), Aranzadi, Cizur Menor, 2024, págs. 157-177.

PINZÓN BOTERO, M. V. y VILLOTA ORTIZ, S. B.: «The potential market for sustainable housing under the contingent valuation method: City of Palmira», *Cuadernos de administración,* vol. 35, núm. 65, 2019, págs. 45-59. Disponible en: https://dialnet.unirioja.es/descarga/articulo/7500998.pdf (Consultado el 31 de enero de 2025).

PIÑA RAMÍREZ, C., SANTIAGO RASILLA, V., VIDALES BARRIGUETE, R., VIDALES BARRIGUETE, A. y AGUILERA BENITO, P.: «Case study of energy demand in near-zero energy houses and houses under the passivhaus standard», *EDIFÍCATE 2023: II National and I International Congress of Advanced Schools Buildings Engineering and Technical Architecture,* SANTIAGO ZARAGOZA, J. M., GUTIÉRREZ CARILLO, M. L., MARTÍNEZ ROJAS, M. y SUÁREZ VARGAS, E. (Coord.), Universidad de Granada,

Granada, 2024, págs. 149-156. Disponible en: https://editorial.ugr.es/ebook/131321/free_download/ (Consultado el 5 de febrero de 2025).

POMBO RODILLA, O.: *Análisis multicriterio de la eficiencia de medidas de rehabilitación de viviendas mediante el enfoque de ciclo de vida: propuesta metodológica*, Universidad Politécnica de Madrid, Madrid, 2016. Disponible en: https://oa.upm.es/42315/1/OLATZ_POMBO_RODILLA.pdf (Consultado el 4 de febrero de 2025).

PUERTO CRISTANCHO, M. A., PERICO GRANADOS, N. R., REYES RODRÍGUEZ, C. A., GUZMÁN SERRANO, L. F. y GARZÓN CASTRO, L. N.: «Ladrillo de plástico comparado con el ladrillo tradicional», *Revista Ingenierías USBMed*, vol. 13, núm. 1, 2022, págs. 56-63. Disponible en: https://dialnet.unirioja.es/descarga/articulo/8467467.pdf (Consultado el 31 de enero de 2025).

QUEIPO, J., NAVARRO, J. M., IZQUIERDO, M., DEL ÁGUILA, A., GUINEA, D., VILLAMARO, M., VEGA SÁNCHEZ, S. y NEILA, J.: «Proyecto de investigación INVISO: industrialización de viviendas sostenibles», *Informes de la construcción*, vol. 61, núm. 513, 2009, págs. 73-86. Disponible en: https://informesdelaconstruccion.revistas.csic.es/index.php/informesdelaconstruccion/article/view/765/850 (Consultado el 2 de febrero de 2025).

QUESADA PÁEZ, A.: «La vivienda como mecanismo de integración social», *Vivienda sostenible y mujeres en riesgo de exclusión social*, VICEIRA ORTEGA, P., GALERA RUIZ, M. (Coord.), QUESADA PÁEZ, A. (Dir.), Aranzadi, Cizur Menor, 2024, págs. 63-102.

QUINTANA FERRER, E.: «Vivienda y medio ambiente: bonificaciones en la cuota de los impuestos locales», *Crónica tributaria*, núm. 189, 2023, págs. 157-204. Disponible en: https://dugi-doc.udg.edu/bitstream/handle/10256/23999/037637.pdf?sequence=1&isAllowed=y (Consultado el 31 de enero de 2025).

QUIÑOY PEÑA, D.: *Adecuación energética de la tipología edificatoria vernácula más representativa de Galicia*, Universidade da Coruña, A Coruña. 2015. Disponible en: https://ruc.udc.es/dspace/bitstream/handle/2183/14343/QuinoyPena_Diego_TD_2015.pdf?sequence=4&isAllowed=y (Consultado el 3 de febrero de 2025).

RAMÓN FERNÁNDEZ, F.: «La huerta valenciana y su revitalización como opción turística a través del diseño de rutas guiadas», *Espacios de ocio y deporte como dinamizadores turísticos. XVI Congreso Internacional de Turismo Universidad-Empresa*, Tirant lo Blanch, Valencia, 2013, págs. 345-356.

RAMÓN FERNÁNDEZ, F.: «Objetivos de Desarrollo Sostenible (ODS) y gestión del patrimonio cultural de la Huerta de València: la importancia del comercio de proximidad y la puesta en valor de sus bienes y recursos. La tira de contar y la Agromuseu de Vera, Valencia», *Revista jurídica valenciana. Associació de Juristes Valencians (anteriormente Revista Internauta de Práctica Jurídica)*, núm. 36, 2020, págs. 1-20. Disponible en: https://www.revistajuridicavalenciana.org/wp-content/uploads/0036_0007_01.pdf (Consultado el 7 de febrero de 2025).

RAMÓN FERNÁNDEZ, F.: «La Huerta valenciana: propiedad, ordenación del territorio y protección», *Revista de Derecho Urbanístico y Medio Ambiente*, núm. 344, 2021, págs. 109-126.

RAMÓN FERNÁNDEZ, F.: «Huerta y productos de proximidad. La Tira de Contar como forma de venta en el ámbito de la competencia», *Retos en el sector agroalimentario: regulación, competencia y propiedad industrial*, Tirant lo Blanch, Valencia, 2022, 479-491.

RAMÓN FERNÁNDEZ, F., LULL NOGUERA, C., SORIANO SOTO, Mª. D. y GARCÍA-ESPAÑA SORIANO, L.: «Role of soils in the context of the regulation of the Huerta de València», *XVI European Society for Agronomy Congress. Smart agricultura for great human challenges*, Sevilla, 2020, págs. 146-147.

RAMÓN FERNÁNDEZ, F.: *Vivienda inteligente: domótica, inteligencia artificial y regulación legal*, Tirant lo Blanch, Valencia, 2022.

RAMÓN FERNÁNDEZ, F.: *Medidas en el ámbito jurídico para el acceso a la vivienda de las personas en situación de vulnerabilidad social y económica*, Tirant lo Blanch, Valencia, 2023.

RAMÓN FERNÁNDEZ, F.: *La vivienda colaborativa o cohousing: su oportunidad como nueva forma de habitar*, Tirant lo Blanch, Valencia, 2024.

RAMÓN FERNÁNDEZ, F.: «Vivienda sostenible, inteligencia artificial y huertos urbanos: algunas reflexiones y propuestas», *Revista Aranzadi de Derecho Patrimonial*, núm. 66, 2025, págs. 1-16.

RAMOS, E.: «Casa pasiva certificada con BTC», *Ecohabitar: bioconstrucción, consumo ético, permacultura y vida sostenible*, núm. 54, 2017, págs. 20-24.

REAL ACADEMIA ESPAÑOLA: Voz «sostenible». Disponible en: https://dle.rae.es/sostenible?m=form (Consultado el 6 de febrero de 2025).

REAL ACADEMIA ESPAÑOLA: Voz «sostenibilidad». Disponible en: https://dle.rae.es/sostenibilidad (Consultado el 6 de febrero de 2025).

RIVERA BARRAZA, M. I.: «Chaitén. Reconstruyendo la ciudad desde las cenizas: prototipos de viviendas sostenibles para una Eco Villa en el sur de Chile», *Cuadernos de investigación urbanística*, núm. 70, 2010, págs. 35-53. Disponible en: https://dialnet.unirioja.es/descarga/articulo/3875596.pdf (Consultado el 2 de febrero de 2025).

RODRÍGUEZ VIDAL, I.: *Evaluación del estándar de construcción Passivhaus y su aplicación en el ámbito climático de la Comunidad Autónoma Vasca y la Comunidad Foral Navarra. El caso de la vivienda colectiva de protección oficial*, Universidad del País Vasco, San Sebastián, 2015. Disponible en: https://addi.ehu.es/bitstream/handle/10810/17870/TESIS_RODRIGUEZ_VIDAL_IÑIGO.pdf?sequence=1&isAllowed=y (Consultado el 3 de febrero de 2025).

RODRÍGUEZ VIDAL, I., OREGI ISASI, X. y OTAEGUI DE ARCE, J.: «Overheating Risk in Social Collective Housing in the Basque Country and Navarre Built Under the Passivhaus Standard», *Planning Post Carbon Cities: 35th PLEA Conference on Passive and Low Energy Architecture, A Coruña, 1st-3rd September 2020: Proceedings*, RODRÍGUEZ ÁLVAREZ, J. y SOARES GONÇALVES, J. C. (Ed.), Universidade da Coruña, A Coruña, 2020, págs. 1281-1286. Disponible en: https://ruc.udc.es/dspace/handle/2183/26695 (Consultado el 6 de febrero de 2025).

ROJO GALLEGO-BURÍN, M.: «La vivienda social: estudio histórico-jurídico de sus principios rectores», *Vivienda sostenible y mujeres en riesgo de exclusión social*, VICEIRA ORTEGA, P., GALERA RUIZ, M. (Coord.), QUESADA PÁEZ, A. (Dir.), Aranzadi, Cizur Menor, 2024, págs. 13-49.

ROMERO HERRERO, F.: «Entrepatios: vivienda con valores», *Planur-e: territorio, urbanismo, paisaje, sostenibilidad y diseño urbano*, núm. 13, 2019.

RUIZ JIMÉNEZ, F.: «Vivienda Passivhaus. Herrera, Sevilla», *ConArquitectura: arquitectura con arcilla cocida*, núm. 65, 2018, págs. 39-42.

RUIZ PIÑERA, J. y SÁNCHEZ MEDRANO, F. J.: «Influencia energética de las cubiertas verdes en edificios Passivhaus frente a construcciones convencionales», *CUICIID 2019. Contenidos, investigación, innovación y docencia: Congreso universitario internacional sobre la comunicación en la profesión y en la Universidad de hoy IX. 23 y 24 octubre, 2019*, Fórum Internacional de Comunicación y Relaciones Públicas (Fórum XXI), Madrid, 2019, pág. 671. Disponible en: https://cuiciid.net/wp-content/uploads/2022/03/Libro-de-actas-2019-completo.pdf (Consultado el 5 de febrero de 2025).

SALDAÑA MÁRQUEZ, H.: *Sistemas de evaluación de la vivienda hacia ciudades sostenibles: análisis de su impacto en el edificio y en el entorno urbano*, Universitat Politècnica de Catalunya, Barcelona, 2020.

SALINA DE LEÓN, A.: «Vivienda unifamiliar en Muros de Nalón (Asturias) con estándar Passivhaus», *Boletín de información técnica de AITIM*, núm. 304, 2016, págs. 54-57.

SÁNCHEZ AGURTO, Y., SANTA MARÍA DÁVILA, E. y SARAVIA HINOZTROZA, J.: «Emisión de CO2 equivalente en la construcción de viviendas unifamiliares de adobe y ladrillo», *Obras y proyectos: revista de ingeniería civil*, núm. 34, 2023, págs. 83-91. Disponible en: https://revistas.ucsc.cl/index.php/oyp/issue/view/159/125 (Consultado el 30 de enero de 2025).

SÁNCHEZ FUENTES, J. F.: «Casa Gomera. Soto del Real, Madrid. España», *On diseño*, núm. 397, 2020. Disponible en: http://www.ondiseno.com/proyecto.php?id=2812 (Consultado el 3 de febrero de 2025).

SÁNCHEZ GONZÁLEZ, J. C.: *Construcción modular ligera energéticamente eficiente*, Universidad Politécnica de Madrid, Madrid, 2016. Disponible en: https://oa.upm.es/40342/1/JUAN_CARLOS_SANCHEZ_GONZALEZ.pdf (Consultado el 4 de febrero de 2025).

SANZ PRAT, J. y CABALLERO, C.: «Casa pasiva de paja en Cantabria», *Ecohabitar: bioconstrucción, consumo ético, permacultura y vida sostenible*, núm. 77, 2023, págs. 32-36.

SATTELE GUNTHER, V.: «El pensamiento sistémico para la vivienda sostenible en la Ciudad de México», *Economía Creativa*, núm. 11, 2019, págs. 8-37. Disponible en: https://dialnet.unirioja.es/descarga/articulo/7030167.pdf (Consultado el 31 de enero de 2025).

SEPÍN: «Derecho inmobiliario y construcción sostenible», 13 de septiembre de 2024. Disponible en: https://blog.sepin.es/derecho-inmobiliario-construccion-sostenible (Consultado el 5 de febrero de 2025).

SIBER: «Casas sostenibles, ¿qué requisitos han de cumplir?», s/f. Disponible en: https://www.siberzone.es/blog-sistemas-ventilacion/casas-sostenibles-2/ (Consultado el 30 de enero de 2025).

SCHOOF, J.: «Vivienda pasiva, ¿un concepto anticuado o apropiado para la exportación?», *Detail: revista de arquitectura y detalles constructivos*, núm. 7, 2010, págs. 734-735.

SORO, J. L.: «El reto de la vivienda sostenible», *Common housing: vivienda colectiva en Aragón 2000-2020*, MAGÉN PARDO, J., BUIL GUALLAR, C. y QUINTILLA CASTÁN, M. (Coord.), Demarcación de Zaragoza del Colegio Oficial de Arquitectos de Aragón, Zaragoza, 2017, pág. 3.

STEVENSON, F., ARSLAN, D. y GÓMEZ TORRES, S.: «Embodied Carbon: A Comparison of Two Passivhaus Homes in the UK», *Planning Post Carbon Cities: 35th PLEA Conference on Passive and Low Energy Architecture, A Coruña, 1st-3rd September 2020: Proceedings*, RODRÍGUEZ ÁLVAREZ, J. y SOARES GONÇALVES, J. C. (Ed.), vol. 1, Universidade da Coruña, A Coruña, 2020, págs. 2-7. Disponible en: https://ruc.udc.es/dspace/handle/2183/26695 (Consultado el 6 de febrero de 2025).

STYLE, O.: «L´estàndard Passivhaus», *L´informatiu del CAATEEB: construcción, arquitectura, urbanisme,* núm. 342, 2014, págs. 83-86.

STYLE, O.: «Larixhaus: historia de una casa pasiva», *El Instalador,* núm. 520, 2014, págs. 10-15.

STYLE, O.: «Historia de una casa pasiva. Los primeros pasos en un equipo integrado», *Energía de hoy.com,* núm. 19, 2017, págs. 62-65.

STYLE, O., CLAVERO, B. y FULCARÀ, V.: «Modernismo moderno: recuperación de una finca histórica bajo el Estándar Passivhaus», *El Instalador,* núm. 572, 2019, págs. 40-43. Disponible en: https://www.interempresas.net/Flipbooks/IN/572/html5forpc.html (Consultado el 5 de febrero de 2025).

SUÁREZ HERNÁNDEZ, N.: «De residuos a viviendas sostenibles, el poder de la bioconstrucción», *Retema: Revista técnica de medio ambiente,* núm. 240, 2022, págs. 104-111. Disponible en: https://www.retema.es/revista-digital/julio-agosto-8 (Consultado el 31 de enero de 2025).

TÁBOAS BENTANACHS, M.: «La acción pública en materia de urbanismo», *Cuadernos de derecho local,* núm. 62, 2023, págs. 266-327. Disponible en: https://repositorio.gobiernolocal.es/xmlui/bitstream/handle/10873/2498/10_TABOAS_P266_P327_QDL_62.pdf?sequence=1&isAllowed=y (Consultado el 4 de febrero de 2025).

TERRADOS CEPEDA, F. J., BACO CASTRO, L. y MORENO RANGEL, D.: «Patio 2.12: Vivienda prefabricada, sostenible, autosuficiente y energéticamente eficiente. Participación en la competición Solar Decathlon Europe 2012», *Informes de la construcción,* vol. 67, núm. 538, 2015, págs. 1-11. Disponible en: https://informesdelaconstruccion.revistas.csic.es/index.php/informesdelaconstruccion/article/view/4231 (Consultado el 31 de enero de 2025).

TIFFEN, D.: «El proyecto "BedZED". Un modelo de vivienda para el futuro», *Era solar: Energías renovables,* núm. 103, 2001, págs. 54-57.

TOCINO OLARTE, J. A.: «Normativas: Nuevo proyecto con acreditación Passivhaus para edificio docente en Gelves (Sevilla)», *Aparejadores: boletín del Colegio Oficial de Aparejadores y Arquitectos Técnicos de Sevilla,* núm. 83, 2017, págs. 44-51. Disponible en: https://www.fundacionaparejadores.es/wp-content/uploads/2019/03/numero83.pdf (Consultado el 5 de febrero de 2025).

TORRE, S.: «Vivienda unifamiliar Passivhaus. Carrión de los Condes, Palencia», *ConArquitectura: arquitectura con arcilla cocida,* núm. 63, 2017, págs. 38-41.

UNIÓN EUROPEA: *Comunicación de la Comisión al Parlamento Europeo, al Consejo, al Comité Económico y Social Europeo y al Comité de las Regiones.*

Plan de Eficiencia Energética 2011. Disponible en: https://eur-lex.europa.eu/LexUriServ/LexUriServ.do?uri=COM:2011:0109:FIN:ES:PDF (Consultado el 17 de febrero de 2025).

UNIÓN EUROPEA: *Comunicación de la Comisión al Parlamento Europeo, al Consejo Europeo, al Consejo, al Comité Económico y Social Europeo y al Comité Europeo de las Regiones. Plan REPowerEU*, COM(2022) 230 final, de 18 de mayo de 2022. Disponible en: https://eur-lex.europa.eu/legal-content/ES/TXT/HTML/?uri=CELEX:52022DC0230 (Consultado el 24 de febrero de 2025).

UNIÓN EUROPEA: *Comunicación de la Comisión al Parlamento Europeo, al Consejo, al Comité Económico y Social Europeo y al Comité de las Regiones. Cerrar el círculo: un plan de acción de la UE para la economía circular, COM (2015) 614 final, de 2 de diciembre de 2015*. Disponible en: https://www.miteco.gob.es/content/dam/miteco/es/calidad-y-evaluacion-ambiental/temas/economia-circular/plandeaccioncomes_tcm30-425898.pdf (Consultado el 22 de febrero de 2025).

UNIÓN EUROPEA: *Plan de Acción del Pilar Europeo de Derechos Sociales*, 2017. Disponible en: https://op.europa.eu/webpub/empl/european-pillar-of-social-rights/es/ (Consultado el 24 de febrero de 2025).

UNIÓN EUROPEA: *Pacto Verde Europeo*, 2019. Disponible en: https://www.consilium.europa.eu/es/policies/european-green-deal/ (Consultado el 22 de febrero de 2025).

URIARTE, A.: «Hacia las ciudades de consumo casi nulo de energía: Passivhaus llega con fuerza a los espacios de uso público», *CIC: publicación mensual sobre arquitectura y construcción*, núm. 546, 2018, págs. 34-37.

VALENCIA LONDOÑO, D. E.: «La vivienda sostenible, desde un enfoque teórico y de política pública en Colombia», *Revista de Ingenierías: Universidad de Medellín*, vol. 17, núm. 33, 2018, págs. 39-56. Disponible en: https://dialnet.unirioja.es/descarga/articulo/7517285.pdf (Consultado el 31 de enero de 2025).

VÁZQUEZ FERNÁNDEZ, J.: «De Passivhaus (metodología integrada de diseño de inmuebles de bajo consumo energético) a los edificios de consumo de energía casi nulo (EECN)», *DePlano*, núm. 35, 2017, págs. 4-7. Disponible en: https://www.coatac.es/portada/descargas/id_fichero/4587 (Consultado el 4 de febrero de 2025).

VELÁZQUEZ ARTEAGA, G., VELÁZQUEZ ARIZMENDI, S., MINGARRO CUARTERO, S. y VELÁZQUEZ ARIZMENDI, G.: «29 viviendas libres passivhaus. Soto de Lezkairu, Pamplona», *ConArquitectura: arquitectura con arcilla cocida*, núm. 62, 2017, págs. 90-93.

VELÁZQUEZ, S.: «Centro de salud de Lodosa: Cómo transformar un edificio convencional a pasivo, siguiendo las premisas del estándar passivhaus», *El Instalador*, núm. 571, 2019, págs. 32-36. Disponible en: https://www.interempresas.net/Flipbooks/IN/571/html5forpc.html (Consultado el 6 de febrero de 2025).

VERDÚ VILA, E.: «Sevilla. 9ª Conferencia Passivhaus: estrategias pasivas en climas extremos», *Diseño interior*, núm. 301, 2018, págs. 22-23.

VIOLA DEMESTRE, I.: «Habitatge sostenible, consumidor vulnerable i resolución alternativa de conflictes», *Revista Catalana de Dret Privat*, vol. 28, 2023, págs. 103-117.

WASSOUF, M., PUJOL, B. y AMADO, M.: «Rehabilitación energética con criterios Passivhaus de la escuela El Garrofer en Viladecans (Barcelona)», Smart Communities: 9º Congreso Europeo sobre Eficiencia Energética y Sostenibilidad en Arquitectura y Urbanismo – 2º Congreso Internacional de Construcción Avanzada: Bilbao 10-12 Septiembre 2018, HERNÁNDEZ MINGUILLÓN, R. J. (Ed.), Universidad del País Vasco, San Sebastián, 2018, págs. 181-185.

ZAMORA, A. y DUQUE, I. G.: «Casa pasiva entreencinas», *Ecohabitar: bioconstrucción, consumo ético, permacultura y vida sostenible*, núm. 36, 2013, págs. 18-21.

ZAMORA, A., GAMERO NÚÑEZ, E., ÁLVAREZ FERRI, S. y SÁNCHEZ DE LEÓN, L.: «Especial viviendas pasivas», *Cercha: revista de los aparejadores y arquitectos técnicos*, núm. 143, 2020, págs. 16-32. Disponible en: https://www.cgate.es/cercha/pdf/143.pdf (Consultado el 3 de febrero de 2025).

ZURRO GARCÍA, B., GONZÁLEZ MORENO, S., GONZÁLEZ MARTÍN, J. M. y PAREDES NÚÑEZ, A. M.: «The Principles of the Passivhaus Standard Applied to Rehabilitation: case Study», *Building Engineering Facing the Challenges of the 21st Century: holistic Study from the Perspectives of Materials, Construction, Energy and Sustainability*, BIENVENIDO HUERTAS, J. D. y DURÁN ÁLVAREZ, J. (Coord.), Springer Nature, Alemania, 2023, págs. 473-484.

ZURRO GARCÍA, B. y RODRÍGUEZ SÁIZ, A.: «Comparación de soluciones de rehabilitación diferentes en edificios idénticos en materia de eficiencia energética», *VIII Jornadas de Doctorandos de la Universidad de Burgos*, CUESTA GÓMEZ, J. L. (Coord.), y PACHECO BONROSTRO, J. A. (Dir.), Universidad de Burgos, Burgos, 2022, págs. 135-145. Disponible en: https://libros.ubu.es/servpubu-acceso-abierto/catalog/view/38/22/29 (Consultado el 6 de febrero de 2025).

REFERENCIAS LEGISLATIVAS

Ley 38/1999, de 5 de noviembre, de ordenación de la edificación (BOE núm. 266, de 6 de noviembre de 1999).

Directiva 2001/77/CE del Parlamento Europeo y del Consejo de 27 de septiembre de 2001 relativa a la promoción de la electricidad generada a partir de fuentes de energía renovables en el mercado interior de la electricidad (DOUE L 283 de 27 de septiembre de 2001).

Directiva 2003/54/CE del Parlamento Europeo y del Consejo de 26 de junio de 2003 sobre normas comunes para el mercado interior de la electricidad y por la que se deroga la Directiva 96/92/CE (DOUE L 176/37, de 15 de julio de 2003).

Directiva 2004/8/CE del Parlamento Europeo y del Consejo de 11 de febrero de 2004 relativa al fomento de la cogeneración sobre la base de la demanda de calor útil en el mercado interior de la energía y por la que se modifica la Directiva 92/42/CEE (DOUE L 52/50, de 21 de febrero de 2004).

Ley 3/2004, de 30 de junio, de ordenación y fomento de la calidad de la edificación de la Comunidad Valenciana (BOE núm. 174, de 20 de julio de 2004).

Directiva 2005/36/CE del Parlamento y del Consejo, relativa al reconocimiento de cualificaciones profesionales, de 7 de septiembre de 2005 (DOUE L 255/22, de 30 de septiembre de 2005).

Decreto 21/2006, de 14 de febrero, por el que se regula la adopción de criterios ambientales y de ecoeficiencia en los edificios de la Generalitat de Catalunya (DOGC núm. 4574, de 16 de febrero de 2006).

Real Decreto 314/2006, de 17 de marzo, por el que se aprueba el Código Técnico de la Edificación (BOE núm. 74, de 28 de marzo de 2006).

Directiva 2006/32/CE del Parlamento Europeo y del Consejo de 5 de abril de 2006 sobre la eficiencia del uso final de la energía y los servicios energéticos y por la que se deroga la Directiva 93/76/CEE del Consejo (DOUE L 114/64, de 27 de abril de 2006).

Ley Orgánica 1/2006, de 10 de abril, de reforma de la Ley Orgánica 5/1982, de 1 de julio, de Estatuto de Autonomía de la Comunidad Valenciana (BOE núm. 86, de 11 de abril de 2006).

Real Decreto 1027/2007, de 20 de julio, por el que se aprueba el Reglamento de Instalaciones Térmicas en los Edificios (BOE núm. 207, de 29 de agosto de 2007).

Decisión de la Comisión 2007/742/CE, de 9 de noviembre de 2007, por la que se establecen los criterios ecológicos para la concesión de la etiqueta ecológica comunitaria a las bombas de calor accionadas eléctricamente o por gas o de absorción a gas [notificada con el número C(2007) 5492] (DO L 301, de 20 de noviembre de 2007).

Real Decreto Legislativo 1/2007, de 16 de noviembre, por el que se aprueba el texto refundido de la Ley General para la Defensa de los Consumidores y Usuarios y otras leyes complementarias (BOE núm. 287, de 30 de noviembre de 2007).

Ley 45/2007, de 13 de diciembre, para el desarrollo sostenible del medio rural (BOE núm. 299, de 14 de diciembre de 2007).

Directiva 2008/98/CE del Parlamento Europeo y del Consejo, de 19 de noviembre de 2008, sobre los residuos y por la que se derogan determinadas Directivas (DOUE núm. 312, de 22 de noviembre de 2008).

Directiva 2009/125/CE del Parlamento Europeo y del Consejo, de 21 de octubre de 2009, por la que se instaura un marco para el establecimiento de requisitos de diseño ecológico aplicables a los productos relacionados con la energía (DOUE núm. 285, de 31 de octubre de 2009).

Real Decreto 2066/2008, de 12 de diciembre, por el que se regula el Plan Estatal de Vivienda y Rehabilitación 2009-2012 (BOE núm. 309, de 24 de diciembre de 2008).

Real Decreto-ley 13/2009, de 26 de octubre, por el que se crea el Fondo Estatal para el Empleo y la Sostenibilidad Local (BOE núm. 259, de 27 de octubre de 2009).

Real Decreto 410/2020, de 31 de marzo, por el que se desarrollan los requisitos exigibles a las entidades de control de calidad de la edificación y a los laboratorios de ensayos para el control de calidad de la edificación, para el ejercicio de su actividad (BOE núm. 97, de 22 de abril de 2010).

Directiva 2010/31/UE del Parlamento Europeo y del Consejo de 19 de mayo de 2010 (DOUE L 153/13 de 8 de junio de 2010).

Real Decreto 752/2010, de 4 de junio, por el que se aprueba el primer programa de desarrollo rural sostenible para el período 2010-2014 en aplicación de la Ley 45/2007, de 13 de diciembre, para el desarrollo sostenible del medio rural (BOE núm. 142, de 11 de junio de 2020).

Real Decreto-ley 8/2011, de 1 de julio, de medidas de apoyo a los deudores hipotecarios, de control del gasto público y cancelación de deudas con empresas y autónomos contraídas por las entidades locales, de fomento de la actividad empresarial e impulso de la rehabilitación y de simplificación administrativa (BOE núm. 161, de 7 de julio de 2011).

Real Decreto 1336/2011, de 3 de octubre, por el que se regula el contrato territorial como instrumento para promover el desarrollo sostenible del medio rural (BOE núm. 239, de 4 de octubre de 2011).

Ley 35/2011, de 4 de octubre, sobre titularidad compartida de las explotaciones agrarias (BOE núm. 240, de 5 de octubre de 2011).

Ley 8/2012, de 19 de julio, del turismo de las Illes Balears (BOE núm. 189, de 8 de agosto de 2012).

Directiva 2012/27/UE del Parlamento Europeo y del Consejo, de 25 de octubre de 2012, relativa a la eficiencia energética, por la que se modifican las Directivas 2009/125/CE y 2010/30/UE, y por la que se derogan las Directivas 2004/8/CE y 2006/32/CE (DOUE L 315 de 14 de noviembre de 2012).

Real Decreto 233/2013, de 5 de abril, por el que se regula el Plan Estatal de fomento del alquiler de viviendas, la rehabilitación edificatoria, y la regeneración y renovación urbanas, 2013-2016 (BOE núm. 86, de 10 de abril de 2013).

Real Decreto 235/2013, de 5 de abril, por el que se aprueba el procedimiento básico para la certificación de la eficiencia energética de los edificios (BOE núm. 89, de 13 de abril de 2013).

Real Decreto 238/2013, de 5 de abril, por el que se modifican determinados artículos e instrucciones técnicas del Reglamento de Instalaciones Térmicas en los Edificios, aprobado por Real Decreto 1027/2007, de 20 de julio (BOE núm. 89, de 13 de abril de 2013).

Ley 8/2013, de 26 de junio, de rehabilitación, regeneración y renovación urbanas (BOE núm. 153, de 27 de junio de 2013).

Ley 21/2013, de 9 de diciembre, de evaluación ambiental (BOE núm. 296, de 11 de diciembre de 2013).

Ley 3/2014, de 27 de marzo, por la que se modifica el texto refundido de la Ley General para la Defensa de los Consumidores y Usuarios y otras leyes complementarias, aprobado por el Real Decreto Legislativo 1/2007, de 16 de noviembre (BOE núm. 76, de 28 de marzo de 2014).

Decisión de la Comisión, de 13 de junio de 2014, por la que se modifica la Decisión 2007/742/CE, relativa a las bombas de calor accionadas eléctricamente o por gas o de absorción a gas [notificada con el número C(2014) 3838] (DOUE núm. 177, de 17 de junio de 2014).

Ley 7/2014, de 12 de septiembre, de medidas sobre rehabilitación, regeneración y renovación urbana, y sobre sostenibilidad, coordinación y simplificación en materia de urbanismo de la Comunidad de Castilla y León (BOE núm. 239, de 2 de octubre de 2014).

Real Decreto Legislativo 7/2015, de 30 de octubre que aprueba el texto refundido de la Ley del Suelo y Rehabilitación Urbana (BOE núm. 261, de 31 de octubre de 2015).

Ley 6/2017, de 31 de julio, de modificación de la Ley 8/2012, de 19 de julio, del turismo de las Illes Balears, relativa a la comercialización de estancias turísticas en viviendas (BOE núm. 223, de 15 de septiembre de 2017).

Ley 16/2017, de 1 de agosto, del cambio climático de la Comunidad Autónoma de Cataluña (BOE núm. 234, de 28 de septiembre de 2017).

Decreto-ley 3/2017, de 4 de agosto, de modificación de la Ley 8/2012, de 19 de julio, del turismo de las Illes Balears, y de medidas para afrontar la emergencia en materia de vivienda en las Illes Balears (BOE núm. 234, de 28 de septiembre de 2017).

Ley 1/2018, de 7 de febrero, de medidas urgentes para garantizar la sostenibilidad ambiental en el entorno del Mar Menor (BOE núm. 148, de 19 de junio de 2018).

Directiva (UE) 2018/844 del Parlamento Europeo y del Consejo de 30 de mayo de 2018, por la que se modifica la Directiva 2010/31/UE relativa a la eficiencia energética de los edificios y la Directiva 2012/27/UE relativa a la eficiencia energética (DOUE L 156/75, de 19 de junio de 2018).

Ley 15/2018, de 7 de junio, de turismo, ocio y hospitalidad de la Comunitat Valenciana (BOE núm. 157,de 29 de junio de 2018).

Decreto 219/2018, de 30 de noviembre, del Consell, por el que se aprueba el Plan de acción territorial de ordenación y dinamización de la Huerta de València (DOGV núm. 8448, de 20 de diciembre de 2018).

Ley 11/2018, de 21 de diciembre, de ordenación territorial y urbanística sostenible de Extremadura (BOE núm. 35, de 9 de febrero de 2019).

Ley 5/2018, de 6 de marzo, de la Huerta de València (BOE núm. 96, de 20 de abril de 2018).

Directiva (UE) 2018/844 del Parlamento Europeo y del Consejo, de 30 de mayo de 2018, por la que se modifica la Directiva 2010/31/UE relativa a la eficiencia energética de los edificios y la Directiva 2012/27/UE relativa a la eficiencia energética (DOUE núm. 156, de 19 de junio de 2018).

Ley 4/2018, de 11 de junio, por la que se modifica el texto refundido de la Ley General para la Defensa de los Consumidores y Usuarios y otras leyes complementarias, aprobado por Real Decreto Legislativo 1/2007, de 16 de noviembre (BOE núm. 142, de 12 de junio de 2018).

Real Decreto-ley 15/2018, de 5 de octubre, de medidas urgentes para la transición energética y la protección de los consumidores (BOE núm. 242, de 6 de octubre de 2018).

Directiva (UE) 2018/2001 del Parlamento Europeo y del Consejo, de 11 de diciembre de 2018, relativa al fomento del uso de energía procedente de fuentes renovables (DOUE L 328 de 21 de diciembre de 2018).

Directiva (UE) 2018/2002 del Parlamento Europeo y del Consejo, de 11 de diciembre de 2018, por la que se modifica la Directiva 2012/27/UE, relativa a la eficiencia energética (DOUE L 328 de 21 de diciembre de 2018).

Ley 7/2019, de 8 de febrero, para la sostenibilidad medioambiental y económica de la Isla de Formentera (BOE núm. 67, de 19 de marzo de 2019).

Ley 4/2019, de 21 de febrero, de sostenibilidad energética de la Comunidad Autónoma Vasca (BOE núm. 64, de 15 de marzo de 2019).

Ley 5/2019, de 28 de febrero, de estructuras agrarias de la Comunitat Valenciana (BOE núm. 69, de 21 de marzo de 2019).

Recomendación (UE) 2019/786 de la Comisión, de 8 de mayo de 2019, relativa a la renovación de edificios [notificada con el número C (2019) 3352] (DOUE núm. 127, de 16 de mayo de 2019.

Recomendación (UE) 2019/1019 de la Comisión, de 7 de junio de 2019, relativa a la modernización de edificios (DOUE núm. 165, de 21 de junio de 2019).

Decreto 111/2009, de 14 de julio, de modificación del Decreto 21/2006, de 14 de febrero, por el que se regula la adopción de criterios ambientales y de ecoeficiencia en los edificios de la Generalitat de Catalunya (DOGC núm. 5422, de 16 de julio de 2009).

Real Decreto-ley 11/2020, de 31 de marzo, por el que se adoptan medidas urgentes complementarias en el ámbito social y económico para hacer frente al COVID-19 (BOE núm. 91, de 1 de abril de 2020).

Ley 9/2020, de 6 de noviembre, de Patrimonio de la Junta de Comunidades de Castilla-La Mancha (BOE núm. 47, de 24 de febrero de 2021).

Real Decreto-ley 37/2020, de 22 de diciembre, de medidas urgentes para hacer frente a las situaciones de vulnerabilidad social y económica en el ámbito de la vivienda y en materia de transportes (BOE núm. 334, de 23 de diciembre de 2020).

Real Decreto 178/2021, de 23 de marzo, por el que se modifica el Real Decreto 1027/2007, de 20 de julio, por el que se aprueba el Reglamento de Instalaciones Térmicas en los Edificios (BOE núm. 71, de 24 de marzo de 2021).

Ley 7/2021, de 20 de mayo, de cambio climático y transición energética (BOE núm. 121, de 21 de mayo de 2021).

Decreto Legislativo 1/2021, de 18 de junio, del Consell de aprobación del texto refundido de la Ley de ordenación del territorio, urbanismo y paisaje (DOGV núm. 9129, de 16 de julio de 2021).

Orden PCM/735/2021, de 9 de julio, por la que se aprueba la Estrategia Nacional de Infraestructura Verde y de la Conectividad y Restauración Ecológicas (BOE núm. 166, de 13 de julio de 2021).

Ley 31313 de desarrollo urbano sostenible de 23 de julio de 2021 (Diario Oficial El Peruano de 25 de julio de 2021). Disponible en: https://leyes.congreso.gob.pe/Documentos/2016_2021/ADLP/Texto_Consolidado/31313-TXM.pdf (Consultado el 30 de enero de 2025).

Real Decreto 390/2021, de 1 de junio, por el que se aprueba el procedimiento básico para la certificación de la eficiencia energética de los edificios (BOE núm. 131, de 2 de junio de 2021).

Real Decreto 691/2021, de 3 de agosto, por el que se regulan las subvenciones a otorgar a actuaciones de rehabilitación energética en edificios existentes, en ejecución del Programa de rehabilitación energética para edificios existentes en municipios de reto demográfico (Programa PREE 5000), incluido en el Programa de regeneración y reto demográfico del Plan de rehabilitación y regeneración urbana del Plan de Recuperación, Transformación y Resiliencia, así como su concesión directa a las comunidades autónomas (BOE núm. 185, de 4 de agosto de 2021).

Ley 6/2021, de 5 de noviembre, de extinción de cámaras agrarias provinciales de Castilla-La Mancha y por la que se establece el régimen jurídico para realizar transmisiones de patrimonio procedentes del Instituto de Reforma y Desarrollo Agrario (BOE núm. 41, de 17 de febrero de 2022).

Ley 7/2021, de 1 de diciembre, de impulso para la sostenibilidad del territorio de Andalucía (BOE núm. 303, de 20 de diciembre de 2021).

Decreto Supremo núm. 012-2022, que aprueba el Reglamento de Acondicionamiento Territorial y Planificación Urbana del Desarrollo Urbano Sostenible, El Peruano, de 5 de octubre de 2022. Disponible en: https://cdn.www.gob.pe/uploads/document/file/3748145/DECRETO%20SUPREMO%20012-2022-VIVIENDA.pdf.pdf?v=1665523093 (Consultado el 30 de enero de 2025).

Ley 4/2022, de 25 de febrero de protección de los consumidores y usuarios frente a situaciones de vulnerabilidad social y económica (BOE núm. 51, de 1 de marzo de 2022).

Decreto-ley 3/2022, de 11 de febrero, de medidas urgentes para la sostenibilidad y la circularidad del turismo de las Illes Balears (BOE núm. 136, de 8 de junio de 2022).

Ley Foral 4/2022, de 22 de marzo, de Cambio Climático y Transición Energética (BOE núm. 93, de 19 de abril de 2022).

Ley 7/2022, de 8 de abril, de residuos y suelos contaminados para una economía circular (BOE núm. 85, de 9 de abril de 2022).

Ley 9/2022, de 14 de junio, de Calidad de la Arquitectura (BOE núm. 142, de 15 de junio de 2022).

Ley 3/2022, de 15 de junio, de medidas urgentes para la sostenibilidad y la circularidad del turismo de las Illes Balears (BOE núm. 197, de 17 de agosto de 2022).

Ley 6/2022, de 5 de diciembre, del Cambio Climático y la Transición Ecológica de la Comunitat Valenciana (BOE núm. 43, de 20 de febrero de 2023).

Resolución del Consejo sobre el Plan de Trabajo de la UE en materia de cultura para el periodo 2023-2026 (2022/C 466/01) (DOUE C 466/1, de 7 de diciembre de 2022).

Ley 6/2022, de 27 de diciembre, de cambio climático y transición energética de Canarias (BOE núm. 30, de 4 de febrero de 2023).

Ley 13/2023, de 30 de marzo, de dinamización del medio rural de Aragón (BOE núm. 108, de 6 de mayo de 2023).

Ley 9/2023, de 3 de abril, de agricultura familiar y de acceso a la tierra en Castilla-La Mancha (BOE núm. 121, de 22 de mayo de 2023).

Decreto 68/2023, de 12 de mayo, del Consell, por el que se aprueba el Reglamento de vivienda de protección pública y régimen jurídico de patrimonio público de vivienda y suelo de la Generalitat (DOGV núm. 9596, de 16 de mayo de 2023).

Ley 12/2023, de 24 de mayo, por el derecho a la vivienda (BOE núm. 124, de 25 de mayo de 2023).

Real Decreto 445/2023, de 13 de junio, por el que se modifican los anexos I, II y III de la Ley 21/2013, de 9 de diciembre, de evaluación ambiental (BOE núm. 141, de 14 de junio de 2023).

Ley 1/2024, de 8 de febrero, de Transición Energética y Cambio Climático de la Comunidad Autónoma del País Vasco (BOE núm. 63, de 12 de marzo de 2024)

Ley 2/2024, de 15 de febrero, de Infancia y Adolescencia de la Comunidad Autónoma del País Vasco (BOE núm. 63, de 12 de marzo de 2024).

Decreto-ley 5/2024, de 24 de junio, por el que se modifica la Ley 6/2022, de 27 de diciembre, de cambio climático y transición energética de Canarias (BOE núm. 275, de 14 de noviembre de 2024).

Anteproyecto de Ley de ordenación sostenible del uso turístico de viviendas de la Comunidad Autónoma de Canarias. Disponible en: https://s3.ppllstatics.com/canarias7/www/multimedia/2024/09/13/Anteproyectojulio2024CONMARCAAGUA.pdf (Consultado el 29 de enero de 2025).

121/000011 Proyecto de Ley de Familias, de 8 de marzo de 2024, que menciona el principio de desarrollo territorial y urbano sostenible. BOCG, Congreso de los Diputados, XV Legislatura, Serie A, Proyectos de Ley, 8 de marzo de 2024, núm. 11-1. Disponible en: https://www.congreso.es/public_oficiales/L15/CONG/BOCG/A/BOCG-15-A-11-1.PDF (Consultado el 30 de enero de 2025).

Directiva (UE) 2024/1788 del Parlamento Europeo y del Consejo, de 13 de junio de 2024, relativa a normas comunes para los mercados interiores del gas renovable, del gas natural y del hidrógeno, por la que se modifica la Directiva (UE) 2023/1791 y se deroga la Directiva 2009/73/CE (DOUE núm. 1788, de 15 de julio de 2024).

Reglamento (UE) 2024/1789 del Parlamento Europeo y del Consejo, de 13 de junio de 2024, relativo a los mercados interiores del gas renovable, del gas natural y del hidrógeno y por el que se modifican los Reglamento s (UE) núm. 1227/2011, (UE) 2017/1938, (UE) 2019/942 y (UE) 2022/869 y la Decisión (UE) 2017/684 y se deroga el Reglamento (CE) núm. 715/2009 (DOUE núm. 1789, de 15 de julio de 2024).

Decreto Legislativo núm. 1674, de 25 de septiembre de 2024, que modifica la Ley núm. 31313, Ley de desarrollo urbano sostenible. Diario Oficial del Bicentenario El Peruano, de 28 de septiembre de 2024. Disponible en: https://busquedas.elperuano.pe/dispositivo/NL/2329855-10 (Consultado el 30 de enero de 2025).

Decreto-ley 9/2024, de 2 de agosto, del Consell, de modificación de la normativa reguladora de las viviendas de uso turístico de la Comunitat Valenciana (DOGV núm. 9910, de 7 de agosto de 2024).

Ley 5/2024, de 11 de noviembre, de control de la afluencia de vehículos en la isla de Eivissa para la sostenibilidad turística (BOE núm. 303, de 17 de diciembre de 2024).

Ley 6/2024, de 5 de diciembre, de simplificación administrativa (BOE núm. 1, de 1 de enero de 2025).

Decreto Ley 4/2025, de 4 de febrero, del Consell, de modificación de la Ley 5/2018, de 6 de marzo, de la Generalitat, de la Huerta de València, y del Decreto 219/2018, de 30 de noviembre, del Consell, por el que se aprueba el Plan de acción territorial de ordenación y dinamización de la Huerta de València (DOGV núm. 10040, de 5 de febrero de 2025).

Real Decreto 91/2025, de 11 de febrero, por el que se establece el mecanismo de gobernanza en materia de energía, cambio climático y calidad del aire (BOE núm. 46, de 22 de febrero de 2025).

REFERENCIAS DE JURISPRUDENCIA

Tribunal Constitucional

Pleno. Sentencia 79/2024, de 21 de mayo de 2024. Recurso de inconstitucionalidad 5491-2023. Interpuesto por el Consejo de Gobierno de la Junta de Andalucía en relación con diversos preceptos de la Ley 12/2023, de 24 de mayo, por el derecho a la vivienda. Competencias sobre vivienda, urbanismo, ordenación del territorio, régimen local y servicios sociales; condiciones básicas de igualdad: nulidad total o parcial de los preceptos legales que regulan el régimen de viviendas protegidas, las obligaciones de colaboración de grandes tenedores en zonas de mercado residencial tensionado, finalidad y financiación de los parques públicos de vivienda y el régimen transitorio de las viviendas de protección pública previamente calificadas. Voto particular (BOE núm. 152, de 24 de junio de 2024).